Ama Samy

ZEN – Erwachen zum Leben

Aus dem Englischen übersetzt von Helga Braun

Theseus Verlag

Teil I: Teishos

Teil II: Reflexionen und Perspektiven

Dank

Ich danke Helga Braun von ganzem Herzen für die Übersetzung des Buches vom Englischen ins Deutsche. Sie hat es geschafft, den schwierigen Text in ein gut verständliches Deutsch zu übertragen. Das war keine einfache Arbeit, zumal sie sie zusätzlich zu ihrem normalen Arbeitsalltag geleistet hat.

Ein herzliches Dankeschön geht an die Künstlerin Mirtha Monge, die die schönen Tuschezeichnungen für diesen Band angefertigt hat.

Bedanken möchte ich mich auch beim Theseus Verlag für die Bereitschaft, ein weiteres Buch von mir herauszugeben, und insbesondere bei der Lektorin Susanne Klein für die Großzügigkeit und Hilfsbereitschaft im Hinblick auf das Lektorat des Buches.

AMA Samy, 9. Juli 2016

Einführung

Der erste Teil des Buchs enthält neuere Zen-Vorträge (Teishos).

Kapitel 1 – Samadhi: Das Thema Achtsamkeit ist in aller Munde, doch über Samadhi, die Übung der eins-gerichteten, fokussierten Konzentration in der Meditation, wurde bislang eher wenig geschrieben. Samadhi bedeutet eine Konzentration unseres ruhelos umherwandernden Herz-Geistes auf das „einzig Notwendige". Für die Zen-Praxis ist Samadhi sehr wichtig, denn es stützt und trägt die Auseinandersetzung mit Koans. In das Samadhi zu gelangen und diese intensive Konzentration beim Fragen und Ringen mit einem Koan einzusetzen erfordert viel Willenskraft. Samadhi kultiviert daher eher den „Geist des Willens" und weniger einen „Geist der Bereitwilligkeit". Dadurch kann die Samadhi-Praxis aber auch dazu beitragen, Menschen von einem trägen, antriebslosen Geist oder von Problemen wie Abhängigkeit und Sucht zu befreien.

Kapitel 2 – Buddha in drei Körpern: In diesem Kapitel über die buddhistische Drei-Körper-Lehre verdeutliche ich unter Bezugnahme auf den Zen-Meister Rinzai, dass und wie die „drei Körper des Buddha" die drei zentralen Bereiche unseres Lebens symbolisieren.

Der *Sambhogakāya* steht für den Bereich unseres Lebens in der Welt und mit anderen Menschen. Er ist der Raum der Imagination, die unser Leben und Verhalten formt und bestimmt; daher ist es wichtig zu lernen, wie wir unsere Imagination aktiv gestalten können. Der jungianische Psychoanalytiker James Hillman interpretiert unser Leben als Prozess der „Seelenentwicklung“, in dessen Verlauf sich die Vorstellungskraft transformiert: „Jeder Gedanke in unserem Kopf, jede Wahrnehmung der Welt, jede innere Empfindung muss einen Prozess der psychischen Organisation durchlaufen, um überhaupt ‚geschehen‘ zu können.“ Jede Wahrnehmung, jedes Gefühl tritt als psychisches Ereignis erst zutage, wenn sich ein inneres Bild davon entwickelt hat. Diese inneren Bilder sind laut Hillman „vorgegebene Grundlagen des Lebens, von selbst entstanden, erfinderisch, spontan, vollkommen und organisiert in archetypischen Mustern“. Archetypische Bilder beinhalten die tiefsten Muster der psychischen Funktion, sie sind sozusagen „die Wurzeln der Seele“, die die Sicht auf uns selbst und die Welt bestimmen. Archetypen drücken sich vorrangig im Verhalten aus, dann erst in inneren Bildern und erst zuletzt im Bewusstsein. Sichtbar werden sie als Grundhaltung oder Einstellung zu den jeweiligen Ereignissen. Archetypen sind instinktiv, imaginativ und emotional, und ihre Geltungskraft erstreckt sich auf Individuen wie auf Kollektive. Nicht wir sind es, die über Archetypen verfügen – die Archetypen verfügen über uns!

„Einerseits enthält jedes konkrete Ereignis einen psychischen Anteil, der sich in Form von Phantasiebildern, persönlichen Vorstellungen oder einer tieferen emotionalen Bedeutung äußert. Andererseits leben wir diese unsichtbaren Bilder, Gefühle und Phantasien auch im öffentlichen Leben aus. Für Tiefenpsychologen sind der private und der öffentliche Bereich nicht getrennt. Wir gehen davon aus, dass jedes Problem einen persönlichen Anteil hat und unsere Phantasien sich im öffentlichen Raum meist als konkrete, robuste, reale, komplexe, gewichtige und dringende Probleme darstellen. In gewisser Weise ist das ‚Problem‘ nur die Hülle, hinter der die jeweilige Phantasie sich verbirgt. Ein Problem ist daher nicht wirklich lösbar, solange wir nicht die entsprechenden Phantasien aufdecken, die es von innen her speisen.“[1] Der Bereich des *Dharmakāya* hingegen ist die Dimension unendlicher Offenheit und Transzendenz, denn unser Selbst und unsere Wirklichkeit sind nicht auf das materielle Universum begrenzt. John Dunne hat das gut ausgedrückt: „Die Wahrnehmung des ‚Ichs' als eines Zentrums im ständigen Wechsel des Lebens ist der Ort, wo die andere Welt durch diese Welt hindurchschimmert, wo die Ewigkeit in uns auf die Zeit trifft, wo die menschliche Gestalt erscheint und dann wieder zu ihrem göttlichen Grund zurücksinkt."

Kapitel 3: „Die fugenlose Pagode" ist ein Koan aus dem Reich der Poesie, wo der Mond der Leerheit sich „in den Korallenzweigen" des Haryô'schen Universums widerspiegelt. Es ist ein Fingerzeig auf die tiefe Wahrheit in Buddhas „Mönche, es gibt etwas, das nicht-geboren, nicht-geworden, nicht-erzeugt, nicht-zusammengesetzt ist (…). Mönche, gäbe es dieses Nicht-Geborene, Nicht-Gewordene, Nicht-Erzeugte, Nicht-Zusammengesetzte nicht, dann wäre da kein Ausweg aus dem Geborenen, Gewordenen, Erzeugten und Zusammengesetzten."

Kapitel 4 – Lotusblüten unter Lotusblättern: Auch Meister Chimons „Lotusblüten und Lotusblätter" ist ein poetisches Koan, das auf die Schönheit und den Glanz, aber auch auf den Schmutz und Schlamm unseres Daseins hinweist. Die Menschen bewegen sich gleichzeitig in einer irdischen wie einer himmlischen Dimension, wir sind gewissermaßen so etwas wie „scheißende Engel". Dennoch versuchen viele spirituelle Richtungen, Körperlichkeit und Leidenschaften möglichst zu umgehen. Doch wie sollten wir dem Körper und allem, was aus Körper und Geist entsteht, entkommen können? Zumal es nicht nur um unseren Körper geht, sondern auch um den Herz-Geist, das Selbst, denn alle diese Ebenen sind an der Erzeugung von „Himmel und Hölle" beteiligt. Liebe, Leidenschaften, Beziehungen – das alles ist gut und heilig, lediglich Anklammern und Besitzdenken sind einschränkend und zerstörerisch. Wir Menschen sind zerbrechlich und sterblich und müssen daher lernen, uns als menschlich wie auch als heilig wertzuschätzen. Wenn am Aschermittwoch der Priester den Gläubigen ein Aschenkreuz auf die Stirn zeichnet, spricht er den Satz: „Oh Mensch, erinnere dich, dass du Staub bist und wieder zu Staub wirst." Verankere dich also tief in der Erde – und strecke zugleich deine Hände zum Himmel aus!

Kapitel 5 – Ist jeder Tag „ein guter Tag"?: Auf die Frage, was das Böse eigentlich ist, gibt es keine wirkliche Antwort. Das Böse steckt in der Natur, in der Gesellschaft und ebenso in unserem eigenen Herzen. In Kyoto gibt es einen buddhistischen Tempel, auf dessen Frontseite Hunderte wunderschöner steinerner Bodhisattva-Figuren versammelt sind. Geht man aber um den Tempel herum und betrachtet die Figuren von der Rückseite, dann sieht man auch ihr düsteres, dämonisches Gesicht. Die Menschen sind eine Mischung aus Gutem und Schlechtem, es gibt niemand, der *nur* gut oder böse wäre. Und doch scheint etwas zu existieren, das man als „das absolut Böse" bezeichnen könnte, und dagegen hilft nur entschiedener Abstand. Im Alltag müssen wir jedoch lernen, unsere Schattenseiten zu akzeptieren und Mitgefühl nicht nur für andere, sondern auch für uns selbst aufzubringen. Zahllose Bodhisattvas können uns dabei als Vorbilder dienen. Ein solch wunderbarer, mitfühlender Bodhisattva war zum Beispiel Etty Hillesum, eine junge niederländische Jüdin, die von den Nazis in ein Konzentrationslager verschleppt und dort ermordet wurde. In ihren Tagebüchern hat sie uns eine endgültige Antwort auf das Böse hinterlassen, die in selbstloser Liebe und in Mitgefühl besteht.

Kapitel 6: „Seijos Liebe" greift auf eine ungewöhnliche historische Überlieferung zurück. In diesem Koan geht es in erster Linie darum, zur Leere zu erwachen. Doch im Leben zeigt sich die Leere in konkreten Formen, zum Beispiel in solchen Elementen wie Versprechen, Treue oder Verrat, die wichtige Bestandteile dieser Geschichte sind. Dazu noch einmal Hillman: „Wir können nur wirklich verraten werden, wenn wir wirklich vertrauen. (...)

Das Vertrauen und der Vertrauensbruch sind beide gleichzeitig in die Welt gekommen." Der Philosoph Robert Spaemann verweist darauf, dass die menschliche Gesellschaft ohne Vergebung und Mitgefühl nicht überleben kann: „Natürlich kann niemand sich selbst vergeben. Wir können uns nur vergeben lassen und die Vergebung der anderen annehmen. So entsteht Dankbarkeit." Die menschliche Gemeinschaft ist zerbrechlich, aber auch heilend. Ihre Grundlage ist ein gütiges und gnädiges Mysterium *(a mystery that is graciousness)*, Leere, die Mitgefühl und Erbarmen ist. Oft bringt man Zen zwar eher mit Heroismus in Verbindung, doch die Realität der Menschen dreht sich um Zerbrechlichkeit, Verletzlichkeit, Zerrissenheit und auch um solche Dinge wie Versprechen, Vergebung und Mitgefühl. Wahrer Mut besteht nicht in Heroismus, sondern in dem Bekenntnis zur Menschlichkeit und zu Werten wie beispielsweise Geduld, Vergebung, Furchtlosigkeit, Wahrhaftigkeit, Dankbarkeit, Gewaltlosigkeit und Besonnenheit.

Kapitel 7: „Wie lautet dein Name?" fragt das nächste Koan. Doch unser Selbst kennt keine solche Begrenzung, es ist grenzenlos offen, und daher ist die ganze Welt unser Selbst, und jeder Name kann unser Name sein. Die Formel im Herz-Sutra: „Form ist Leere, Leere ist Form" interpretiert man gemeinhin nur als Hinweis auf *pratityasamutpada*, das buddhistische „bedingte Entstehen", doch die Leere ist weit mehr als das bedingte Entstehen. Es handelt sich um die Erkenntnis, dass das Selbst unbegrenzt offen ist für die Welt, dass es einen offenen Raum für die Welt und die anderen bildet, weniger auf physischer Ebene, sondern eher durch die Intentionalität des Bewusstseins oder Herz-Geistes. Im Hua-Yen-Sutra ist die Rede von der „ungehinderten Vermischung und Durchdringung des Absoluten und Phänomenalen" *(riji muge)* sowie von der „ungehinderten Vermischung und Durchdringung aller Phänomene mit allen Phänomenen" *(jiji muge)*. Mit dieser Begrifflichkeit wird ein wechselseitiges Einander-Innewohnen formuliert (in der christlichen Trinität die *perichoresis*): Wir *sind* einander.

In der Liebe sind wir offen und nehmen alles an, was ist. Eigentlich sollte das dazu führen, dass wir uns im „Angesicht der anderen“ wiedererkennen, vor allem aber in den Armen, Abgelehnten, Verfolgten, in Menschen, die die Gesellschaft zur Nicht-Person erklärt hat. Authentisches Mitgefühl sollte vor allem in der tätigen Sorge für die Ausgeschlossenen der Gesellschaft bestehen, doch diese Dimension steht weder im Zentrum des Buddhismus noch des Zen. Manchmal machen kulturelle Normen und Strukturen der jeweiligen Gesellschaft uns gleichgültig und blind für die Lebenssituation marginalisierter Menschen, doch wir müssen daran arbeiten, einen kritischen Standpunkt gegenüber der Macht und ein kritisches Mitgefühl für Marginalisierte zu entwickeln, ohne unser Ego aufzublasen und in einen Rettungswahn zu verfallen. Sicherlich werden wir dabei auf Gleichgültigkeit, Widerstand, Manipulation, vielleicht auch auf psychopathische Verhaltensweisen stoßen. Wir müssen uns schützen, auf Machtspiele aller Art hereinzufallen, doch das darf unser Herz nicht verhärten. Vielleicht wird es sogar brechen – doch ein gebrochenes Herz ist ein Herz des Mitfühlens und der Heilung für die Welt.

Kapitel 8: „Zen – der Weg nach Hause“ ist eine allgemeinere Reflexion über Zen und unser Leben. Ich werde zunächst einige Zen-Schlüsselbegriffe klären und dann Adolf Guggenbühl-Craig zu Wort kommen lassen, der zu Fragen von Psyche, Gewalt, Sexualität und Moral deutlich gemacht hat, dass die menschliche Psyche nicht auf rationale Begründungen oder kausale Ursache-Wirkung-Faktoren reduzierbar ist. Dies gilt nicht nur für die Psyche, sondern auch für unser Leben und die Wirklichkeit insgesamt. Ebenso ist auch Zen nicht an kausale Begründungen gebunden, denn es ist weder eine Philosophie noch ein wissenschaftliches System. Zen verweist auf das Selbst, das ein ebensolches Mysterium ist wie das Leben. Diese Dimension wird mit dem Begriff der Leere bezeichnet: „Nirgendwo stehend, lass deinen Geist hervortreten.“ So wünschenswert Ideale wie beispielsweise Gewaltlosigkeit oder Mitgefühl auch sein mögen;

sie können unser Leben und unsere Wirklichkeit niemals vollständig halten oder definieren. Und doch sind moralische, oder besser, ethische Einstellungen lebensnotwendig. Kierkegaard unterscheidet drei Phasen der Wandlung oder Konversion: die ästhetische, die ethische und die religiöse. Folgt man seiner Definition, dann besteht das spirituelle Anliegen des Zen in einer ethischen bzw. religiösen Konversion.

Kapitel 9: „Schlag ihn mit Kinnstütze und Kissen!“ handelt von Kontroversen und Konflikten innerhalb und zwischen der Soto-Zen und der Rinzai-Zen-Tradition. Beide Traditionen verfolgen positive Ansätze, doch findet man auch kritikwürdige Punkte. Ohne ins Detail gehen zu wollen, stelle ich einige zentrale Charakteristika dieser beiden Schulen vor. Der Dreh- und Angelpunkt ist, dass das Selbst und die Wirklichkeit letztendlich mysteriös sind und bleiben. Wie sollen wir mit dieser Tatsache umgehen? Wie können wir herausfinden, was unser wahres Selbst ist? Ist es möglich, dass wir, wie Buddha einst sagte, „verwurzelt im *Nibbana* das heilige Leben verwirklichen“ mit „Nibbana als seinem Ziel und Ende“? Nibbana ist ein Pali-Wort für „Nirvana“ (Sanskrit) und bedeutet „Leere“. Zen-Meister Ryuge hingegen behauptet, das Mysterium des Nirvana/der Leere habe „keinerlei Sinn oder Bedeutung“. Letzteres erinnert an Meister Eckhart, der, wenn auch aus christlicher Sicht und aus anderen Lebensumständen heraus, schrieb: „Wenn man das Leben fragte tausend Jahre lang: Warum lebst du? Wenn es überhaupt antwortete, würde es nur sagen: Ich lebe, um zu leben. Das rührt daher, weil das Leben aus seinem eigenen Grunde lebt, aus seinem Eigenen quillt; darum lebt es ohne Warum. Es lebt nur sich selber.“ Im Hinblick auf die theoretische Ebene der Antwort hatte Ryuge sicher recht. Doch Zen ist keine Theorie, es ist Leben und Handeln – und was das angeht, irrte er sich. Das Koan ermahnt uns, aus der Leere heraus zu handeln und zu leben, ohne eine abstrakte Theorie daraus zu machen. Es kommt dazu, dass Zen keine individuelle Angelegenheit ist, sondern dass es auf

Beziehungen beruht wie zwischen Meister/in und Schüler/in und innerhalb der Sangha, der Gemeinschaft der Zen-Schüler/innen. Die „Drei Großen Gelübde" bekräftigen das:

Buddham saranam gacchami
(Ich nehme Zuflucht zu Buddha),

Dhammam saranam gacchami
(Ich nehme Zuflucht zum Dharma),

Sangham saranam gacchami
(Ich nehme Zuflucht zur Sangha).

Kapitel 10: „Unmons Staubkorn-Samadhi" erinnert daran, dass der Zen-Buddhismus keine Jungfrauengeburt ist, dass er nicht wie Pallas Athene dem Kopf des Zeus entsprang, sondern dass verschiedene religiöse und philosophische Strömungen in seine Entstehung mit einflossen. Die chinesische Praxis des Zen-Buddhismus stützte sich nicht nur auf Taoismus und Konfuzianismus, sondern auf diverse Mahayana-Sutren wie das Lankavatara-Sutra, das Lotus-Sutra, das Avatamsaka-Sutra, das Sutra von der Erweckung des Glaubens, das Mahaparinirvana-Sutra, das Diamant-Sutra und das Herz-Sutra. Die ursprüngliche chinesische Praxis bestand nicht auch nur aus Meditation, Sutra-Studium und -Rezitation, sondern auch aus körperlicher Arbeit, Andachtsübungen, Askese, Pilgerschaft, magischen Praktiken und politischem Mäzenatentum. Das Staubkorn-Koan nimmt besonderen Bezug auf zwei Sutren, die als zentral für die Entwicklung des Buddhismus gelten: das Lotus-Sutra und das Avatamsaka-Sutra. Zwar sind diese Sutren unterschiedlich in ihrer jeweiligen Vision und Philosophie, dennoch haben sie viel Ähnlichkeit miteinander. Der Mönch im Staubkorn-Koan, der Meister Unmon um Rat bittet, steht in einer klösterlichen Tradition und richtet all seine Hoffnungen und Erwartungen auf das Erwachen bzw. die Befreiung. Meister Unmon weist den Mönch jedoch zurecht: „Lass dich nicht durch außergewöhnliche Erfahrungen oder Visionen ablenken und verwirren. Dein eigener Herz-Geist

ist Buddha, und das genau ist es, was du in dem Samadhi der täglichen und gewöhnlichen Aktivität verwirklichen musst.“ Unmons Ermahnung steht in Einklang mit dem Geist des Diamant-Sutra:

Wer nach mir in der Form sucht
oder mich im Klang sucht,
ist auf einem falschen Weg
und kann den Tathagata nicht sehen.
Wie siehst du den Tathagata?

Im zweiten Teil des Buches möchte ich kritische Überlegungen und Perspektiven öffentlich zugänglich machen, die ich in den letzten Jahren für unsere interne Zeitschrift „Bodhi Sangha Blossoms“ verfasst habe.

Kapitel 11 – Zen und die Religionen: Noch sind die Weltreligionen tragende Säulen der geistigen und sozialen Entwicklung, doch die Mitglieder laufen ihnen weg, während spirituelle und New-Age-Bewegungen geradezu aufblühen. Wo traditionelle Religionen nur unerfüllbare Forderungen zu stellen scheinen, versprechen neue Gurus ihrer Anhängerschaft Gesundheit, Wohlstand und spirituelle Kräfte. Laut Rabbi Jonathan Sacks sind wir Menschen „sinnsuchende Tiere“, daher trifft es uns umso härter, dass wir in einem Jahrhundert leben, das uns „mit einem Maximum an Auswahl und einem Minimum an Sinn hinterlässt“. Eine Religion ist auch eine *Weltsicht* oder *Weltanschauung*. Sie interpretiert die Welt und die Wirklichkeit innerhalb ihres jeweiligen Bezugsrahmens und bringt auf diese Weise Sinn und Bedeutung zum Ausdruck. Jede Religion oder Weltsicht ist einzigartig und niemals mit einer anderen vergleichbar, doch zugleich leben wir alle in ein- und derselben Welt und sind eine Spezies. In diesem Beitrag möchte ich einige kritische Aspekte der Weltreligionen aufzeigen, jedoch auch Wege und Möglichkeiten vorstellen, die uns helfen können, unsere eigene Religion (zum Beispiel Zen) in eine kreative Beziehung zu anderen zu bringen.

Kapitel 12 – Zen und die Psyche: Die berühmten „Zehn Zen-Ochsenbilder" illustrieren verschiedene Stadien der Zen-Reise, doch man könnte sie auch aus psychologischer oder spiritueller Sicht erläutern. Ich sehe die Entwicklungs- und Reifestadien des Menschen eher als „Dimensionen" der psychischen Entwicklung, wobei jede Dimension uns einen Sprung zur nächstfolgenden eine Art Umwälzung oder Konversion abverlangt.

Das erste Stadium unserer psychischen Entwicklung ist sozusagen „zweidimensional", bestimmt von Selbstzentriertheit und einer polaren Weltsicht. Diese Dimension ist „flach", alles dreht sich nur um die eigene Person sowie um Gewinn oder Verlust, es gibt keine innere „Geräumigkeit" und keinen Frieden. Im nächsten – dreidimensionalen – Stadium lernen wir schließlich, auch die Perspektive anderer Menschen wahrzunehmen und einzunehmen. In der interreligiösen Praxis habe ich das als einen Prozess von „Hinübergehen und Zurückkommen" beschrieben, in dessen Verlauf wir in eine andere Wirklichkeit eintauchen und Respekt vor fremden Werten und Sichtweisen erlernen. Oft handelt es sich um die Schaffensperiode unseres Lebens, in der wir Erfolge erringen und Ziele erreichen, in der wir unsere Kräfte aufs Äußerste anspannen und herausfinden wollen, wie weit sie reichen. Zwischen der drei- und der vierdimensionalen Phase gibt es einen Bruch. Hier werden wir mit unserer Verletzlichkeit und Gebrechlichkeit und auch mit dem Tod konfrontiert. In diesem Stadium suchen wir nach dem Sinn des Lebens, und oft verlieren wir dabei die Orientierung und den Glauben. Zen spricht von einer Phase des „Großen Zweifels", christliche Mystiker/innen von der „dunklen Nacht". Diese Phase hält so lange an, bis endlich die vierte Dimension durchbricht: Aus der absoluten Leere entsteht neues Leben, wir erwachen zur Leere des Selbst und damit zum Leben, zur Schönheit und zur Liebe.

Kapitel 13 – Probleme im Zen und im Buddhismus: In diesem Beitrag möchte ich auf einige problematische Tendenzen in neueren spirituellen Bewegungen eingehen, die sich auf den Buddhismus, die indische Advaita-Philosophie oder auf Zen und Vipassana berufen. Einer der kritischen Punkte ist die Frage nach dem Selbst. Zwar ist oft von einem „sogenannten Selbst" die Rede, doch primär geht es fast immer um „mein Selbst". Das führt gelegentlich zu einer fast narzisstisch anmutenden Selbstzentriertheit und einer Vernachlässigung der Frage nach *Ethik* oder *Moral*. Daran ist der Buddhismus nicht ganz unbeteiligt, denn seine Konzentration auf den Geist führt im Wesentlichen zu einer Innenschau und weniger zur Beschäftigung mit der äußeren Welt. Zwar bringt das Mitgefühl, *karuna*, den Buddhismus zurück in die Welt und rettet ihn davor, sich allzu ätherisch nur mit dem Selbst oder dem Geist zu beschäftigen. Doch Mitgefühl steht auch in einem Spannungsverhältnis mit anderen buddhistischen Elementen wie Leere, bedingtes Entstehen und Karma.

Zen wiederum erhebt für sich den Anspruch, durch die Leerheit Gut und Böse zu transzendieren. Das ist problematisch, und Dale S. Wright bemerkt dazu: „Wenn wir nach den sozialen und ethischen Resultaten fragen würden, zum Beispiel danach, ob die Bemeisterung der Zen-Praxis zu einer expliziten Moralität in Form von sozialem Engagement geführt hat oder ob Satori zu einer verstärkten konstruktiven Beteiligung an der Gesellschaft, zu mehr Mitgefühl für das Leid der gewöhnlichen Menschen oder zu mehr Interesse für das soziopolitische Ganze beigetragen hat, lautete die Antwort vermutlich: ‚In aller Regel nicht.'"

Ein weiteres Problem ist die verbreitete Zen-Ansicht, das Denken sei „eine Krankheit des menschlichen Geistes", und tatsächlich missachten manche Zen-Meister/innen die Vernunft und das rationale Denken, wodurch Zen im Verlauf seiner Geschichte an Tiefe, Reichtum und Dynamik verloren hat. Viele Zen-Richtungen heben ab auf besondere „Erfahrungen" oder veränderte Bewusstseinszustände, als ob es sich bei der Erleuchtung lediglich um eine Erfahrung handelte, doch das ist ein Irrweg. Andere reduzieren Zen-Meditation auf eine Art Psychotherapie, doch bei Zen geht es um Erwachen und Befreiung, und beides verlangt nach einer

Überschreitung des individualistischen Selbstkonzepts, auch wenn Zen-Meditation und eine Zen-Perspektive heilsam und befreiend sein können. Ôbakus Kritik ist auch heute noch aktuell: „Wisst ihr denn nicht, dass es im ganzen Land T'ang keinen einzigen Zen-Lehrer gibt?"

Im Kapitel 14 – „Ein Kopf ist genug" geht es um das Ablegen von Gelübden im Rahmen der buddhistischen Jukai-Zeremonie, die ein formelles Bekenntnis zum Buddhismus darstellt. Was für viele Menschen eine normale religiöse Bindung ist, kann jedoch für Christen oder Nicht-Buddhisten, die Zen-Meditation praktizieren, Probleme verursachen. In der heutigen Zeit, in der der interreligiöse Dialog und die Freundschaft zwischen den Religionen ein großes Thema ist, mag es zunächst vielleicht gut klingen, wenn jemand die Jukai-Zeremonie ableistet. Trotzdem halte ich es nicht für einen wirklich guten Weg, weil er Menschen in Ambivalenzen und Konfusionen verwickeln und die Bindung an eine religiöse Gemeinschaft zerstören kann. Zen-Meditation ist religiös, man könnte auch sagen, spirituell, doch dabei sollte man unterscheiden zwischen Gläubigkeit und religiösen Überzeugungen. Gläubigkeit liegt im Wesen des Menschseins, sie ist eine Art Urvertrauen und überschreitet Religionen wie das Christentum oder den Buddhismus. Andererseits sind Glaubensüberzeugungen, Glaubenslehren und entsprechende Rituale notwendig, um dieser Gläubigkeit eine Form zu verleihen. Die spezifische Art, wie Gläubigkeit sich jeweils ausdrückt, unterscheidet sich von Religion zu Religion, man sollte daher nicht behaupten, alle Religionen oder spirituellen Wege seien mehr oder weniger dasselbe oder liefen letztlich alle auf das gleiche Ziel hinaus. Verschiedene Religionen oder spirituellen Richtungen verfolgen ganz unterschiedliche Wege, man könnte sogar sagen „letzte" Ziele. Diese Unterschiede sollte man nicht auf die leichte Schulter nehmen, man muss sie respektieren. Worauf es wirklich ankommt, ist die Zugehörigkeit zu einer (religiösen oder spirituellen) Gemeinschaft oder Sangha. Ich habe schon viel zum Thema „Hinübergehen“ in Zen und „Zurückkommen“ in die eigene Ursprungsreligion gesagt. Angesichts der gegenwärtigen Situation religiöser Gemeinschaften ist es nicht notwendig, zum Buddhismus zu konvertieren, um Zen-Meditation zu üben, doch es braucht Offenheit für die Botschaft des Zen-Buddhismus und die Bereitschaft, um „hinüberzugehen und zurückzukommen“.

Kapitel 15 – Wer ist dieser Eine?: „Wohin gehst du nach deinem Tod?“, fragt ein Zen-Koan. Auf der Suche nach einer Antwort wenden wir uns oft hastig einem Gott oder Guru zu und hoffen, dort endlich Sicherheit, Geborgenheit und Identität zu finden. Doch wenn es um die letzten Dinge des Lebens geht, gibt es keine Rettung vor dem Abgrund des Nichts, vor Leere und Bedeutungslosigkeit. Und selbst wenn es nicht so wäre: Sobald wir Gott oder die letzte Wirklichkeit als etwas Besonderes oder überhaupt Definierbares betrachten, als etwas, das über uns steht, oder als das „absolut Andere“, wird es uns nicht befreien. Letztlich geht es um das Verständnis, dass die Leere, in die wir fallen, unser eigenes Selbst ist. Das Mysterium der Leere ist unsere Rettung und Befreiung, doch es bezieht sich nicht nur auf das Selbst, sondern auch auf andere, auf die Welt insgesamt. „Selbst“ ist immer schon ein „Selbst-mit-Welt-und-anderen“; außerhalb der Welt und außerhalb von anderen Menschen gibt es kein Selbst. Daher sind Fürsorge und Mitgefühl Formen, in denen wir unser eigenes Leben realisieren. Auch die Unendlichkeit leben wir nur hier und jetzt, nur diese Zeit ist unsere wirkliche Realität, doch das „Jetzt des Selbst“ birgt alle Zeiten und alle Welten in sich. Wittgenstein schrieb: „Versteht man unter Ewigkeit nicht unendliche Zeitdauer, sondern *Unzeitlichkeit*, dann lebt derjenige ewig, der in der Gegenwart lebt.“ Wir müssen unsere Phantasien über ein Leben nach dem Tod loslassen und dieses Leben schätzen lernen, indem wir für uns und andere da sind.

Kapitel 16 – „Wir sind nicht unser Gehirn“ greift ein aktuelles Thema der Neurowissenschaften auf. Sehr viele Menschen, vor allem Wissenschaftler/innen, vertreten in dieser Hinsicht eine materialistische und deterministische Perspektive und behaupten, dass es das Gehirn ist, das unser Leben und unsere Entscheidungen regiert. In ihrer Weltsicht ist das Universum ein mehr oder weniger geschlossenes materielles System und die Menschen sind nur das Resultat biologischer Prozesse. Doch das Gehirn lässt sich verändern. Die Autoren, auf die ich mich beziehe, liefern dazu konkrete Anhaltspunkte, wie beispielsweise die Neu-Benennung eines Problems, die Neu-Zuordnung unerwünschter Gedanken, die Neu-Einstellung unserer Aufmerksamkeit und eine Neu-Bewertung problematischer Gedanken. Dieser Ansatz lässt sich auch therapeutisch einsetzen, zum Beispiel bei Problemen mit Abhängigkeit oder Sucht. Gleichzeitig ist eine normale Gehirnfunktion sehr wichtig für ein gutes, erfülltes Leben. Ist ein Teil des Gehirns gestört oder beschädigt, wird auch die Persönlichkeit des betreffenden Menschen gestört oder verändert sein. Das heißt nicht, dass das Selbst als solches außer Kraft gesetzt ist; es ist weiterhin vorhanden, doch seine Möglichkeiten sind eingeschränkt.

Kapitel 17 – Wie gehst du auf dem Zen-Weg geradeaus?: In diesem Beitrag möchte ich verdeutlichen, worin mein Zen-Ansatz sich von dem anderer Zen-Lehrender unterscheidet, denn in der heutigen Zeit müssen wir sorgfältig zwischen zahlreichen, teilweise gegensätzlichen Strömungen hindurchnavigieren, um den richtigen Weg zu finden. So treffen wir auf dem buddhistischen Weg oft auf die Auffassung, das Erwachen bedeute, die buddhistischen Lehren von Interdependenz, Vergänglichkeit und Nicht-Selbst nachzuvollziehen. Doch dieses Weltverständnis ist keineswegs ungewöhnlich und entspricht zudem den Erkenntnissen der modernen Wissenschaft. Was sollte an diesem logisch-rationalen Verständnis der Welt befreiend und erlösend sein?

Manche Zen-Lehren führen Menschen auf einen Irrweg, wenn sie behaupten, das Erwachen sei eine sogenannte Durchbruchserfahrung oder eine nicht-konzeptuelle Erfahrung. Doch eine begrenzte und bedingte Erfahrung kann das Unendliche und Unbedingte niemals erfassen. Erwachen ist Einsicht und Verwirklichung, keine vereinzelte Erfahrung. Zwar kommt das Erwachen durch Erfahrung zustande, doch es ist weit mehr als eine Erfahrung. Ich verliere mich – und finde mich wieder als andere/r, als die ganze Welt. Mein Ich ist ein „Ich-mit-Dir“. Es geht darum, das im Alltagsleben umzusetzen und in der menschlichen Gemeinschaft praktisch zu verwirklichen.

Auch machen sich Menschen, die Buddhismus oder Zen lehren, oft nicht klar, dass die nicht-duale Einheit des Erwachens im Raum der Intentionalität des Bewusstseins geschieht. Der Herz-Geist des Menschen ist eine „Lichtung“ der Welt und realisiert sich nicht durch den physischen Körper oder durch mentale Konstruktionen, sondern durch die *Intentionalität* des Bewusstseins, im spirituellen Raum eines ursprünglichen, *primordialen* Bewusstseins.

Und was sollen wir schließlich von den unterschiedlichen Behauptungen über ein Leben nach dem Tod halten? Manche glauben zu wissen, dass es *kein* Leben nach dem Tod oder kein dauerhaftes Selbst gibt. Andere glauben fest daran, dass die Seele oder das Selbst unsterblich und ewig sind, während wiederum viele daran festhalten, dass es Karma und Reinkarnation gibt. Letztlich sind das alles nur Theorien und Glaubensideen. Eine Zen-Antwort lautet: „Ich sterbe – und ich sterbe nicht“, wobei der Teil „Ich sterbe nicht“ ein Mysterium bleibt.

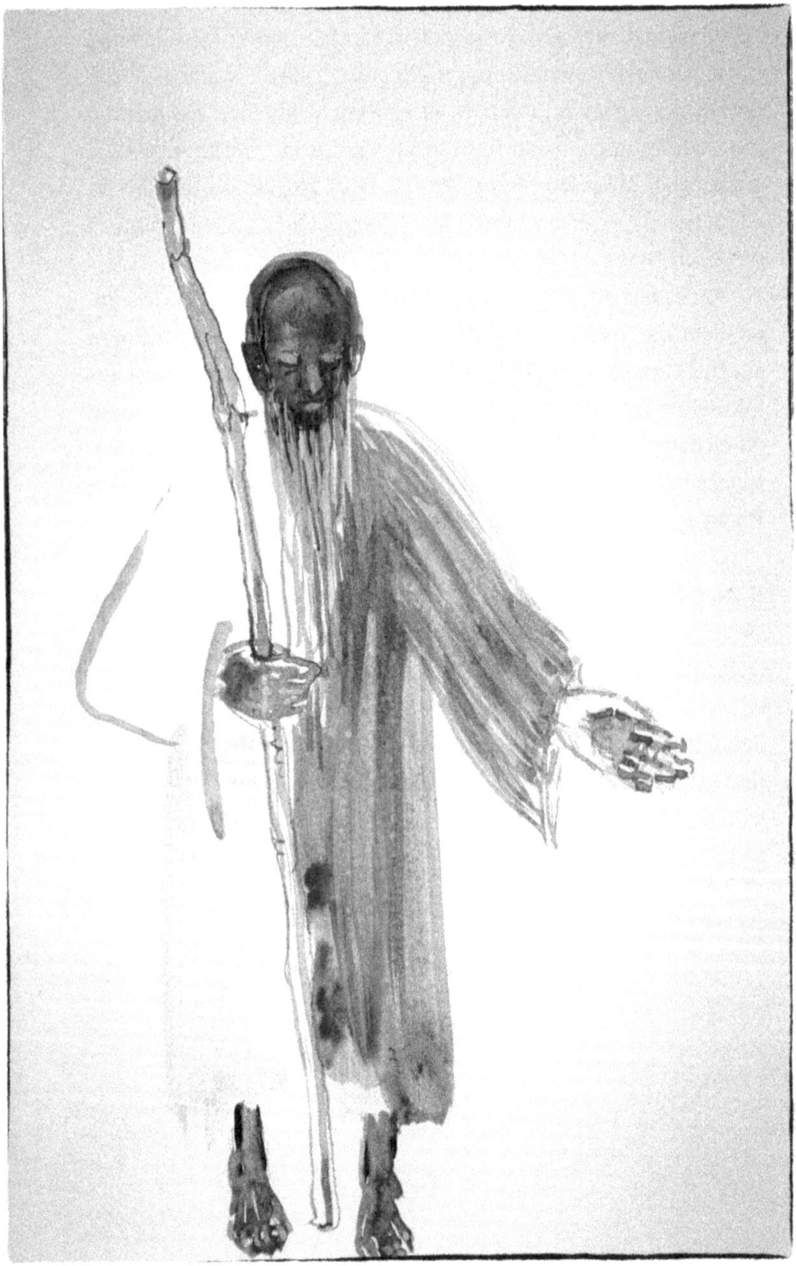

Teil I:
Teishos

1. Samadhi – das Selbst ruht im Selbst

In den frühen Tagen der Meiji-Zeit (1868–1912) lebte ein bekannter Ringkämpfer namens O-Nami, das bedeutet „Große Welle". O-Nami war ungeheuer stark und ein Meister in der Kunst des Ringens. Bei privaten Kämpfen besiegte er sogar seinen Lehrer, doch in der Öffentlichkeit war er so schüchtern, dass sogar seine eigenen Schüler ihn umwerfen konnten. Schließlich sah O-Nami ein, dass er einen Zen-Meister um Hilfe bitten musste. Gerade machte Hakuju, ein wandernder Lehrer, Rast in einem nahegelegenen Tempel. Also ging O-Nami dorthin, um ihm sein Problem vorzutragen.

„Dein Name lautet Große Welle", sagte der Lehrer. „Also bleibe heute Nacht in diesem Tempel und stelle dir vor, dass du eine Brandungswelle bist und kein ängstlicher Ringkämpfer. Du bist eine riesige Welle, die alles vor sich hertreibt und verschlingt, was ihr im Wege steht. Mach das so und du wirst der größte Ringkämpfer im Land sein." Und der Lehrer zog sich zurück.

O-Nami saß in Meditation und versuchte sich vorzustellen, er sei eine Welle. Zuerst dachte er an verschiedene andere Dinge, dann aber fühlte er mehr und mehr, dass er sich in eine Welle verwandelte. Als die Nacht einbrach, wurden die Wellen größer und größer. Nun schwemmten sie bereits die Blumen aus den Vasen, und selbst der Buddha in seinem Schrein wurde davon überflutet.

Noch vor dem Morgengrauen gab es statt eines Tempels nur noch die Ebbe und Flut eines riesigen Meeres.

Am Morgen fand der Lehrer O-Nami in tiefer Meditation vor und ein leises Lächeln lag auf seinem Gesicht. Er klopfte dem Ringer auf die Schulter. „Nun kann dich nichts mehr stören“, sagte er. „Du bist diese Welle. Alles wird von dir hinweggeschwemmt.“ Noch am gleichen Tag nahm O-Nami an den Ringerwettkämpfen teil und wurde Sieger. Danach gab es in ganz Japan niemanden mehr, der ihn hätte übertreffen können.[2]

Buddhismus und Zen gründen sich auf drei traditionelle Elemente: auf *sila*, *samadhi* und *prajna*. *Sila* bedeutet Ethik bzw. integeres Handeln und zielt auf eine ethische Transformation ab. Ohne ethische Grundlage wäre unsere spirituelle Praxis sinnlos, wobei man Ethik nicht mit Moral oder gar mit Moralismus verwechseln sollte. Ethik bedeutet vielmehr, sich auf den eigenen inneren Kern, auf sein „Herz“ zu beziehen und an Werten wie Gerechtigkeit, Wahrhaftigkeit, Güte, Treue, Geduld, Ausdauer usw. zu orientieren. In praktischer Umsetzung bedeutet Sila die Zuwendung und Sorge für sich, für andere und für die Welt.

Samadhi bedeutet so etwas wie Meditation oder meditative Versunkenheit, eine eins-gerichtete Konzentration und Zentrierung. Ohne diese Zentrierung verlieren wir uns im Leben in Ablenkungen und Zerstreuungen und verschwenden unser Leben an sinnlose Dinge.

Prajna bedeutet Erwachen oder Selbst-Realisierung. Das Ziel unseres Lebens ist ein Erwachen zur Wirklichkeit, zu dem, wer wir wirklich sind, was die Realität wirklich ist. Ohne dieses Aufwachen und diese Realisierung fehlen unserem Leben die Fülle und das Ziel.

In diesem Beitrag wird es nur um den zweiten Pfeiler gehen: um Samadhi. Samadhi – Japanisch: *zanmai* – ist ein zentraler Bestandteil des Zen-Wegs und bedeutet Sammlung und Ruhe, eine nicht-duale Verfassung des Geistes, in der Subjekt und Objekt eins sind. Im Yoga gilt Samadhi als höchste Stufe der spirituellen

Vertiefung. Es gibt buddhistische Meditationstraditionen wie zum Beispiel Theravada, die zwischen *samatha* (Konzentration) und *vipassana* (Einsicht) oder zwischen *samadhi* und *prajna* (Weisheit) unterscheiden, doch alle diese Aspekte hängen eng miteinander zusammen und bedingen sich wechselseitig. Mein eigener Lehrer, der japanische Zen-Meister Yamada Kôun Roshi, hat einmal Zen als „Konzentration, Erwachen und Charakterbildung" charakterisiert. Samadhi, die intensive Konzentration im Zen, ist nicht identisch mit dem Erwachen, mit *satori*, doch ein Erwachen ohne Samadhi wäre kraftlos. Der Begriff des „Samadhi" hat verschiedene Bedeutungen, von der sogenannten „einspitzigen Konzentration" bis zur Realisierung von Nicht-Dualität, doch im Folgenden werde ich die Begriffe „Samadhi" und „Konzentration" als Synonyme verwenden. In unserer Zen-Tradition nutzen wir Samadhi auf zwei Ebenen: zum einen für eine intensive, eins-gerichtete Konzentration auf ein Objekt, unter Ausschluss alles anderen, bis zur Verschmelzung mit diesem Objekt, zum anderen für die intensive Sammlung und Achtsamkeit, wobei Samadhi als Sammlung und Achtsamkeit unser vorrangiges Ziel ist.

Das Yoga-Sutra[3] des Patañjali beginnt mit dem ersten grundlegenden Prinzip, *yogas citta-vritti nirodhah*, das besagt: „Yoga ist jener innere Zustand, in dem die seelisch-geistigen Vorgänge zur Ruhe kommen." Die Geistesruhe entsteht durch die yogische Praxis von Askese und heilenden Energien, wodurch Willen, Vorstellungskraft und Emotionen in der Konzentration zusammengebracht werden. Normalerweise sind unser Geist, und ebenso unsere Gefühle und Vorstellungen, unentwegt in Bewegung, daher müssen wir lernen, das alles in Stille, Sammlung und zielgerichteter Einheit zusammenzubringen. Immer wieder brauchen unser wild umherspringender Geist, unsere zahllosen, oft widersprüchlichen Gefühle und Begierden eine Bündelung und Zentrierung auf das, das wirklich wichtig ist. Das erfordert eine radikale Wandlung unseres bisherigen Lebensstils und unserer Welt. Wir müssen lernen, starke

Spannungen und selbst Gegensätze in uns auszuhalten, ohne sie abzureagieren oder zu unterdrücken, und uns an unseren Werten und Lebenszielen orientieren. Die Grundlage und der Nährboden für diese Sammlung und für Samadhi ist dabei die Achtsamkeit auf den Atem und den Körper. Das Ziel dieser Sammlung ist *no-mind*, der „Nicht-Geist" des Zen, was nicht die Abwesenheit von Gedanken bedeutet, sondern – neben der Zentrierung und Verankerung in Atem und Körper – ein Erwachen zum „Nicht-Selbst". Beide Dimensionen sind notwendig, um zu lernen, selbstlos und offen für andere Menschen und für die Welt zu sein. Diese und andere Übungen der meditativen Sammlung, wie die bereits genannte „einspitzige" Konzentration, stehen im Mittelpunkt einer Studie von J. B. Hollenback über Mystik, der sie als Auslöser mystischer Bewusstseinszustände ansieht:

> Innere Sammlung [= Samadhi] bezieht sich auf ein Verfahren, durch das Mystiker/innen lernen, Geist, Willen, Vorstellungen und Gefühle eins-gerichtet an einem Ziel oder Objekt auszurichten. Wenn die Übung gelingt, bringt diese vollständig zentrierte Mobilisierung aller affektiven und intellektuellen Kräfte des Mystikers oder der Mystikerin schließlich das unaufhörliche Geschwätz zum Stillstand, das normalerweise als eine Art Hintergrundrauschen bei all unseren Aktivitäten im Wachzustand immerzu präsent ist. Sobald Mystiker/innen diesen Prozess des leisen inneren Selbstgesprächs unterbrechen, verändert sich ihr Modus der Wahrnehmung, und sie fangen an, ihre erste erfahrbare Begegnung mit der spirituellen Welt zu haben, die den fünf Sinnen sonst nicht zugänglich ist. (…) Es gibt Stufen und Grade dieser Sammlung. (…)
> Zu einem großen Teil ist das mystische Leben ein Kampf gegen Ablenkungen aller Art, gegen sinnliche, übersinnliche, emotionale, imaginative und sogar physische. Der Erfolg der Praxis hängt erheblich davon ab, wie sehr Mystiker/innen in der Lage sind, all das zu ignorieren oder zu unterdrücken. Dieser Kampf findet nicht nur im eigenen inneren Heiligtum

> des Geistes des/der Mystiker/in statt, sondern er umfasst die existenzielle Totalität seines/ihres Lebens. (...) Will man Mystik wirklich verstehen, darf man nicht dabei stehenbleiben, die Übungen der inneren Sammlung als eine Technik zu sehen. Sie sind weit mehr als das: Sie sind der zentrale Punkt, um den sich das innere wie auch das aktive Leben der Mystiker/innen dreht und in dem beides sich wechselseitig intensiviert.[4]

In den „Meditationen über das Tarot“[5] werden Konzentration bzw. Samadhi visualisiert durch ein Bild des Heiligen Dionysius, das darstellt, wie er von den Feinden seiner Religion geköpft wird. Die Geschichte erzählt, dass, gerade als das Schwert seinen Kopf abtrennt, „plötzlich Dionysius‘ Körper aufrecht da (steht); er nimmt seinen Kopf in die Hände; und mit einem Engel, der ihn führt, und in einem hellen Licht, das sich vor ihm ausbreitet, schreitet er noch zwei Meilen voran ... durch eigene Wahl und Gottes Vorsehung“.[6] Diese Geschichte will uns vermitteln, dass wir lernen sollten, „unter der Führung einer anderen Intelligenz als der des Kopfes (zu leben), einer Intelligenz, die eher durch das rhythmische System des Körpers wirkt. Ähnlich wie bei dem Wunder des Heiligen Dionysius gehören vergleichbare Fähigkeiten und Fertigkeiten für Seilakrobaten, Jongleure und Magier/innen zum Standard. Wie im Fall von Dionysius geht es bei ihrer Arbeit darum, das Zentrum ihres Bewusstseins vom zerebralen zum rhythmischen System, also vom Kopf in den Bauch zu verlagern, oder genauer, ins Hara wie in der Zen-Tradition. Die entspannte Konzentration leitet das führende Zentrum des Gehirns auf das rhythmische System um. Sie löst sich von der Dominanz des Geistes und der Vorstellung, geleitet von einem Willen zur Ganzheitlichkeit.“[7]

Man kann Konzentration bzw. Sammlung gelassen praktizieren, aber auch forcieren. „Ersteres entspricht dem Wunsch, frei zu sein von unseren versklavenden Leidenschaften, von Verhaftungen und Obsessionen. Das Zweite ist selbst das Ergebnis einer dominierenden Leidenschaft, ein Resultat von Verhaftung und Obsession.

So sind ein Mönch in tiefem Gebet und ein wütender Bulle beide hoch konzentriert. Doch während der Mönch in einem kontemplativen Frieden weilt, wird der Bulle angetrieben von Wut. (…) Wahre Konzentration ist ein freier Akt voller Licht und Frieden. Er setzt einen gelassenen und gelösten Willen voraus, denn letztlich ist die Art des Willens der bestimmende und entscheidende Faktor bei der Konzentration.“[8]

Zentrierung, Sammlung, mühelose Konzentration, Schweigen und Stille im Zentrum unseres Wesens, Loslassen aller Automatismen von Gedanke und Vorstellung – sind wir auf diese Weise zentriert, werden zufällige Gedankenbewegungen an der Peripherie unseres Bewusstseins immer unwichtiger. Erst aus der Zentrierung und Sammlung heraus kommen unser Tun und Handeln im Alltag ins Fließen, in einen Zustand, indem „Martha und Maria Hand in Hand gehen“, wie es in den „Meditationen über das Tarot“ beschrieben ist: Tatsächlich lässt sich das erste und grundlegende Prinzip der Esoterik (d.h. des Wegs, auf dem man die spirituelle Wirklichkeit erfährt) durch die Formel ausdrücken: Zunächst erlerne Konzentration ohne jede Anstrengung. Verwandele Arbeit in Spiel, lass jedes Joch, das du akzeptiert hast, bequem und jede Last, die du trägst, leicht werden!

Dazu eine Geschichte über das „Fasten des Geistes“ von Chuan Tzu[9]. Chuan Tzu war ein herausragender taoistischer Philosoph, subtil und tief, und der Taoismus hatte einen hohen Einfluss auf Zen. Chuan Tzu kleidet die Geschichte in einen imaginären Dialog zwischen Konfuzius und dessen Schüler Yen Hui. Yen Hui hat vor, den Staat Wei zu besuchen, um den noch jugendlichen Regenten in seinen Regierungsgeschäften zu beraten. Was sind wohl die beste Geistesverfassung und die wichtigsten Fähigkeiten, die Yen Hui für diese Aufgabe benötigt? Hier der Hauptteil dieses Dialogs:

> Yen Hui sagte: „Ich werde prinzipienfest und selbstlos sein, meine Kräfte zusammennehmen und alles auf die Sache konzentrieren. Wird das genügen?“

„Das wird es *nicht*“, antwortete Konfuzius.

„Nun denn. (…) Wer innerlich rechtschaffen ist, ist ein Freund des Natürlichen. (…) Ich bin weder auf Lobpreisungen für meine guten Worte angewiesen, noch fürchte ich mich vor Tadel. Wenn ich frei heraus handeln kann, werden die Menschen mich ein unschuldiges Kind nennen. Das meine ich, wenn ich sage, ich bin ein Freund des Natürlichen. (…) Wenn ich so sein kann, wird das genügen?“

Konfuzius entgegnet: „Es wird *nicht* genügen.“ (…)

Schließlich antwortet Konfuzius, dass der richtige Weg im „Fasten des Geistes“ bestehe.

Yen Hui: „Darf ich fragen, was dieses Fasten von Herz und Geist ist?“

„Bringe dein Herz und deinen Geist in eins“, antwortete Konfuzius. „Höre nicht mit deinen Ohren, höre mit deinem Herz-Geist. Dann lasse davon ab, mit deinem Herz-Geist zu hören, und höre mit deinem *ch'i*, mit der Energie deines Seins. Das Hören endet im Ohr und der Herz-Geist endet in Worten und Symbolen. Das *ch'i* aber ist leer. Indem es leer ist, kann es in allen Erscheinungen präsent sein. In der Leere kommt das Tao zur Ruhe. Diese Leere ist das Fasten des Geistes.“

Als sie sich das nächste Mal trafen, sagte Yen Hui: „Ehe ich es versuchte, war ich immer noch Yen Hui. Nun, da ich es verstehe, bin ich nicht mehr sicher, ob es einen Anfang von demjenigen gibt, der Yen Hui ist. Ist es das, was du als Leerheit bezeichnest?“

„Das ist alles … Mache das Eine zu deinem Heim und verweile dort, wenn es nichts mehr gibt, was du tun kannst. Dann bist du nahe daran, wirklich da zu sein. Damit aufzuhören, Spuren zu hinterlassen, ist leicht; aber zu gehen, ohne den Boden zu berühren, ist schwierig.“

Das „Fasten des Geistes" ist die Zurückweisung, oder besser, die Abwendung von unserem inneren Selbstgeschwätz und von der obsessiven Beschäftigung mit unserem Selbstbild und seiner Kontrolle. Dadurch lernen wir, im Hier und Jetzt zu sein, unmittelbar auf die Wirklichkeit, das Selbst und andere Menschen zu hören und zu antworten und uns nicht zu sehr in unser Selbstbild und seine Geschichten zu verwickeln.

Eine wichtige Hilfe beim „Geist-Fasten" ist die Konzentration auf die Wahrnehmung des Atems und des Körpers in der Meditation. Lass die Ausatemphase ein klein wenig länger sein als die Einatmung, ohne deinen Atem zu forcieren oder dich irgendwie anzustrengen. Gedanken, Bilder und Selbstgeschwätz werden auftauchen – beachte sie nicht, nimm einfach weiterhin deinen Atem wahr. Lass Gedanken und Bilder kommen und gehen. Dazu gehören auch sogenannte besondere Erfahrungen wie Visionen, Trancen und derlei Dinge. Kämpfe nicht damit, aber versuche auch nicht, deine Gedanken zu kontrollieren. Wenn etwas wirklich Wichtiges hochkommt, nimm es zur Kenntnis und kehre dann wieder zum Atemgewahrsein zurück, immer wieder und wieder. Tue das nicht mechanisch, sondern eröffne einen liebevollen Raum für dich selbst, der sich auf die Wahrnehmung deines Atems und Körpers gründet. Diese Übung des reinen Gewahrseins trägt dazu bei, den festen Griff des Selbstbilds und die Macht des inneren Selbstgesprächs abzuschwächen. Versuche auch im Alltagsleben wirklich im Hier und Jetzt anwesend zu sein: Gehe, wenn du gehst, iss, wenn du isst. Sage Ja, wenn du wirklich Ja meinst, und Nein, wenn nicht. Wenn es nichts zu tun gibt, ruhe entspannt in diesem offenen Raum, der durch die beständige Wahrnehmung des Körpers und des Atems entsteht. Lasse es zu, in einem Raum des Wahren, Guten und Schönen zu existieren, im Licht des Todes wie der Unendlichkeit.

Achtsamkeit und konzentriertes Samadhi sind aufs Engste miteinander verwoben, beide sind notwendig und eines ohne das andere wird nicht ausreichen. Wer fokussiertes Samadhi gelernt hat, für den wird es leicht sein, Achtsamkeit beständig zu praktizieren. Samadhi kann auch unterstützend sein, falls man sich von zwanghaften Verhaltensweisen oder von Süchten lösen möchte. Durch Samadhi können wir Achtsamkeit praktizieren und uns (zum Beispiel mithilfe eines bestimmten Satzes) fest einprägen, welche Ziele wir verfolgen und wer wir oder wie wir sein möchten. Die Achtsamkeit auf den Körper und den Atem hier und jetzt ist ebenso wichtig wie das Bewusstsein über unsere Vergangenheit oder unsere Hoffnungen für die Zukunft.

Das Zen-Samadhi ist keine Form von Trance. Trance ist ein mentaler Zustand, in dem eine Person sich ihrer Umgebung kaum oder gar nicht mehr bewusst ist. Sie ist charakterisiert durch einen Verlust der Bewegungskontrolle, eine gewisse Starrheit und eine nur noch sehr geringe Reizempfindlichkeit gegenüber externen Stimuli. Das Zen-Samadhi meint jedoch, zentriert und fokussiert zu sein, eins-gerichtet, bewusst und ganz wach. Vor einiger Zeit wurde einmal ein Experiment mit Zen-Mönchen und mit Yogis durchgeführt. Die Yogis waren so tief in ihr yogisches Samadhi eingetaucht, dass ihre Körper sogar Nadelstiche oder brennende Streichhölzer nicht mehr wahrnahmen. Die Zen-Mönche dagegen nahmen beim Zazen sogar das Ticken der Uhr wahr. Sie blendeten die Umgebungsreize zu keiner Zeit aus, obgleich auch sie sich in einem tiefen Samadhi befanden. Das ist auch der Grund, weshalb wir im Zazen die Augen ein wenig geöffnet haben: Wir wollen vermeiden, mit geschlossenen Augen in eine Trance zu fallen.

Shikantaza, die Praxis des reinen Zen-Sitzens, bedeutet einfach nur zu sitzen, einfach nur zu sein, mit sich selbst zu sein, ohne sich zwingend auf den Atem, den Körper oder auf ein bestimmtes Objekt zu konzentrieren. In gewisser Weise ist es ein Bewusstsein, das im Bewusstsein seiner selbst ruht. Das Bewusstsein kann intentional, zum Beispiel auf einen Meditationsgegenstand wie den Atem gerichtet, aber auch *nicht*-intentional sein. Intentionales Bewusstsein meint ein Bewusstsein *von etwas* wie zum Beispiel die Wahrnehmung eines Objekts. Dagegen bedeutet nicht-intentionales

Bewusstsein, in sich selbst zu verweilen, ohne äußeres oder inneres Objekt, nur im Bewusstsein dessen, bewusst zu sein. Der Zen-Meister Uchiyama aus der Soto-Zen-Linie schrieb (sinngemäß) einmal: „Zazen ist das Selbst, das ein Selbst realisiert, das nur Selbst ist." Der japanische Philosoph Keiji Nishitani beschreibt Zazen mit Worten wie „in der Ruhe„ und „mit sich selbst zu Hause" sein. Nishitanis bevorzugter Begriff ist „zu Hause" (*chez nous* im Französischen): einfach sitzen mit geschlossenen Augenlidern, die wie zugezogene Vorhänge sind. Hier können wir uns vollständig in uns selbst zurückziehen, in unser eigenes Sein, ganz persönlich und ganz frei sein. Diese Negation des weltlichen Ego-Ichs, das immer auf etwas bezogen ist und selbst ständig projiziert, lässt unser wahres Selbst zum Vorschein kommen, ein Selbst, das sich fast spielerisch und in vollständiger Spontaneität verwirklicht, das losgelöst und doch real und aktiv ist.

Wenn du in Zazen sitzt, sei einfach da, und sei dir bewusst, *dass* du bewusst bist. Das setzt einen gewissen Grad der Bewusstheit über deinen Körper und deinen Atem voraus. Ein Sitzen im Zazen, nur im Bewusstsein des Bewusstseins, in reiner Soheit und in einem Mit-Sich-Selbst-Sein, ist befreiend und schenkt uns Frieden. Natürlich ist das Erwachen mehr als Samadhi, doch Samadhi ist der Nährboden des Erwachens, und umgekehrt führt Erwachen uns zu Samadhi und reinem Gewahrsein. Das wird in einem Koan aus dem Hekiganroku wunderbar ausgedrückt:

> Ein Mönch fragte Meister Unmon: „Was ist das Staubkorn-Samadhi?" Unmon sagte: „Reis in der Schale, Wasser im Eimer."[10]

2. Buddha in drei Körpern

DER FALL

Einst fragte ein Mönch den Priester Jô von Kôyô: „Daitsû Chishô Buddha saß zehn Kalpas lang in der Meditationshalle, aber der Dharma Buddhas trat nicht in Erscheinung und er selbst konnte die Buddhaschaft nicht erlangen. Warum war das so?“ Jô antwortete: „Deine Frage ist wirklich bedenkenswert.“ Der Mönch sagte: „Er übt Zazen in der Meditationshalle. Warum erreicht er nicht die Buddhaschaft?“ Jô entgegnete: „Weil er ein nicht-erreichter Buddha ist.“

MUMONS KOMMENTAR

Die Erfahrung des alten Barbaren bestätige ich, aber sein Verständnis billige ich nicht. Wenn ein gewöhnlicher Mensch es erfahren hat, ist er ein Heiliger. Wenn es ein Heiliger so begreift, ist er nicht mehr als ein gewöhnlicher Mensch.

DER VERS

Weit besser, als den Leib zu verstehen, ist es,
den Geist zu verstehen und in Frieden zu sein.
Wenn der Geist in seiner Wahrheit erfahren ist,
gibt es keine Angst wegen des Leibes:
Wenn Geist und Leib vollständig befreit sind,
wünscht der heilige Einsiedler nicht, zum Grafen erhoben zu werden.

(Mumonkan, Fall 19)[11]

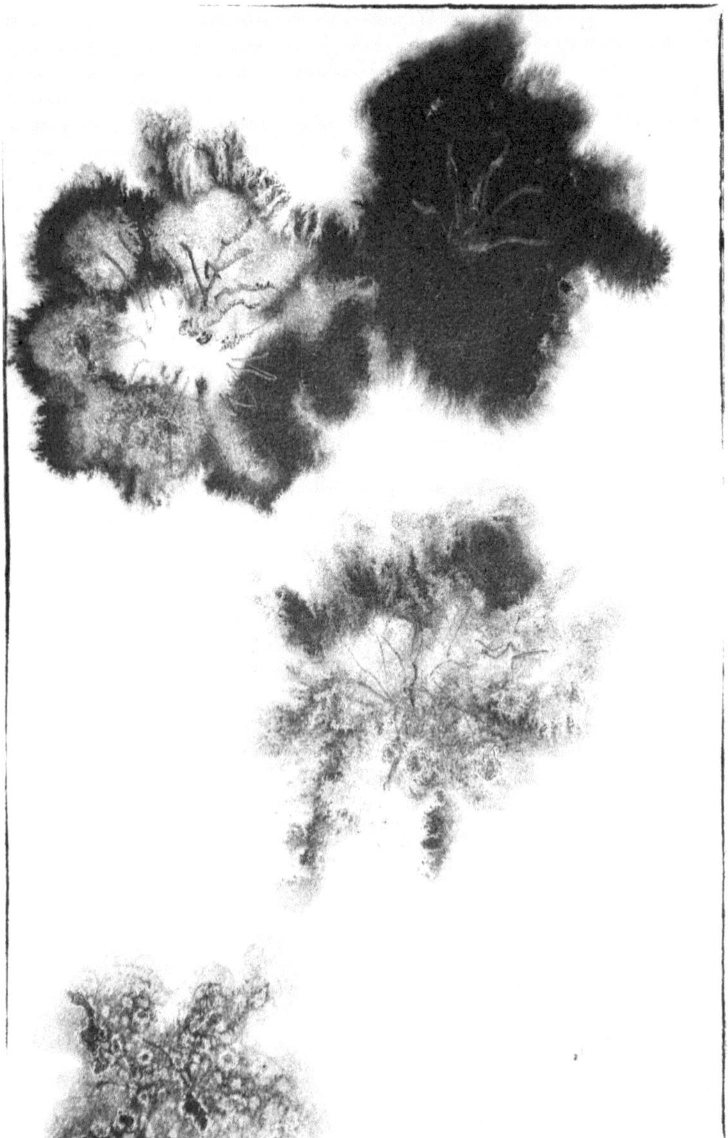

Die Grundlage dieses Koans ist eine legendäre Geschichte aus dem Lotus-Sutra, das eines der bekanntesten Sutren des Mahayana-Buddhismus ist. Der Name Daitsû Chishô setzt sich zusammen aus *dai* = groß, *tsu* = Durchdringung, *chi* = Weisheit, *sho* = großartig oder wunderbar. Daitsû Chishô heißt also „der Buddha der Großen Durchdringung und Vollständigen Weisheit" oder „der Buddha der Wunderbaren Weisheit, die das ganze Universum durchdringt". Im 9. Jahrhundert fragte einmal ein Mönch den Zen-Meister Rinzai nach der Bedeutung dieser Geschichte, und Rinzai antwortete:

> „Große Durchdringung" bedeutet, überall, selbst in die Formlosigkeit und Nicht-Natur der Zehntausend Dharmas einzutreten und sie zu durchdringen. „Unerreichte Weisheit" heißt, keinen Zweifel zu haben und keinen einzigen Dharma gelten zu lassen. „Buddha" bedeutet die Reinheit des Geistes, dessen Glanz den gesamten Dharma-Raum durchdringt. Der Satz „Er saß zehn Kalpas hindurch auf dem Übungssitz" bezieht sich auf die Übung der zehn Paramitas. Die Aussage „Der Buddha-Dharma manifestiert sich nicht" bedeutet, dass Buddha seinem Wesen nach frei von Geburt und dass zugleich der Dharma wesenhaft unauslöschlich ist. Warum sollte er sich also manifestieren? „Er hat den Buddha-Weg nicht erreicht" heißt: Ein Buddha kann kein zweites Mal zum Buddha werden.[12]

Nachdem er diese Erklärung gegeben hatte, forderte Meister Rinzai den Mönch heraus:

> Mehr noch: Namen und Sätze sind nicht von selbst Namen und Sätze; du bist es, der gerade hier und jetzt strahlend und lebendig wahrnimmt, der erkennt und (alles) klar beleuchtet – du bist es, der alle diese Namen und Sätze hervorbringt.[13]

Im Fall sieben des Hekiganroku wendet ein Mönch sich an Meister Hogen (er lebte ca. im 9. bzw. 10. Jahrhundert) und sagt: „Mein Name ist Echo. Ich frage dich: Was ist Buddha?" Hogen antwortet:

„Du bist Echo." Der Mönch in diesem Koan möchte herausfinden, was ein Buddha ist, vor allem aber versucht er, selbst die Buddha-Natur zu erreichen, doch Hogen bringt ihn zurück zu sich selbst, wenn er sagt: „Du bist kein anderer als Buddha. Lass dich nicht verführen durch Namen und Formen." Das ähnelt einer Geschichte aus der jüdischen Tradition, in der der chassidische Rabbi Zusia kurz vor seinem Tod im Jahre 1880 eine letzte Ansprache an seine Schüler hielt: „In der kommenden Welt wird man mich nicht fragen: ‚Warum warst du nicht Moses?' Man wird mich vielmehr fragen: ‚Warum warst du nicht Zusia?'"

Bei all diesen Aussagen geht es um die Realisierung und Selbst-Werdung des Selbst, oder besser, um die Aufforderung „Erkenne dich selbst". Natürlich können wir unser Selbst nicht wirklich erkennen, doch wir können es zum Vorschein bringen. „Du kannst nicht wissen, doch du kannst es zeigen." Selbst-Erkenntnis bzw. Selbst-Verwirklichung – das ist keine einfache Sache, sondern eine Aufgabe für das ganze Leben, denn sich selbst verwirklichen heißt, die gesamte Existenz zu verwirklichen. In seinem Meisterwerk Shobogenzo zitiert Zen-Meister Dogen im Kapitel „Butsu yo Butsu" (Buddha und Buddha) häufiger Passagen aus dem Lotus-Sutra. Darin spricht er davon, dass „nur ein Buddha zusammen mit einem Buddha die Wirklichkeit dieser Existenz ergründen kann".

Im Koan wie im Lotus-Sutra heißt es: „Daitsû Chishô saß zehn Kalpas lang in Zazen." Kalpas, das sind zahllose Weltalter, Milliarden und Billionen von Jahren. Chishô hat also während einer schier endlosen Zeitspanne mit übermenschlicher Geduld und Ausdauer den Buddha-Sitz praktiziert. Warum hat er die Buddhaschaft nicht schon viel früher erreicht?

Die Antwort steckt bereits in der Frage: Er *ist* bereits Buddha – wie sonst sollte ein Buddha zum Buddha werden? Meister Rinzai gibt uns den Hinweis, dass „zehn Kalpas hindurch üben" auf die zehn Paramitas verweist (*dana, sila, ksanti, virya, dhyana, prajna, upaya, pranidhana, bala* und *jnana*). Unter Paramitas versteht man im Buddhismus die sogenannten transzendenten Tugenden, die ans andere (*para*) Ufer (*mita*) der Weisheit, die also zum Erwachen führen. Im Mahayana-Buddhismus gilt die Übung der zehn Paramitas als unerlässliche Vorbedingung, um die Buddhaschaft zu erreichen. Die Frage „Warum hat er die Buddhaschaft nicht erreicht?“ könnte bedeuten, dass Chishô noch nicht zu seiner eigenen, ihm innewohnenden Buddha-Natur erwacht ist.

Es gibt Sutren, in denen behauptet wird, dass schon bei unserer Geburt der Buddha-Keim in uns ruht, dass wir aber dennoch erst in die Buddha-Natur hineinwachsen müssen. Andere Sutren besagen, dass wir in Unwissenheit gefangen sind und ein erleuchteter Meister uns aus unserer Sinnestäuschung aufwecken muss. In Wahrheit zielt die Frage jedoch auf die Erkenntnis, dass Buddha-Natur weder eine Leistung noch eine Errungenschaft ist, denn du bist schon Buddha, du bist bereits als Buddha auf die Welt gekommen. Paulus hat es so ausgedrückt: „Ich lebe, aber nicht ich, sondern Christus lebt in mir.“ Doch meint Paulus dieselbe Wirklichkeit?

In seinem Kommentar spricht Meister Mumon nicht von „Verstehen“, sondern von „Verwirklichen“. Verstehen ist für ihn nur ein konzeptuelles Wissen, das wir uns durch Lernen und durch eine diskursive Analyse aneignen. Verwirklichung dagegen heißt, die Wirklichkeit als solche bewusst zu erkennen, wahrzunehmen, dass überhaupt etwas da ist, und zu entdecken, was wirklich ist und nicht erst erzeugt werden muss, weil es bereits vorhanden ist. Nehmen wir bewusst wahr, was wirklich ist, dann manifestiert sich diese Wirklichkeit in Form von Erfahrung, und die Tatsache und die Qualität unserer Präsenz dringt in unser Bewusstsein ein.[14] Dann lassen wir zu, dass die Wirklichkeit der Buddha-Natur unser Bewusstsein und unser Leben verwandelt. Paulus würde vermutlich sagen: „Das ist nicht unser eigenes Tun, es ist Gnade.“ Es ist ein im wahrsten Sinne grenzenloses Geschenk, weil es über die Natur hinausreicht: „Dabei gibt es nichts zu rühmen, denn es ist nicht das Ergebnis unserer eigenen Anstrengung.“[15] Wohl aber sind wir aufgefordert zu erkennen: Du bist Buddha – also *sei* auch Buddha!

Was wir Buddha-Natur nennen, bezeichnet der Mahayana-Buddhismus als *trikāya*, als die „Drei Körper" oder die drei Ebenen, durch die sich die Buddhaschaft manifestiert. Die trikaya bestehen aus dem *dharmakāya*, dem *sambhogakāya* und dem *nirmanak ya*. Der Dharmakāya ist die Ebene des nicht-bedingten, des absoluten Buddhas, eine Existenzweise in Weisheit und Reinheit, unausdenkbarem Licht und einer unendlichen, alles durchdringenden formlosen Wirklichkeit. Der Dharmakāya ist eine Dimension der Leere.

Der Sambhogakāya ist der sogenannte Freuden- oder Genusskörper, auch „Körper der Glückseligkeit" genannt. Er wird einem Buddha als Belohnung verliehen, wenn er/sie während der Zeit als Bodhisattva alle Gelübde erfüllt hat. Der Sambhogakāya offenbart sich anderen Bodhisattvas in Visionen und Träumen, um sie zu inspirieren und zu erleuchten.

Der dritte Körper ist der Nirmanakāya-Körper, das heißt die menschliche Form, in der wir als Person in der Welt erscheinen. So ist zum Beispiel der berühmte Buddha Shakyamuni eine historische Form der Verkörperung des Nirmanakāya in unserem Zeitalter.

Nachdem er von den drei Körpern bzw. den drei Manifestationen der Buddhaschaft gesprochen hat, rügt Meister Rinzai seine Mönche:

> Die Studierenden von heute kommen nirgendwo an. Was beschäftigt dich denn so? Dein Mangel an Glauben an dich selbst beschäftigt dich. Wenn der Glaube an dich selbst fehlt, taumelst du weiterhin durch die Welt, folgst bewusstlos allen Umständen und Bedingungen und lässt dir von ihnen ein Leben nach dem anderen diktieren, ohne jemals Freiheit zu erreichen. Bring deine Gedanken, deinen unaufhörlich suchenden Geist zur Ruhe, dann gibt es keinen Unterschied zwischen dir und dem ursprünglichen Buddha, dem Patriarchen-Buddha. Möchtest du den ursprünglichen Buddha kennenlernen? Er ist kein anderer als du selbst, der du vor mir stehst und meinen Ausführungen lauschst.

Für Zen ist das eigene Selbst Buddha bzw. Buddha-Natur. Buddha ist nicht entfernt von dir, denn er/sie ist nichts anderes als dein eigenes Selbst, und doch fordert Zen dich auf, „Buddha zu töten, wenn du ihn/sie triffst". Das mag etwas seltsam anmuten, doch letztlich musste das Selbst-Konzept auch in der heutigen postmodernen Philosophie, Psychologie, Soziologie, Neurobiologie sowie in der Evolutionstheorie bereits tausend Tode sterben. Auch buddhistische Philosophen und Philosophinnen haben, was das Selbst-Konzept angeht, ihren Teil dazu beigetragen, dass es in diesem Punkt Konfusion und Widersprüche gibt. Dennoch kann es dazu beitragen, das Phänomen des Selbst besser zu verstehen, wenn man genauer erforscht, was mit dem Begriff der „Buddha-Natur" eigentlich gemeint ist. Ich werde die „drei Körper des Buddha", also die drei Dimensionen des menschlichen Daseins, etwas anders interpretieren als der klassische Mahayana-Buddhismus, doch dazu wollen wir diese drei Dimensionen zunächst eingehender betrachten.

Die erste Dimension, der Dharmakāya, bezeichnet die Leere im Sinne von grenzenloser Offenheit. Der Dharmakāya ist ein form- und gestaltloses Mysterium, das unser Ursprung und Zuhause ist.[16] Meister Eckhart hat diese Dimension mit dem berühmten Satz beschrieben: „Mein Grund und Gottes Grund ist derselbe Grund." In der Dimension der Leere bringt das Selbst die Welt zur Präsenz, und umgekehrt bringt die gesamte Wirklichkeit dein Selbst zur Gegenwärtigkeit. An anderer Stelle schrieb ich einmal: „Unser Selbst ist letztendlich ein unfassbares Mysterium. Es ist ein Geheimnis, und gleichzeitig ist es die ganze Welt. Wenn das Selbst als Leerheit oder Mysterium zum Bewusstsein seiner selbst und seiner eigenen unergründlichen Tiefe kommt, könnte man das als ‚Bewusstsein *des* Bewusstseins' bezeichnen. Für einen kurzen Moment hören alle Gedanken und Phantasien auf und wir sind uns nur noch unseres eigenen Bewusstseins bewusst, dem Urgrund aller unserer Gedanken, Gefühle und Empfindungen. Doch die Leere oder das Mysterium ist tiefer als alle Tiefen, wie es im Vers von Meister Keizan heißt: ‚Der uralte Strom, die kühle Quelle – niemand kann sie ergründen. Es ist dem Reisenden nicht erlaubt, ihre Tiefe zu durchdringen.' Lerne, darin zu verweilen, wo es kein Verweilen gibt. Das Mysterium der Leere ist deine Befreiung."

Die dritte Dimension, Nirmanakāya, bezeichnet das phänomenale Körper-Selbst, also die Verkörperung des Dharmakāya in einer menschlichen Gestalt mit einem biologischen Körper als Basis und Form des Selbst-Seins. In Mumons Vers wird zwischen Körper und Geist unterschieden und mit „Geist" ist der „Herz-Geist" oder die „Seele" gemeint. Doch das Selbst, besonders was die Aspekte von Wissen und Wollen angeht, ist keineswegs identisch mit dem Körper oder dem Gehirn. Wenn wir davon sprechen, dass der Körper oder das Gehirn „unsere Natur" ist, dann müssen wir daraus auch schließen, dass das menschliche Wesen nicht Natur *ist*, sondern eine Natur *hat*. Was das Selbst oder die Person ausmacht, fällt nicht vollständig mit „Natur" zusammen, kann nicht gänzlich darunter subsumiert werden.[17] Das Selbst hat eine Natur, es kann nicht außerhalb seiner Natur existieren, doch Selbst und Natur sind keine unabhängigen Einheiten, sie sind nicht voneinander zu trennen. Begrifflich sind sie zwar unterscheidbar, doch ohne Dualismus. Unser Herz-Geist oder unsere Seele ist nicht vom Körper getrennt und kann den Körper beeinflussen, so wie umgekehrt auch der Körper den Herz-Geist oder die Seele beeinflussen kann. Im Mumonkan heißt es: „Findet der Herz-Geist Frieden, dann findet auch das Körper-Selbst Frieden."

Bis vor nicht allzu langer Zeit ging die Wissenschaft davon aus, dass das Gehirn nicht mehr veränderbar sei, wenn es sich erst einmal ausgebildet hat. Inzwischen wissen wir aber, dass das Gehirn durchaus modifizierbar und durch Bewusstseinsinstanzen bis zu einem gewissen Grad sogar remodellierbar ist (sog. Neuroplastizität, vgl. dazu LaRock[18]). Doch die Basis dieser Erkenntnisse kann noch nicht als vollständig gesichert gelten, und zudem können wir den Körper nicht frei und beliebig nach unserem Willen kontrollieren oder manipulieren. Der Körper ist keine Maschine, wir *sind* auch Körper, wir sind verkörperter Geist/verkörperte Seele. Ist unser Körper oder unser Gehirn krank, werden unser Geist/unsere Seele ebenfalls erkranken. Krankheiten und Gebrechen, Alterungsprozesse ebenso wie Deformationen oder Fehlschaltungen des Nervensystems bestimmen unser Schicksal. Wir sind bedingt, endlich und sterblich und unserem körperlichen und genetischen Erbe unterworfen. Doch oft sind es gerade körperliche und seelische Leiden, durch die der Geist/die Seele sich den Weg bahnt. Schwächen, Abhängigkeiten oder Beschädigungen des Körpers oder der Psyche können paradoxerweise zur Entfaltung der Seele beitragen.[19] In der christlichen Liturgie wird der verwundete, gebrochene Christus gepriesen: „Durch seine Wunden sind wir geheilt.“ Oft bahnen sich Heilung und Erlösung gerade durch besonders hartnäckige Schwächen und unheilbare Wunden ihren Weg, erreichen wir durch sie hindurch den Sambhogakāya, den „subtilen Körper der formlosen Form“.

Der Sambhogakāya ist die Ebene der Psyche bzw. der Imagination. Er ist ein Bereich der wechselseitigen Durchdringung und Verflechtung von Welt und Sein und eine unsichtbare Schnittstelle und Verbindung zu den anderen *kayas*. In buddhistischer Terminologie könnte man diese Dimension auch als „Achtes Bewusstsein“ interpretieren, *alaya-vijnana*, als fundamentales oder Speicherbewusstsein, in dem karmische Energien gespeichert werden und das die Grundlage für die sieben anderen Bewusstseinsebenen bildet. Die Psyche ist ein subtiler Körper, der sich aus Imaginationen, Gefühlen, Träumen und Glaubensinhalten speist. Die Psyche ist gewissermaßen die bildhafte Gestalt der Leere, weil sie unermesslich offen ist zur Welt. Sie ist der Urgrund und Schoß der *Imago Mundi*[20], unseres Weltbildes. Die Psyche besteht vor allem aus Bildern, fluiden Produkten unserer Vorstellungskraft. Sie ähnelt dem Wasser, das sich der jeweiligen Form seines Behältnisses anpasst. Nicht immer aber ist unser Selbstbild fluide, es kann auch verhärtet, rigide und gepanzert sein, verschanzt hinter den Mauern einer Ideologie. Ist es jedoch flüssig und offen, können wir offen gegenüber anderen sein, uns an die Stelle anderer Menschen oder sogar Tiere versetzen und in ihnen unser „anderes Selbst" erkennen.

In der Schöpfungsgeschichte heißt es: „Gott erschuf den Menschen nach seinem eigenen Bilde." Die Menschheit entspringt aus dem göttlichem Traum und Bild, aus Wort und Gleichnis. Meister Eckhart würde vermutlich sagen, dass die Menschen Abbilder des „Nichts" sind. Der Psychoanalytiker James Hillman schreibt über C. G. Jung:

> Als Jung seine Erfahrung formuliert, schreibt er: „Innere Bilder sind Psyche." Wenn ich mich also frage: „Wo ist meine Seele, wie kann ich ihr begegnen, was möchte sie in diesem Augenblick?", dann lautet die Antwort: „Wende dich deinen inneren Bildern zu." Jung schreibt: „Jeder psychische Prozess besteht aus einem inneren Bild und einer Vorstellung oder Einbildung (...). Diese inneren Bilder sind so wirklich, wie man selbst wirklich ist." (...) Innere Bilder sind keine bloßen Rückstände der Wahrnehmung oder verblassende Nachbilder realer Ereignisse, sie sind nicht das, was für den naiven Realismus eine Kopie bedeutet. Das innere Bild ist spontan, ursprünglich, und es entsteht zusammen mit der Psyche. (...) Der ursprünglichste Bezugspunkt ist das Bild (...), und es ist die Seele, die sich selbst darin unmittelbar zeigt. Auch die Libido, schreibt Jung, erscheint nicht an sich, sondern immer schon in Gestalt innerer Bilder. Wendet man sich also einer inneren Phantasie zu, so ist man in direktem Kontakt mit der psychischen Energie. Und diese inneren Bilder, die der Grundstoff unserer Seele sind, sind auch die einzigen Gegebenheiten, die uns unmittelbar zugänglich sind, sagt Jung. Alles Übrige – die Welt, andere Menschen oder unsere Körperlichkeit – vermitteln sich unserem Bewusstsein über den Weg des poetischen und überlieferten Einflusses des Bildes. Was immer wir über die Welt, über andere Menschen, über

unseren Körper sagen können, ist durch diese archetypischen Bilder der Phantasie beeinflusst.[21]

Archetypische Bilder sind eng verwandt mit Grundgefühlen oder „Stimmungen“ und ebenso mit Grundhaltungen und Grundüberzeugungen. Es stimmt, dass es die Vorstellungskraft ist, die uns antreibt, doch wir verfügen auch über einen Willen und die Fähigkeit, diese Kräfte und Energien zu lenken und zu kanalisieren. Sicher können wir nicht anders, als offen zu sein für Bilder und Energien, aber trotzdem können wir uns entscheiden, worauf wir unsere jeweilige Aufmerksamkeit lenken oder wovon wir sie abwenden wollen. Worauf wir unsere Aufmerksamkeit richten, hängt von der Formung und Erziehung unserer Vorstellungs- und Gefühlswelt ab. Hier liefert uns der Philosoph Robert Spaemann eine gute Orientierungshilfe: „Radikale Freiheit (…) hängt davon ab, welchen Ideen wir anhängen. (…) Was uns zu einer Idee hinzieht, ist immer das Interesse an ihrer Wahrheit. Uns dem Anspruch der Idee zu öffnen führt dazu, uns loszulassen und unser natürliches Bedürfnis nach Autonomie zurückzustellen. Und genau darin steckt die Bedingung für persönliche Freiheit.“[22] Das ist eine Lebensaufgabe, die wir niemals vollständig meistern und bei der wir niemals Vollkommenheit erreichen. Wir sind aufgerufen zu suchen und zu kämpfen. Wir dürfen uns weder in Selbstgefälligkeit ausruhen noch in Verzweiflung fallen lassen. Das Leben ist eine Reise, doch sein Ziel ist eben diese Reise. Unsere Vorstellungskraft formt diese Reise, daher brauchen wir eine schöpferische Vorstellung, vielleicht so etwas wie ein „drittes Auge“. Das dritte Auge erkennt Möglichkeiten und Risiken, es kann uns eine neue Welt voller Hoffnung und Liebe, eine neue Erde und einen neuen Himmel eröffnen. Wenn dem jedoch keine aktive Umsetzung folgt, hängen wir nur nutzlosen Tagträumen nach.

Der Psychoanalytiker James Hillman bezieht sich auf einen Satz Alfred Adlers: „Das angeborene Streben nach Vollkommenheit ist eine Tatsache, die jedem Menschen eigen ist“, und führt weiter aus:

„Das ist nicht konkretistisch zu verstehen, als ob es etwa einen sich von selbst entfaltenden Trieb (...) gäbe, Dinge zur Vollendung zu bringen. Ich glaube vielmehr, dass er (Adler) unterscheidet zwischen einem inhärenten spirituellen Finalismus[23], der jedwedes psychische Bestreben kennzeichnet, und fiktionalen Zielen, durch welche die Seele den idealen Antrieb in innere Bilder verwandelt. Ausdrücklich warnt er davor, das ‚Angeboren-Sein' allzu wörtlich und im freudianischen Sinne als Trieb zu interpretieren oder jungianisch als empirische Tatsache, für die nur noch nach einem entsprechenden Nachweis zu suchen wäre. Zwar suchen wir nach Vollkommenheit, doch die Vollkommenheit ist selbst kein konkretes empirisches Ziel. Adler gibt uns eine Antwort auf unsere Frage, wonach die Seele sucht. Demnach sucht und strebt die Seele, weil ihre letzte Ursache, ihr *telos*, unerfüllt bleiben muss. Zwar strebt jede ihrer Regungen immer ein Ziel an, doch das Streben selbst ist niemals auf ein sprachlich formulierbares Ziel reduzierbar. Darin liegt die Subtilität von Adlers Denkweise: In seiner ‚Suche nach Vollkommenheit' erkennen wir die Idee einer Seele, die niemals an einer ihrer Manifestationen festzumachen ist, auch wenn sie jede Suche mit ihrem Sinn durchdringt."[24]

Hillman weist auf die zentrale Bedeutung hin, die Adler dem tief in uns verwurzelten Gemeinschaftsgefühl beimisst:

> Das soziale Sein ist eine Notwendigkeit für das menschliche Sein. Je gereifter und ausgeprägter dieses Sein ist, desto stärker bestimmt es auch das soziale Interesse, die Ziele und das Verhalten der Menschen. Als seelenvolle Wesen fühlen wir uns der gesamten Menschheit zutiefst verbunden, nicht nur gegenwärtig, sondern auch in der Vergangenheit oder der Zukunft. Während C. G. Jung diese universale Verbundenheit eher gegenständlich veranschaulicht und als archetypische Muster erkennt, die in der Geschichte, in der Kultur und im menschlichen Instinkt immer wieder auftauchen, beschäftigt sich Adler mit der Empfindung und der Wirkung

von Verbundenheit und fragt: Wie wirkt diese Verbundenheit in uns? Wie leben die menschlichen Wesen ihre altruistischen Gefühle von universaler Gemeinschaft aus? Den philosophischen Hintergrund bildet hier Kants Ethik mit ihrem Imperativ für menschliche Beziehungen („Das einzige allgemeine Merkmal der Verrücktheit ist der Verlust des Gemeinsinns, *sensus communis*, und der dagegen eintretende logische Eigensinn, *sensus privatus*", Immanuel Kant). Das *Gemeinschaftsgefühl* gibt keine Antwort auf die Frage, was die Seele möchte oder was ihr Ziel ist. Es kann nur ein Werkzeug sein, um alle unsere Ziele daraufhin zu überprüfen, ob sie zur Entwicklung von Mitgefühl beitragen. Das Gemeinschaftsgefühl zeigt uns einen Weg zur Entdeckung unserer vorgefassten Annahmen und Fehler, die uns voneinander trennen und isolieren. Kommunizieren wir in diesem Geist, dann geschieht es mit Mitgefühl für unsere Fehler und mit einer humorvollen Toleranz, die die Entdeckung unserer vorgefassten Annahmen mit sich bringt. Menschlich sind wir weniger aufgrund unserer Ziele und Ideale als aufgrund unserer Laster und Fehler. Daher ist die Einsicht in unsere menschliche Unvollkommenheit, der sogenannte Jung'sche Schatten, die einzig mögliche Grundlage für Adlers Ziel des Gemeinschaftsgefühls. Auch Jung hat das so gesehen, als er schrieb: „Beziehung beruht nicht auf (…) Vollkommenheit, sondern vielmehr (…) auf Unvollkommenheit, auf dem, was schwach und hilflos ist. (…) Genau das ist es, was den Hintergrund und das Motiv für unser Bedürfnis nach Anlehnung bildet."[25]

Der Buddhismus-Forscher Richard Gombrich hat sich intensiv damit beschäftigt, was der historische Buddha wirklich lehrte. Seine Erkenntnis ist, dass die Erleuchtung für Buddha vor allem in Liebe und Mitgefühl bestand.[26] Wer die Welt mit einem Bewusstsein von Liebe und Mitgefühl wahrnimmt, ist ein erwachter Bodhisattva – das ist das Ziel und die Verwirklichung des Sambhogakāya.

Zen-Meister Rinzai ermahnte seine Schüler, alle begrifflichen Ideen und Konzepte loszulassen und *sich selbst* als frei und wirklich zu erkennen:

> Wollt ihr den ursprünglichen, obersten Buddha kennenlernen? Er ist kein anderer als der, der vor mir steht und meinem Vortrag zuhört. Aber weil ihr Studenten nicht an euch selbst glaubt, rennt ihr umher und sucht irgendwo außerhalb danach. (…) Dieser dreifache Körper bist du, der du mir gerade jetzt zuhörst, direkt vor meinen Augen. (…) Du selbst, einzeln und abgegrenzt vor mir stehend, bist formlos und von selbst leuchtend – und nur das kann den Dharma darlegen und ihn hören! Wenn ihr das klar versteht, seid ihr nicht verschieden von dem ursprünglichen Buddha.[27]

Auf die Frage seines Schülers nach dem Erreichen der Buddha-Natur antwortet der Zen-Meister: „Gerade der, der mir diese Frage stellt, ist der nicht-erreichte Buddha!“ Hier findet keine Diskussion über die Buddha-Natur an sich oder die drei Körper des Buddha statt. Stattdessen stellt der Meister nur die Frage nach dem Wer. Wenn wir in drei Daseinsformen oder Körpern existieren bzw. eine dreifache Natur haben: Welche davon ist deine *wahre* Natur? Wer bist *du* wirklich?

In einem Kommentar zu diesem Koan fordert uns Yamada Kôun heraus:

> In diesem Koan kommt Daitsû Chishô vor. Was ist das? Das ist ein Mensch, der niemals Buddha-Natur erreichen wird. Wer ist er? „Das ist Daitsû Chishô“, wirst du sagen. Aber wer bist du? Du bist John oder Jenny oder Bob. Und jeder von euch wird sagen: „John? Das bin ich“, oder: „Jenny? Das bin ich“, oder: „Bob? Das bin ich.“ Genauso ist es hier: „Daitsû Chishô? Das bin ich.“ Ich bin John. Ich bin Jenny. Ich bin Bob. Ich bin Daitsû Chishô. Jeder sagt „Ich“, aber wer ist dieses „Ich“? Bist du dir nur des relativen phänomenalen „Ichs“ bewusst, ist es das Ego. Doch wenn es um das

transformierte, erleuchtete Bewusstsein geht: Was ist dieses „Ich“?[28]

Buddha in drei Körpern – das bist du selbst. Doch diese Erkenntnis musst du praktisch verwirklichen. Du musst dich mit all diesen Dimensionen verbinden, sie können dir Räume und Möglichkeiten eröffnen. Dein Körper und dein Geist können gesund werden, doch das ist nur eine Dimension. Du kannst deine Psyche und dein Beziehungsleben harmonisieren, das ist auch nur eine Dimension, doch sie trägt viel zur Integration bei. Du kannst auch dahin gelangen, den Dharmakāya, die spirituelle Dimension zu realisieren. Das ist eine wunderbare und unendliche Dimension, doch selbst dann bist du immer noch nicht ganz bei deinem wahren Selbst angelangt. In diesem Prozess wirst du Sackgassen betreten und an brüchige Stellen geraten. Deine Schwächen und Wunden werden offen zutage treten und ein tiefer Abgrund an Hoffnungslosigkeit kann sich auftun. Doch die Konfrontation und das Ringen mit diesen Sphären tragen zur Entwicklung deiner Seele bei. Deine Lebensreise führt dich mitten durch Gebrochenheit und Leid und du wirst viel Mut und auch Demut benötigen.

Der Dreh- und Angelpunkt darin ist die ethische Dimension, also deine innere Grundhaltung. Was ist deine grundsätzliche Einstellung im Leben? Welche Ziele willst du für dich selbst, für andere Menschen, für die Welt verwirklichen? Was ist dein Schicksal und deine Bestimmung? Deine ethische Grundhaltung kann deinen Herz-Geist formen und erlösen, denn sie ist der Kern deines Herz-Geistes, dein authentisches Selbst, deine Befreiung. Verwirklichst du diese Haltung durch dein praktisches Tun, dann kommst du nach Hause. Und doch geht die Reise immer weiter.

Wer bist du letztendlich? Es geht nicht darum, einfach nur nachzuplappern: „Ich bin ein nicht-erreichter Buddha.“ Da ist kein Buddha, das ist nur deine Illusion.

Wer bist du wirklich?

3. Die fugenlose Pagode

DER FALL

Kaiser Shukuso fragte den Nationallehrer Echu: „Wenn du hundert Jahre alt bist, was wünschst du dir dann?“ Der Nationallehrer erwiderte: „Bau diesem alten Mönch eine fugenlose Pagode.“ Der Kaiser sagte: „Ich bitte dich, Meister, um einen Plan dazu.“ Der Nationallehrer schwieg lange. Dann fragte er: „Hast du verstanden?“ Der Kaiser antwortete: „Ich habe nichts verstanden.“ Der Nationallehrer sagte: „Ich habe einen Dharma-Nachfolger, meinen Schüler Tagen, der sich in dieser Sache gut auskennt. Lass ihn zu dir kommen und frage ihn.“ Nachdem der Nationallehrer gestorben war, ließ der Kaiser Tangen kommen und fragte ihn, was das bedeute. Tangen sagte:

„Südlich von Sho, nördlich von Tan.“

[Setchô kommentiert: „Tonloser Ton der einen Hand.“]

„Darin Gold im Überfluss.“

[Setchô kommentiert: „Ein Stock, frisch gehauen vom Bergwald.“]

„Unter dem schattenlosen Baum das Schiff.“

[Setchô kommentiert: „Der Fluss ist ruhig, das Meer ist klar.“]

Kein Heiliger ist im Kristallpalast zu sehen.

[Setchô kommentiert: „Alles ist gesagt.“]

SETCHÔS VERS

Eine fugenlose Pagode ist schwer zu beschreiben.
Der Drachen gedeiht nicht in einem ruhigen See.
Stufe um Stufe wirft sie einen herrlichen Schatten.
Lasst sie uns tausend Zeitalter lang bewundern.
(Hekiganroku, Fall 18)[29]

Die Geschichte von der fugenlosen Pagode spielt im alten China in einer Zeit zwischen dem Höhepunkt und Niedergang der Tang-Ära. Der Nationallehrer Nan-yo Echu (*Nan-yang Hui-dschung*) war ein Schüler des Sechsten Patriarchen Huineng (638–713) und war ein Dharma-Bruder von Nangaku Ejo und Seigen Gyoshi. Er lebte von 675 bis 775 und wurde also 100 Jahre alt. Nan-yo Echu war der Lehrer dreier Kaiser, die nacheinander auf dem Thron saßen: Genso, Shukuso und Daiso. Bekannt wurde er unter dem Titel „Nationallehrer" (Jap. *Kokushi*), den ihm der Kaiser Daiso verliehen hatte. Der erste der drei Kaiser, Genso (*Hsüan-dsung*, 712–756), regierte mehr als vierzig Jahre lang, und besonders seine frühen Regierungsjahre wurden als „goldene Ära" der Tang-Dynastie berühmt. Dann verliebte er sich in eine Konkubine seines Sohnes, die zur heimlichen Macht hinter dem Thron avancierte, während der Kaiser sein Reich mehr und mehr verkommen ließ. Bei der Rebellion von An Lushan (755–763) verlor Genso dann seinen Thron. Er ging ins Exil, behielt nur noch einen kleinen Teil des Reichs und trat die Regentschaft an seinen Sohn Shukuso (*Su-dsung*) ab. Doch auch Shukuso starb nur wenige Jahre darauf, und so übernahm dessen Sohn Daiso (*Dai-dsung*) die Regentschaft. Bei der erwähnten Begegnung mit dem Kaiser handelt es sich nicht um den Kaiser Shukuso, sondern um Kaiser Daiso.

Kaiser Shukuso hatte zeitlebens eine große Verehrung für Meister Echu empfunden, er war es auch, der Echu aufgefordert hatte, nach vierzig Jahren des Eremitenlebens wieder am kaiserlichen Hof zu leben. Echu wollte dem Kaiser zunächst nicht gehorchen, doch nach wiederholten Einladungen kam er schließlich im Jahr 734 zurück. Im Hegikanroku findet sich die folgende Geschichte zu Kaiser Shukuso:

> Kaiser Shukuso fragte Echu Kokushi: „Was ist der Hirte mit den zehn Körpern?" Echu sagte: „Trampele ruhig auf Vairocanas Kopf herum!" Der Kaiser sagte: „Ich kann dir nicht folgen." Echu sagte: „Verwechsele das Selbst nicht mit dem reinen Dharma-Körper."[30]

„Der Hirte mit den zehn Körpern" – das ist Buddha. Mit den „zehn Körpern" sind die zehn Daseinsformen des Buddha gemeint. Der „Vairocana-Buddha" – das ist der Dharmakāya, der oberste kosmische Buddha. Man glaubte damals von den chinesischen Kaisern, sie seien eine lebendige Verkörperung des Buddha. Daher ist Echus Antwort ziemlich schroff, wenn er sagt: „Glaub bloß nicht, dass du ein Buddha bist." Möglicherweise wollte er damit auch nur sagen: „Töte den Buddha."

Meister Echu war ein furchtloser Mensch, der sich niemandem beugte, auch nicht dem Kaiser. Als die Rebellion von An Lushan tobte, drang einst ein feindlicher Oberst in Echus Kloster ein, um zu plündern und zu zerstören. Die Mönche flehten den Meister an, aus dem Kloster zu fliehen und sich zu retten. Er aber blieb unbeweglich wie ein Fels in tiefer Meditation sitzen. Als der Rebellenführer aber Meister Echu in seiner würdevollen Haltung erblickte, verbeugte er sich nur vor ihm – und zog sich mitsamt seinen Truppen zurück.

Als der Nationallehrer Echu alt war und das Licht des Dharma weitergeben wollte, bestimmte er seinen Gehilfen Tangen Oshin (*Da-yüan*) zum Nachfolger. Zuvor aber wollte er Tangen noch ein letztes Mal auf die Probe stellen, indem er ihn zu sich rief:

> „Oshin", rief der Meister. „Ja, Herr!" antwortete der Gehilfe, und an der Türschwelle kniend erwies er dem Meister seine Ehrerbietung. „Oh, du bist da. Gut, nun geh zurück in deinen

> Raum." Kaum war der Gehilfe in seinen eigenen Raum zurückgekehrt, rief der Meister ihn erneut zu sich: „Oshin!" „Ja, Herr!" Erneut eilte der Gehilfe zum Raum seines Meisters, kniete vor ihm nieder und verbeugte sich. Wie zuvor sagte der Meister zu ihm, er solle wieder in seinen Raum zurückkehren. Auch beim dritten Ruf eilte der Gehilfe, kniete nieder und verbeugte sich. Da sprach der Nationallehrer: „Ich dachte, ich stünde allein da, meinen Rücken dir zugewandt. Aber nun erkenne ich, dass du allein dastehst, deinen Rücken mir zugewandt."

Im Gegensatz zu seinem Vater, dem Kaiser Shukuso, schien Daiso nicht die gleiche Zuneigung und Wertschätzung für Meister Echu empfunden zu haben. Die erwähnte Begegnung mit Daiso fand im Jahr 775 statt, also in dem Jahr, in dem Meister Echu starb. In diesem letzten Jahr kam Echu an den Hof, um dem Kaiser seine Aufwartung zu machen, und der im Koan zitierte Dialog entspann sich.

Der Ausdruck „Wenn du hundert Jahre alt bist" ist eine höfliche Umschreibung für „Wenn du tot bist". Doch dem alten Meister scheint der Satz weder höflich noch respektvoll vorgekommen zu sein. Er saß zunächst eine Weile einfach nur schweigend da. Engo vergleicht sein Schweigen mit dem Schweigen des Buddha auf die Frage eines Nicht-Buddhisten: „Ich frage dich nicht nach Worten, ich frage dich nicht nach Nicht-Worten."[31] Es war ein besonderes Schweigen, in dem es um die unaussprechliche letzte Wirklichkeit jenseits von Worten und Schweigen geht. Engo ist der Meinung, dass das Schweigen des Nationallehrers Ähnlichkeit hatte mit Bodhidharmas „Ich weiß es nicht" – also mit der Antwort, die den Kaiser Wu von Liang so verblüfft hatte, als er Bodhidharma fragte, wer er sei.[32]

„Pagode" ist eine portugiesische Bezeichnung für einen indischen Stupa, einen runden Begräbnishügel, in dem man die Asche von Verstorbenen oder Reliquien von Buddha oder heilige Schriften von Mönchen aufbewahrt. Eine Pagode oder ein Stupa setzt sich meist aus vielen einzelnen Schichten zusammen, die dann architektonisch kunstvoll aufeinandergestapelt werden. Deshalb ist es so gut wie unmöglich, eine „fugenlose Pagode“ zu errichten. Natürlich handelt es sich bei der Bitte des alten Meisters nach einer „fugenlosen Pagode“ um eine Metapher für die Leere oder für das Nirvana, die an Buddhas berühmten Satz erinnert:

> Mönche, es gibt ein Nicht-Geborenes, ein Nicht-Gewordenes, ein Nicht-Erzeugtes, ein Nicht-Zusammengesetztes (…) Mönche, wenn es dieses Nicht-Geborene, Nicht-Gewordene, Nicht-Erzeugte, Nicht-Zusammengesetzte nicht gäbe, dann wäre kein Ausweg aus dem, was geboren, geworden, erzeugt und zusammengesetzt ist.[33]

Als der brahmanische Asket Vaccha einmal den Buddha fragte, was mit einem Heiligen nach dem Tod geschieht, antwortet Buddha:

> Der befreite Heilige, O Vaccha, ist tief, unermesslich tief und unergründlich wie der mächtige Ozean. Zu sagen, er sei wiedergeboren, würde es nicht treffen. Zu sagen, er sei *nicht* wiedergeboren, würde es nicht treffen. Zu sagen, er sei wiedergeboren *und* nicht wiedergeboren, würde es nicht treffen. Zu sagen, er sei *weder* wiedergeboren noch nicht wiedergeboren, würde es nicht treffen.[34]

Der Nationallehrer fordert den Kaiser auf, die Pagode zu erkennen, die wirklich „fugenlos“ ist – also das, was hinter dem Symbol liegt, die unaussprechliche Wirklichkeit von Leere und Nirvana, das Geheimnis des Selbst und des Universums. Im Zen würde man sagen „das Mysterium der Leerheit“ oder „die ganze Welt ist ein Geist“. Dieses Mysterium ist unaussprechlich, doch ist es weder verborgen noch unbekannt, denn von Zeit zu Zeit können wir es in unserem eigenen Herzen oder im Antlitz eines anderen Menschen, auch in einem einfachen Grashalm erkennen.

Als Zen-Meister Ti-tsang (*Hogen*) die logischen Überlegungen seines Schülers Fa-yen (*Gen*) über Selbst und Realität zurückweist, bringt er damit Fa-yen an seine Grenzen – und darüber hinaus:

> Ungefähr ein Monat war vergangen, als Fa-yen eines Tages, von Ti-tsang in eine logische Sackgasse getrieben, schließlich bekannte: „O Meister, ich bin nun in einer Situation, in der die Sprache zum Schweigen gebracht ist und das Denken keinen Weg mehr hat, dem es folgen kann." Da hörte er die Bemerkung seines Meisters: „Wenn du immer noch über die letzte Wirklichkeit sprechen willst, sieh, wie nackt und offenkundig sie sich in allem und jedem zeigt!" Bei diesem Satz, so sagt man, erlangte Fa-yen eine Erleuchtung.[35]

Über die fugenlose Pagode hinaus verweist auch Meister Tangen auf diese letzte Wirklichkeit – „nackt und offensichtlich in allem und in jedem".

„Südlich von Sho, nördlich von Tan": Das Gesuchte befindet sich noch südlich des südlichsten und nördlich des nördlichsten Landes in China. Das heißt, es ist das ganze Universum, die Berge, die Flüsse und die weite Welt bzw. der „tonlose Ton der einen Hand", das alle Dualismen überschreitet und doch selbst in der Form von Dualität erscheint. Es ist ein Nicht-Selbst, das ein Selbst manifestiert. Das Selbst ist ein Geheimnis, das in ein Geheimnis eingefaltet ist. Die Blüten sind rot, die Blätter grün, das Wasser fließt und Wolken ziehen vorbei. Schau hin: ganz klar und offensichtlich liegt es vor dir!

„Darin Gold im Überfluss": In Hakuin Zenjis Lied heißt es: „Alle Wesen sind von Natur aus Buddha, wie Eis der Natur nach Wasser ist." Das Lied endet mit „Nirvana ist hier, direkt vor deinen Augen. Dieses Land ist das Lotus-Land, dieser Körper der Buddha." Leere ist Fülle, und das ganze Universum ist eine Offenbarung von Leben und Liebe. Das ist das Geheimnis unseres Herz-Geistes. Was suchst du also noch weiter?

„Ein Stock, frisch gehauen im Bergwald“: In Meister Basos Worten ist es „dein eigener Geist, der Buddha ist“, doch zugleich ist da „weder Geist noch Buddha“. Wie kann man diese Paradoxie verstehen? Willst du dem Weg der Erleuchtung folgen, dann fordert ein Koan dich heraus: „Nur dann bist du ein/e würdige/r Schüler/in, wenn du auf einem Weg mit 99 Biegungen geradeaus gehen kannst.“ In den Vier Großen Gelübden gibst du das Versprechen: „Obwohl der Weg der Erleuchtung unzugänglich ist, gelobe ich, den ganzen Weg zu gehen.“ Geh diesen Weg – und stütz dich auf einen Stock aus dem Bergwald, der dein eigenes Selbst ist!

„Unter dem schattenlosen Baum das Schiff“: Manjushri fragte Muchaku: „Woher kommst du gerade?“ Muchaku erwiderte: „Aus dem Süden.“ Manjushri fragt weiter: „Wie steht es um den Buddhismus im Süden?“ – „Die Mönche, die dem heutigen Gesetz dienen, kümmern sich wenig um Buddhas Regeln“, gab Muchaku zur Antwort. „Sind es viele oder wenige?“ – „Hier ungefähr dreihundert, dort ungefähr fünfhundert.“ Danach fragte Muchaku umgekehrt den Manjushri: „Wie steht es um den Buddhismus in deinem Teil der Welt?“ Manjushri antwortete: „Die weltlichen und die heiligen Menschen leben zusammen; Drachen und Schlangen vermischen sich.“ – „Sind es viele oder wenige?“ – „Von den Ersteren drei und drei, von den Letzteren drei und drei.“ Die weltlichen und die heiligen Menschen sind zusammen, sie sind eine einzige Familie, die im sogenannten Großen Fahrzeug auf dem Weg zum anderen Ufer unterwegs ist. Wenn du das Dharma-Boot betrittst, hast du das andere Ufer bereits erreicht. Doch der Bodhisattva erreicht das Nirvana nicht ohne alle anderen Wesen. Mit wem willst du also zum anderen Ufer reisen? Und wo ist das andere Ufer?[36]

„Der Fluss ist ruhig, das Meer ist klar“: Diesem Hinweis widerspricht Setchô erneut mit seiner Verszeile „Der Drachen gedeiht nicht in einem ruhigen See“. Diesen Vers, erzählt Engo, liebte sein eigener Meister Goso Hoen sehr. Er besagt, dass es nicht sinnvoll ist, nur still in der Leere zu sitzen. Wir müssen zurückgehen auf den

geschäftigen Marktplatz der Welt, wo es Dualität und sogar Streit gibt. In Leere verweilend wanderst du über die Straßen des Marktplatzes; auf den Straßen des Marktplatzes wandernd verweilst du in Leere. Die „Inschrift vom Glauben an den Herz-Geist", Shinjin No Mei, zeigt uns die Richtung:

Eins oder alles, bewege dich dazwischen, verbunden, ohne daran zu klammern.

Wenn du das verwirklichst, brauchst du Unvollkommenheit nicht zu fürchten.

Das Leben in diesem Glauben ist der Weg zur Nicht-Dualität, denn die Nicht-Dualität ist eins mit dem vertrauenden Geist.

„Kein Heiliger ist im Kristallpalast zu sehen": Eines Tages, als Yakusan (751–834) noch mit Sekito studierte, saß er in tiefer Meditation. Da trat Sekito zu ihm und fragte: „Was tust du da?" – „Ich tue gar nichts", antwortete Yakusan. „Dann sitzt du also einfach faul herum." „Wenn Sitzen Faulheit ist, dann sitze ich faul herum." – „Du sagst, du tust nichts. Was ist es, das du nicht tust?" Yakusan erwiderte: „Selbst Tausende von alten Buddhas wissen es nicht." Später drückte Sekito seine Wertschätzung Yakusans in einem Vers aus:

Lang schon mit ihm zusammenlebend
bleibt sein Name unbekannt;
Alltäglich mit ihm gemeinsam gearbeitet.
Doch selbst die alten Buddhas wissen nicht.
Wie kann eine gewöhnliche Seele wissen?[37]

Der Kristallpalast ist durchsichtig und leuchtet. Er symbolisiert ein Wissen um das Nicht-Wissen. Meister Eckhart schrieb: „Das Auge, mit dem mich Gott sieht, ist das Auge, mit dem ich ihn sehe." Die Leere, die Fülle ist, ist lebendig und präsent, und doch lautet ein Koan im Diamant-Sutra:

> Versuchst du, mich durch Farben zu erkennen und durch Stimmen und Töne zu finden, dann bist du auf einem falschen Weg, du wirst den Tathagata nicht erkennen können. Wie kannst du den Tathagata erkennen?

„Alles ist vollendet“: Das heißt, es ist niemals vollendet! Genauer: Es ist so vollendet wie das erste der Vier Großen Gelübde: „Zahllos sind die Lebewesen – ich gelobe, sie alle zu retten.“

Ein Zen-Sprichwort lautet: „Der bewaldete Berg wandert über das östliche Meer.“ Mache es mir vor: Wie wandert die fugenlose Pagode über das westliche Meer?

4. Lotusblume unter Lotusblättern

ENGOS EINFÜHRUNG

Die Dharma-Fahne hissen und die wahre Lehre weitergeben
heißt Blumen auf Brokatgrund streuen.
Den Maulkorb entfernen und die Last vom Pferde nehmen,
das ist die Zeit des großen Friedens.
Könnt ihr das außergewöhnliche Wort erfassen,
dann versteht ihr drei, wenn nur eines genannt wird.
Seid ihr noch nicht so weit,
schaut ehrfurchtsvoll auf die Anleitung von einem der Alten:

DER FALL

Ein Mönch fragte Chimon: „Was ist mit der Lotusblume, wenn sie noch nicht aus dem Wasser herausgekommen ist?" Chimon antwortete: „Lotusblume."

Der Mönch fragte weiter: „Und was ist, wenn sie aus dem Wasser hervorgewachsen ist?" Chimon antwortete: „Lotusblätter."

SETCHÔS VERS

Lotusblume – Lotusblätter!
Ich mache es euch bekannt.
Außerhalb des Wassers und unter dem Wasser –

> Gibt es zwischen beidem einen Unterschied?
> Nördlich vom Fluss – südlich des Flusses!
> Fragt doch die alten O!
> Ein Fuchs-Zweifel folgt dem anderen.
> *(Hekiganroku, Fall 21)*[38]

Meister Chimon (*Dschi-men*) war der Lehrer von Setchô und der jüngste aller im Hekiganroku erwähnten Meister. Er lebte gegen Ende des 10. Jahrhunderts und war selbst ein Schüler von Kyôrin[39], der wiederum ein Schüler von Unmon war. Chimon kommt unter anderem auch im Fall 90 des Hekiganroku vor:

> Ein Mönch fragte Chimon: „Was ist das Wesen der Weisheit (*prajna*)?"
> Chimon antwortete: „Eine Auster verschluckt den vollen Mond."
> Der Mönch fragte weiter: „Und was ist die Kraft der Weisheit?"
> Chimon antwortete: „Das Kaninchen wird trächtig vom vollen Mond."[40]

Aus der Zen-Sicht ist das Wesen der Weisheit nicht verschieden von ihrer Energie oder Wirkungsweise. Wesen und Wirkung sind ähnlich – und doch unterschiedlich. Die Auster, die das Mondlicht verschluckt und eine Perle empfängt, oder das Kaninchen, das durch den vollen Mond trächtig wir – beides gilt in der chinesischen Tradition als ein ganz normales Naturereignis.

Die Lotusblume ist im Buddhismus und Hinduismus ein Symbol für Reinheit und Erleuchtung. Sie genießt daher einen hohen Stellenwert. Der weiße Lotus steht für Reinheit und Erleuchtung, der rote Lotus für Liebe und Leidenschaft. Oft sieht man auf Abbildungen Buddha in einer Lotusblüte stehend oder sitzend, und im *Lalitavistara-Sutra*, das Buddhas Lebensgeschichte erzählt, heißt es: „Der Geist des Besten aller Menschen ist fleckenlos wie der

aufblühende Lotus, losgelöst vom schlammigen Wasser."[41] Buddha selbst soll auf die Frage nach seiner Herkunft geantwortet haben:

> Wie ein roter, blauer oder weißer Lotus, der geboren ist im Wasser, gewachsen ist im Wasser, der über das Wasser hinausragt und unbefleckt vom Wasser ist, so bin auch ich geboren in der Welt, aufgewachsen in der Welt und über die Welt hinausgewachsen, um unbefleckt in der Welt zu leben. Erinnert euch, ihr Brahmanen, an mich als einen, der „erwacht" ist.[42]

Der Mönch in unserem Koan weiß um das Symbol der Lotusblüte. Sein Herz sehnt sich nach dieser Reinheit des Geistes und nach einer Transformation der frustrierenden Realität seines Alltagslebens. Vielleicht denkt er dabei an sein früheres Leben, bevor er Mönch wurde, vielleicht auch an das Familienleben voller Plackerei und Elend. Er fragt daher Meister Chimon, ob das erwachte Leben dazu führen werde, endlich das „Rad des Samsara" zum Stillstand zu bringen, das vom Karma der Sterblichkeit und Endlichkeit, von Sorgen und Leid unaufhörlich angetrieben wird. Wenn die zeitliche Existenz des Menschen Leiden und Sterben bedeutet, wird Erwachen dann heißen, dass er zum Zeitlosen und Ewigen aufwachen wird? In Torei Zenjis Bodhisattva-Gelübde wird uns versprochen, dass, haben wir uns erst einmal vom Karma der endlosen Zeitalter und Kalpas befreit, „aus jedem flüchtigen Moment des Gedankens eine Lotusblüte (entspringt) und jede Lotusblüte (einen Buddha) enthüllt. Diese Buddhas preisen Sukhavati, das Reine Land, jeden Augenblick und überall." Nach dieser Verklärung und dieser Vision sehnt sich der Mönch. Wird er sie endlich erreichen, wenn er zum Erwachen kommt? Solange er noch nicht erwacht ist, „solange die Lotusblüte sich noch nicht aus dem Wasser erhoben hat", treibt unser Mönch im Schlamm von Samsara und Karma dahin. Was aber wird geschehen, wenn die Lotusblüte sich zum Licht erhebt?

Meister Chimon kennt die Sehnsucht des Mönchs und weiß, was dieser denkt und fühlt. Er will ihn nicht enttäuschen, doch er muss ihn von seinen Träumen und Illusionen über das Erwachen befreien. „Was ist, wenn der Lotus noch nicht aus dem Wasser herausgekommen ist?“ Damit spielt der Mönch auf die Zeit vor dem Erwachen an, die Zeit des Samsara, von Leid und Elend, in der er in einer dunklen, trostlosen Welt verloren ist. So gern möchte er hören, dass das alles bald vorbei ist und er zur Herrlichkeit der Buddha-Natur erwachen wird. Meister Chimon jedoch erinnert ihn daran, dass diese irdische Zeit bereits das Reich Buddhas ist. Der Ort, wo die Lotusblume blüht, ist genau dieser Ort hier und jetzt, und nicht nur die Wurzeln oder Blätter des Lotus, sondern selbst die Blüten sind ein Bestandteil von dem Schmutz und Schlamm dieses Lebens.

Wenn das so ist: Was bedeutet dann aber das Erwachen? Was ist, wenn die Lotusblüte sich über das Wasser hinaus erhebt? Meister Chimon macht deutlich, dass die Lotusblüte, die über den Wasserspiegel hinausragt, mit ihren Blättern und Wurzeln zusammenhängt – also mit Samsara und Karma, mit Endlichkeit und Tod. Ob unterhalb oder oberhalb des Wassers: Alles, was geschieht, geschieht im Samsara unseres schwierigen irdischen Lebens. Der Mönch muss erkennen, dass das Samsara zugleich Nirvana, Nirvana zugleich Samsara ist, statt sich in Tagträume und Phantasien zu flüchten. Auch wir müssen von unserem „hundert Fuß hohen Mast“ der Erleuchtung wieder heruntersteigen und uns in das Gewühl des Marktplatzes begeben. Erst dann werden wir erkennen, dass der Marktplatz nichts anderes ist als der Tempel, so wie es in Hakuins „Lied auf Zazen“ heißt: „Genau dieser Platz ist das Lotusland, genau dieser Körper ist Buddha.“

Zahlreiche spirituelle Wege haben die Tendenz, unseren menschlichen Körper aus Fleisch und Blut zu verabscheuen, ebenso Beziehungen und Leidenschaften, letztlich alles Irdische und Vergängliche. Der Körper gilt ihnen nur als Hindernis, als eine bloße Last, die wir geduldig wie ein Packpferd zu tragen haben. Diesem vermeintlichen Hindernis versuchen sie durch die Flucht in eine phantasierte paradiesische Welt zu entfliehen. So erzählen sie uns manchmal, wir seien aus dem himmlischen Raum gefallen und auf der Erde in einem menschlichen Körper gelandet, daher sei es nun unsere Aufgabe, diese sterblichen Verstrickungen wieder abzuschütteln. Mit dieser Einstellung wird die Materie, die Erde und der menschliche Körper zum Feind erklärt. Das erstreckt sich oft auch auf Sexualität und Leidenschaft, letztlich auf alle Formen des Begehrens. Bei anderen spirituellen Richtungen geht es eher darum, einen sogenannten „Diamant-Körper“ zu erlangen, der als unsterblich gilt. Das klingt schon fast zeitgeistig, denn gerade die Moderne ist extrem bemüht um die Makellosigkeit des Körpers. So halten einige Länder wie zum Beispiel Japan Bürger/innen mit körperlichen Einschränkungen, also Alte, Kranke oder Behinderte, mehr oder weniger subtil von der Öffentlichkeit fern, falls die Betroffenen das nicht bereits von sich aus tun, und in den meisten Ländern und Gesellschaften werden alle Anzeichen von Krankheit oder Alter, von Unregelmäßigkeit und Deformation, auch Körpergerüche und Körpergeräusche als etwas gesehen, das nach Möglichkeit verdeckt oder getilgt gehört. Aber unser Körper ist schön! Lasst uns liebevoll für ihn sorgen, denn damit sorgen wir nicht nur für uns selbst, sondern auch für andere. Doch geht es nicht darum, den Körper zu idealisieren. Wir sind Körper, weil wir verkörpert sind, doch wir sind *mehr* als nur ein Körper.

Im Zen wird der Körper oder die Erde nicht vermieden, sondern im Gegenteil alles, was damit zu tun hat, begrüßt. Manche Koans machen sich geradezu einen Spaß daraus, Zen-Schüler/innen zu provozieren, indem sie dazu auffordern, zu scheißen[43], zu furzen[44] oder zu pinkeln[45]. Zen konzentriert sich auf das gewöhnliche Leben, nicht auf sogenannte außergewöhnliche Erfahrungen[46] und bestätigt und bejaht auch unsere Leidenschaften: „Leidenschaften sind Buddha.“ Dagegen findet man im Theravada-Buddhismus eine wichtige Form der Meditation, bei der die Meditierenden dazu angeleitet werden, sich ihren Körper als einen Beutel voll Schleim, Blut, Fäkalien und Eiter oder als verwesenden, stinkenden Kadaver vorzustellen. Diese Vorstellung soll dazu dienen, sich auf die Loslösung vom Körper vorzubereiten. Immerhin wird der Körper dabei nicht ganz ignoriert …

Das heißt aber nicht, dass Meister Chimon unseren Mönch dazu verdammen will, für immer im Trüben zu fischen und ihn nur zu trösten mit „Iss, trink und hab Spaß, denn morgen bist du nicht mehr da“. Zen lehrt uns, das Leben vollständig zu akzeptieren, in seiner ganzen Fülle und mit all seinen Begrenzungen, mit seinen Fehlern und Mängeln, mit dem Auf und Ab von Beziehungen, mit Zeitlichkeit, Endlichkeit und Tod. Im Zen geht es darum, dieses Leben und diese Erde aus ganzem Herzen zu bejahen, doch gleichzeitig die Sehnsucht nach dem anderen, nach dem „Jenseits“ nicht aufzugeben. Dieses „Jenseits“ ist auf dieser Seite, im Hier und Jetzt, doch es ist niemals vollständig realisiert oder realisierbar. Eher ist es wie ein Horizont, immer in Sichtnähe, und doch entfernt und niemals zu greifen.

Diese Bestätigung und Akzeptanz entspringen nicht dem Zentrum des Körpers und der Erde, sondern dem Zentrum des *Nicht*-Zentrums, das unser Herz-Zentrum ist. Der Dichter T. S. Eliot hat das wunderschön ausgedrückt:

Am ruhenden Punkt der sich drehenden Welt.
Weder Fleisch noch fleischlos;
Weder woher noch wohin; am Ruhepunkt, dort ist der Tanz,
Aber weder Verharren noch Bewegung.
Und nenn es nicht Stillstand,
Wo Vergangenheit und Zukunft vereint sind.
Weder Fortgehn noch Hingehn,
Weder Aufsteigen noch Absteigen.
Wäre der Punkt nicht, der ruhende Punkt,
So wäre der Tanz nicht – und es gibt nichts als den Tanz. (…)
Innere Freiheit vom Verlangen nach Handeln,
Erlösung vom Tun wie vom Dulden, Erlösung vom inneren
Wie auch vom äußeren Zwang, doch rings umgeben
Von einer Gnade des Sinns (…)[47]

Die Akzeptanz und Bestätigung unseres Leben und unserer Welt strömen aus einem verwandelten Herzen, das zur Leerheit erwacht und in ein Mysterium von Liebe und Güte wiedergeboren wird. Es ist das Gesicht des anderen, das dieses Mysterium in uns erweckt. Im Angesicht des anderen erwacht die Welt zum Leben, und das banale irdische Fleisch des Körpers zeigt sich in seiner begnadeten Schönheit. Das Auge der Liebe heiligt den Körper und die Erde. Es enthüllt die Ewigkeit in der Zeitlichkeit und ebenso die Zeitgebundenheit der Ewigkeit. Wenn wir zur Leere erwachen, erkennen wir, dass wir Liebe sind. *Werde* Liebe – und verwirkliche deine grenzenlose Offenheit hin zur ganzen Welt. Das Hohe Lied des Paulus verkündet das Wunder der Liebe und spricht über die Notwendigkeit, diese Liebe in unserem Leben konkret zu verwirklichen:

> Die Liebe ist langmütig,
> die Liebe ist gütig.
> Sie ereifert sich nicht,
> sie prahlt nicht,
> sie bläht sich nicht auf. (…)
> Sie erträgt alles,
> glaubt alles,
> hofft alles,
> hält allem stand.
> Die Liebe hört niemals auf. (…)
> Prophetisches Reden hat ein Ende,
> Zungenrede verstummt,
> Erkenntnis vergeht.
> Denn Stückwerk ist unser Erkennen,
> Stückwerk unser prophetisches Reden;
> wenn aber das Vollendete kommt,
> vergeht alles Stückwerk. (…)

Nun aber bleibt Glaube, Hoffnung, Liebe, diese drei;
doch am größten unter ihnen ist die Liebe.[48]

Unser Koan beschreibt zwar zwei unterschiedliche Phasen und Erscheinungsformen des Lotus, doch in beiden Dimensionen bleibt er letztlich eins. Der Lotus ist ein Wunder an Schönheit und Reinheit – und er besteht aus Schmutz und Schlamm. Der Lotus, das bist du selbst – du existierst und handelst in beiden Dimensionen. Du bist Buddha, und Buddha ist ein gewöhnlicher, sterblicher Mensch. Tozan Ryokis Lied vom Juwelenspiegel-Samadhi spielt mit diesem Gegensatz, der letztlich kein Gegensatz ist:

Eine silberne Schale gefüllt mit Schnee,
ein Reiher, verborgen im Mond.
Sie scheinen ähnlich und sind doch nicht gleich,
un-unterschieden und doch an ihren jeweiligen Plätzen.
Der Sinn findet sich nicht in den Worten,
aber ein lebendiger Augenblick bringt ihn hervor.

Wie antwortest du also auf die Frage „Wer bist du wirklich?". Wie zeigst du dich in all deiner Komplexität und in allen deinen Dimensionen? Bist du Geist oder Körper? Bist du sterblich oder unsterblich? Bist du eine Heilige oder ein Sünder?

Ein Zen-Koan erinnert uns: „Der erwachte Mönch fällt in einen Graben." Buddha hat von sich behauptet, er sei erwacht. Wenn du erwacht bist, wie kannst du da fallen? Sprich zu mir aus diesem Erwachen heraus!

Ein Mönch sagte zu Tairyu: „Der menschliche Körper wird letzten Endes zerstört werden; was ist der unzerstörbare Körper des Dharma?" Tairyu antwortete: „Wie eine Brokatdecke bedecken Blüten den Berg. Das Tal liegt in tiefem Schatten." *(Hekiganroku, Fall 82)*[49]

5. Ist jeder Tag „ein guter Tag“?

DER FALL

Unmon sagte in seiner Unterweisung: „Ich frage euch nicht nach dem vor dem fünfzehnten Tag. Sagt mir etwas über das nach dem fünfzehnten Tag.“ Anstelle der Mönche antwortete er sich selbst: „Jeder Tag – ein guter Tag.“

SETCHÔS VERS

Eins wirft er weg, sieben nimmt er auf.
Nach oben – nach unten, nach allen vier Seiten:
Unvergleichlich steht er da.
Langsam durchwatet er einen strömenden Bach,
sein Gemurmel auslöschend.
Frei beobachtet er einen fliegenden Vogel,
seine Flugbahn zeichnend.
Hochgewachsen ist das Gras, Nebelschwaden überall.
In der Felsenhöhle sitzt Subhuti, und sieh da: ein Blütenregen!
Ich schnalze mit den Fingern: Wie jämmerlich ist Shunyata!
Keine Bewegung! Bewegt ihr euch, gibt’s dreißig Schläge.
(Hekiganroku, Fall 6)[50]

Meister Unmon Bunen lebte gegen Ende des 9. und in der ersten Hälfte des 10. Jahrhunderts. Er kam zum Erwachen bei Meister Bokushu (Chin. *Muchou*), der wiederum ein Schüler von Obaku (Chin. *Huang-po*) war. Bokushu war ein sehr gewissenhafter Meister, daher schickte er seinen Schüler Unmon noch weiter zu Meister Seppô Gigen. Unter Seppôs Führung konnte Unmon sein Erwachen entwickeln und vertiefen. Die Zeit, in der Unmon lebte, war eine schwierige Periode in China, die von Zusammenbrüchen, Revolutionen und Verfolgungen gekennzeichnet war. Als Unmon sein 85. Lebensjahr erreichte, schrieb er kurz vor seinem Tod ein letztes Gedicht: „Kommen und Gehen geschieht unaufhörlich, doch ich werde auf meinem Weg bleiben!" Unmon war bekannt wegen seiner Sprachgewandtheit und Tiefe. Er zählt zu den großen Chan-Meistern Chinas und etablierte eine eigene Tradition des Chan (Zen), deren Besonderheit war, dass seine Schüler/innen angehalten wurden, zum Kern ihres eigenen Lebensproblems vorzudringen, um frei zu werden. Aus Unmons Sicht hatte man kein Problem, sondern war *selbst* das Problem. Unmons Tradition ging später in die Rinzai-Linie mit über.

Die Formulierung im Koans „vor dem fünfzehnten Tag" bzw. „nach dem fünfzehnten Tag" lässt sich nicht mehr näher interpretieren. Vielleicht hat sie sich auf die Mondphasen, vielleicht auch auf die Zeit vor bzw. nach dem Erwachen bezogen. Möglich ist auch, dass mit dem „fünfzehnten Tag" ein bestimmter Tag des Monats gemeint war, an dem die Mönche öffentlich Beichte ablegten und Reue bekundeten, also auf die Zeit vor bzw. nach dieser Beichte. Es kann auch sein, dass es einfach Unmons Art war, seine Mönche zu verwirren, damit sie einen Sprung vorwärts machen, heraus aus ihrem logisch-dualistischen Denken.

Wichtig in diesem Koan ist hier nur der Teil „Jeder Tag – ein guter Tag". „Gut" bezieht sich hier nicht auf die gewöhnliche Bedeutung von gut oder schlecht, sondern auf eine transzendente Dimension, auf einen Raum der geheimnisvollen Leere, auf ein Mysterium von Güte und Gnade. Bevor wir in der Lage sind, dieses

Mysterium zu erkennen, müssen wir oft eine dunkle Nacht des Schreckens, der Hölle und des Nihilismus überwinden. In seinem Buch „Die Nacht zu begraben, Elischa“[51] berichtet der Holocaust-Überlebende Elie Wiesel von einem Vorfall im Konzentrationslager, bei der drei Menschen, unter ihnen ein unschuldiger Junge, wegen eines unbedeutenden „Vergehens“ von den Nazis erhängt wurden:

> Die drei Verurteilten stiegen zusammen auf ihre Stühle. Drei Hälse wurden zu gleicher Zeit in die Schlinge eingeführt. „Es lebe die Freiheit“, riefen die beiden Erwachsenen. Das Kind schwieg. „Wo ist Gott, wo ist er?“ fragte jemand hinter mir. Auf ein Zeichen des Lagerchefs wurden die Stühle umgekippt. Absolutes Schweigen herrschte im ganzen Lager. Am Horizont ging die Sonne unter. „Mützen ab!“, brüllte der Lagerchef. Seine Stimme klang heiser. Wir weinten. „Mützen auf!“ Dann begann der Vorbeimarsch. Die beiden Erwachsenen lebten nicht mehr ... Aber der dritte Strick hing nicht leblos: Der leichte Knabe lebte noch ... Mehr als eine halbe Stunde hing er so und kämpfte vor unseren Augen zwischen Leben und Sterben seinen Todeskampf. Und wir mussten ihm ins Gesicht sehen. Er lebte noch, als ich an ihm vorbeischritt. Seine Zunge war noch rot, seine Augen noch nicht erloschen. Hinter mir hörte ich denselben Mann fragen: „Wo ist Gott?“ Und ich hörte eine Stimme in mir antworten: „Wo er ist? Dort – dort hängt er, am Galgen ...“

In dieser quälenden Erzählung über die „Nacht“ des Konzentrationslagers ist alles sinnlos geworden und jeder Wert ist zerstört. „Hier gibt es weder Väter noch Brüder noch Freunde“, sagt ein jüdischer Kapo zu Wiesel, „jeder lebt und stirbt für sich allein.“ Wiesel schreibt:

> Ich wollte das Ende zeigen, die Endlichkeit jedes Geschehens. Alles war an sein Ende gekommen – die Menschheit, die Geschichte, die Literatur, die Religion, auch Gott. Nichts

war davon übrig geblieben. Und doch beginnen wir immer wieder neu mit der Nacht.[52]

Wie siehst DU das: Ist dieser Tag „ein guter Tag“ für den sterbenden Jungen? Oder war es ein guter Tag für Elie Wiesel? Oder ist hier und heute ein guter Tag für dich, mitten in den Tragödien und Schrecken, die gerade auf der Welt geschehen? Wiesel sagt: „Und doch beginnen wir immer wieder mit der Nacht.“ *Wer* ist es, der immer wieder neu beginnt? Ist es der Junge am Galgen?

Wir Menschen sehnen uns nach Gerechtigkeit, ganz besonders die Menschen, die zum Opfer wurden. Unschuldige werden gefoltert und gehenkt, während die Verfolger und die Mächtigen dieser Erde ungeschoren davonkommen und sich weiterhin ihres Lebens erfreuen. Gibt es eine Gerechtigkeit, die dieses extreme Unrecht ausgleichen kann? Gibt es überhaupt Gerechtigkeit, und wenn es sie gibt, welche Art der Gerechtigkeit könnte das sein? In der Welt lässt sich nur wenig an Gerechtigkeit auffinden. Vor allem, wenn die Opfer bereits vernichtet und von der Erde verschwunden sind, welche Gerechtigkeit sollte es für sie noch geben? An solchen Stellen wird in den Religionen oft von Wiedergeburt oder von einem Leben nach dem Tod gesprochen, wo Gerechtigkeit wiederhergestellt sein wird. Doch diese Art von Gerechtigkeit orientiert sich lediglich an menschlichen Maßstäben und bleibt zudem eher ein Wunschtraum.

In seinem Buch *„What the Buddha Thought“* (Was Buddha dachte) interpretiert Richard Gombrich die buddhistische Theorie von Karma und Wiedergeburt als Pendant zu Ethik und Gerechtigkeit. Was immer wir in diesem Leben tun, wir werden die Früchte unseres eigenen moralisch-ethischen Verhaltens ernten; wenn nicht in diesem, so doch in einem zukünftigen Leben. „Der Buddhismus (…) glaubt an die persönliche Kontinuität durch eine unendliche Folge von Leben hindurch.“[53] Mit diesem Ansatz wird aus buddhistischer Sicht der moralische Ausgleich garantiert, doch diese Art der Gerechtigkeit setzt voraus, dass man an das Rad der Wiedergeburt glaubt. Gombrich: „Buddhas Glauben an das karmische Gesetz war noch seine eigene Sicht; doch diese Sicht als Lehre anzunehmen war ein Glaubenssprung, der für seine Anhänger und Anhängerinnen zur Voraussetzung wurde."[54] Der buddhistische Glaube an Karma und Wiedergeburt hat allerdings auch viele unerfreuliche und unverantwortliche Konsequenzen hervorgebracht. So hat einmal ein weltweit bekannter tibetisch-buddhistischer Lehrer auf die Frage nach dem Holocaust geantwortet, dieses entsetzliche Schicksal sei vermutlich ein Resultat des sogenannten „Karmas der Juden"!

Auf die Frage nach dem Sinn des Lebens spricht der Philosoph Friedrich Nietzsche von einer „ewigen Wiederkehr des Gleichen"; also werden die Menschen wieder und wieder geboren und leben immer wieder das gleiche Leben ohne jeden Unterschied. In diesem Lebenskonzept gibt es keine Belohnung oder Vergeltung, keine Gerechtigkeit, kein Karma und keine Befreiung von Karma, weder Gott noch irgendeine andere äußere Instanz oder Moral, der man gerecht werden müsste. Auch gibt es keine alternative Wirklichkeit, auf die wir uns beziehen könnten. Uns bleibt nur der „Wille zur Macht", zum Lebensprozess als solchem. Wenn aber jemand zum Opfer wird, machtlos, gefoltert oder ermordet; würde diese Person dieses grausame Leben immer wieder und wieder durchleben wollen bis in alle Ewigkeit? Opfer kommen leider in Nietzsches Philosophie nicht vor, ebenso wenig wie in der Geschichte der Evolution. Geschichtsschreibung und -Philosophie scheinen sich immer nur für die Mächtigen dieser Erde zu interessieren.

Der Stoizismus rühmt als höchstes Ziel Gelassenheit und Seelenruhe. Aus stoischer Sicht ist ein erleuchteter Mensch jemand, der seine Identität mit dem gesamten Kosmos erkannt hat. Die Welt als Selbst wird ewig weiter existieren, unabhängig von individuellen Schicksalen und vom eigenen Tod. Diese kosmische Identifikation verhilft dem stoischen Menschen zu Selbstgenügsamkeit und zur Annahme dessen, was ohnehin nicht zu ändern ist.[55] Was geschehen soll, wird geschehen – so lautet die deterministische Essenz der stoischen Weisheit. Das bedeutet aber auch, den Horror und die

Tragödien des Lebens, den Schrecken von Folter und Grausamkeit gelassen hinzunehmen, ohne Glauben an eine Alternative und ohne Hoffnung auf Befreiung jenseits davon, wie die Dinge nun mal sind. Eine vergleichbare Variation dieser stoischen „Gelassenheit" findet man im Buddhismus, und auch Zen steht im Verdacht, diese Form der inneren „Loslösung" zu befürworten. So kommentierte beispielsweise der Zen-Mönch Yamamoto Ryokan die Nachricht über ein Erdbeben in Japan, bei dem Tausende von Menschen starben, mit den Worten:

> Wenn du ein Unglück erleidest, soll es so sein;
> nun ist die Zeit des Unglücks.
> Wenn du stirbst, soll es so sein;
> nun ist die Zeit zu sterben.
> So befreist du dich selbst von Unglück und Tod.[56]

Dieser stoischen „Gelassenheit" fehlt eine positive Idee der menschlichen Entfaltung. Die menschliche Autonomie wird auf Kosten von Liebe und Beziehungen idealisiert, in der illusionären Vorstellung, so könnten wir von den Wechselfällen des Lebens und der Welt unabhängiger werden. Im extremen Gegensatz zu dieser vertrockneten Spiritualität steht dagegen der emotionale Reichtum des Haiku-Dichters Issa im 18. Jahrhundert, der, als seine einjährige Tochter starb, schrieb: „Die Welt ist wie aus Tau gemacht. Sie ist wie Tau so flüchtig ... und doch ..."

Die indische Philosophie des Advaita[57] erkennt im Leiden und generell in der menschlichen Individualität lediglich *maya*, eine Illusion. Aus Sicht des Advaita ist das Selbst ungeboren und todlos, frei von allem Leiden und Übel und gänzlich unberührt von der Welt der kausalen Verursachung. Das Leben ist ein Traum. Darin gibt es niemanden, der stirbt und auch niemanden, der tötet. Mit dem Erwachen ist dieser Traum zu Ende. Doch solange wir nicht zur Erkenntnis der Illusion erwachen, bleiben wir den Schrecken des „Lebenstraums" unverändert ausgesetzt. Auch hier erhalten wir leider keine wirkliche Antwort auf die Frage, warum es in diesem Leben so viel Leiden gibt.

Theistische Religionen, darunter besonders das Christentum, verweisen bei der Frage nach dem Sinn des Lebens auf das Leben nach dem Tod. Erst nach unserem Tod und unserer Wiederauferstehung werden uns wahre Gerechtigkeit und Vergebung zuteil, erwacht das Leben neu zur ewigen Glückseligkeit in Gott. Doch man darf nicht vergessen, dass dieser Glaube nur auf den Schriften des Neuen Testaments beruht. Erst kurz vor Entstehung des christlichen Zeitalters ist er ins Blickfeld gerückt, die längste Zeit in der Geschichte des alten Israel kannte man keinen Glauben an ein ewiges Leben. Dazu kommt, dass die Vorstellung eines Lebens nach dem Tod, sei es als Auferstehung des Körpers oder als Unsterblichkeit der Seele, viele Fragen aufwirft, die die christliche Theologie bis heute nicht überzeugend beantworten kann. Und selbst wenn sie es könnte: Wäre ein Leben nach dem Tod mit posthumer Belohnung oder Bestrafung wirklich die angemessene Antwort auf all das Böse, auf das entsetzliche Leiden der hilflosen, millionenfach getöteten Kinder, der gefolterten Opfer, der zahllosen Menschen, die beispielsweise durch den Holocaust umgekommen sind? Ein Gott, der solche Grausamkeiten duldet und lediglich zum Ausgleich verspricht, die Opfer später dafür zu entschädigen, ist eine monströse Idee.

Wenn wir körperlich, geistig und seelisch gesund sind, Freunde, Freundinnen und Familie haben, die ebenfalls gesund sind und in Wohlstand leben, wenn wir in einem Land wohnen, wo Frieden und Freiheit herrschen, dann können wir es uns zeitweilig erlauben, solche Fragen nach dem Sinn des Lebens oder nach einem Fortleben nach dem Tod auszublenden. Doch letzten Endes werden wir immer mit Endlichkeit und Tod, mit den unausweichlichen Fehlern und Missständen unserer eigenen Natur und der Gesellschaft konfrontiert. Diese „letzten Fragen“ sind unvermeidlich. Bereits der biblische Hiob wurde von einem ungerechten Schicksal gepeinigt und schrie nach göttlicher Gerechtigkeit, doch er erhielt keine Antwort. So blieb ihm nur übrig, sich schweigend vor diesem unergründlichen Gott und dem ungeheuerlichen Geheimnis des Universums zu verneigen. Als Jesus gefragt wurde, warum ein Mensch blind zur Welt kommt, ob das seinem Karma geschuldet oder auf die Sünden seiner Eltern zurückzuführen sei, antwortete er: „Weder sündigte dieser Mensch, noch sündigten seine Eltern. Es ist geschehen, damit Gottes Werke sich in ihm erfüllen“ (Joh 9:3). So kommen wir letzten Endes zu dem Schluss, dass es zumindest keine *menschliche* Erklärung für die Übel dieser Welt gibt. Es bleibt uns nur, in den Abgrund eines Geheimnisses zu schauen. Doch was ist das für ein Geheimnis? Es gibt eine berühmte Unterweisung Buddhas, in der die zentrale Aussage mehrfach wiederholt wird:

> Es gibt, o Mönche, etwas, in dem es keine Geburt gibt, wo nichts entstanden ist, wo nichts geschaffen ist, nichts bedingt ist. Gäbe es nicht das, in dem es keine Geburt gibt, wo nichts entstanden ist, wo nichts geschaffen ist, nichts bedingt ist, dann gäbe es auch keine Befreiung von dem, was geboren, entstanden, geschaffen und bedingt ist. Aber weil es etwas gibt, in dem es keine Geburt gibt, wo nichts entstanden ist, wo nichts geschaffen ist, nichts bedingt ist, darum gibt es eine Befreiung von dem, was geboren, entstanden, geschaffen und bedingt ist.[58]

Das Wort „ungeboren' wird manchmal als auf das Samsara bezogen interpretiert: „Ein Problem ist (...), dass in dieser Interpretation zumindest die erste der Aussagen, vielleicht aber auch alle folgenden, sich gleichermaßen auf das Samsara beziehen könnten, auf den Kreislauf der Wiedergeburt, der ebenfalls als anfangs- und endlos gilt. Doch die ‚Ungeborenheit‘ und Endlosigkeit des Samsara sind völlig verschieden von Nirvana. Im Samsara ist die Abfolge der Zeit – also das bedingte Entstehen und Vergehen aller Existenzformen, die so etwas wie ‚Zeit‘ überhaupt erst hervorbringen – immer dagewesen und wird immer da sein. Die Dauer der Zeit ist unendlich, weil es keine definierbaren Grenzen zur Vergangenheit oder zur

Zukunft hin gibt. Dagegen gibt es im Nirvana überhaupt keine zeitliche Dauer, und ‚Ungeborenes' und ‚Unendliches' können daher nicht darin vorkommen."[59]

Diese letzte Ungeborenheit des Nirvana ist der Urgrund des Selbst und sie realisiert sich immer hier und jetzt. Das ist das unergründliche Geheimnis des Selbst. Es ist Leerheit oder genauer, Leerheit *ist* ein Selbst, das sich in zweifacher Hinsicht manifestiert: als Mysterium und als grenzenlose Offenheit. Leerheit oder Leere ist kein Begriff oder Konzept, sondern nur ein Symbol, um die unbeschreibliche Wirklichkeit von Selbst und Welt auszudrücken. Die Realität der Leerheit ist die Realität des Ungeboren-Seins, des Unendlichen, in dem wir Rettung und Befreiung finden. An dem Ort, wo es kein Verweilen gibt, können wir endlich verweilen. Hier befindet sich der Eintritt in Nirvana, in das Verweilen in der Unendlichkeit. Meister Keijan verkündet: „Die Leere zu kultivieren, das ist das Tor zur Befreiung." In einem Dialog fragt Rādhā[60] den Buddha, was das Ziel einer Befreiung von Leidenschaften und Begierden sei:

> „Aber Gelassenheit, Herr, wozu dient sie?"
>
> „Gelassenheit, Rādhā, macht es möglich, Befreiung zu erlangen."
>
> „Aber Befreiung, Herr, wozu dient sie?"
>
> „Befreiung, Rādhā, heißt Nirvana."
>
> „Aber, Herr, was ist das Ziel von Nirvana?"
>
> „Diese Frage, Rādhā, geht zu weit. Die Grenzen dieser Frage sind nicht mehr zu erfassen. Verwurzelt in Nirvana wird das heilige Leben gelebt, Rādhā. Nirvana ist sein Ziel. Nirvana ist sein Sinn."[61]

Erwachen ist das Erwachen zur Leere als dem eigenen Selbst. In dieser Dimension erkennen wir die Welt als unser eigenes Selbst und umarmen darin alle Zeiten und Welten. Leid und Freude, Geburt und Tod, alle Zeitalter, alles Existierende ist in diesem unserem Selbst enthalten. Martin Heidegger sagte einmal, das Selbst sei „der Hirte des Seins". Dieser Hirte des Seins und aller Wesen ist *dein* Selbst!

Ein bekanntes Gedicht von Thich Nhat Hanh trägt den Titel „Ruf mich bei meinem wahren Namen". Was ist dein wahrer Name? Ich bin die Katze und der Hund, die Schlange und der Frosch, der Berg und der Fluss, die Sonne und der Mond. Ich bin das unschuldige Kind und auch sein Mörder, der Sünder und die Heilige, der Alte und die Junge. Nhat Hanhs Gedicht endet mit den Zeilen:

> Bitte ruf mich bei meinem wahren Namen,
> damit ich erwache
> und die Tür meines Herzens offen bleibt,
> die Tür des Mitleids.

Erwachen ist nicht nur die Erkenntnis der Leere als *Selbst*heit, sondern auch die Realisierung, dass wir präsent sind gegenüber der Welt und allem Sein, dass wir keine isolierten, unabhängigen, unschuldigen Wesen, sondern verantwortlich für alles Sein sind. Unser Herz ist ein Zentrum des Mitgefühls, das der ganzen Welt offensteht. Weder Götter noch Kosmos, weder Karma noch Wiedergeburt, weder der Hinweis auf das Schicksal noch Utopien von einer besseren Zukunft bieten uns eine bessere Erklärung für die Schrecken dieser Welt. Und doch bleiben wir gleichzeitig in unserer phänomenalen Dimension sterblich und zerbrechlich, Sorgen, Leiden, Verlust und Vernichtung ausgesetzt.

Wir existieren auf zwei Ebenen: einer todlosen, unendlichen Sphäre ebenso wie einer irdischen und sterblichen. Wenn wir in der Leere des Mysteriums verankert und zu Hause sind, können wir unsere phänomenale Natur akzeptieren. Tatsächlich *ist* die phänomenale Dimension auch das, was wir sind – denn Leere ist Form, Form ist Leere. In der irdischen Dimension verwirklichen wir unser Selbst durch ein großes JA, durch Amen. Nicht als eine stoische Resignation, sondern als eine Bejahung des Lebens, als Gelassen-Sein und als Heimkehr des Selbst zu sich selbst, in Liebe und Frieden. Das ist ein Frieden, den die Welt uns nicht geben kann, der aber auch nicht abseits steht von den Tränen und Sorgen der Welt. Sei dir bewusst, dass es gut ist, dass du existierst; denn „jeder Tag ist ein guter Tag", im Leben wie im Tod. Doch sag mir eins: Wird es auch dann ein guter Tag sein, wenn du Hunger leidest oder wenn andere Menschen dich in einem Konzentrationslager foltern oder vergasen?

Schmerz und Erlösung

Auch jenseits solcher extremen Schrecken und Tragödien müssen wir mit ganz normalen physischen und emotionalen Schmerzen und Leiden umgehen. Zwar verfügt die moderne Medizin inzwischen über zahlreiche Mittel und Wege, Schmerzen zu lindern, doch bei akutem Schmerz oder bei Verlusten sind wir dem Leid direkt ausgesetzt. Wer sich im Laufe seines Lebens darauf vorbereitet hat, kann vielleicht auch inmitten von Leid und Schmerz sagen: „Es ist in Ordnung" oder „Dein Wille geschehe". Manchmal ist es sogar möglich, inmitten von Schmerz und Leid das unendliche Licht zu erkennen, das unsere ewige Heimat ist, und so ins „Reich des Himmels" einzutreten. Menschen, die schwere Zeiten erlebt und überlebt haben, können sich in ihrer Persönlichkeit verwandeln. David Brooks schreibt über das Leiden:

> Leiden führt dich tiefer in dich selbst hinein. Der Theologe Paul Tillich hat einmal gesagt, dass Menschen, die Leid erdulden müssen, aus der Routine des Lebens herausfallen und erkennen, dass sie nicht sind, was sie zu sein glaubten. Die Seelenqualen, die man durchlebt, wenn man zum Beispiel ein großartiges Musikstück komponiert, oder der Kummer, wenn man einen Menschen verloren hat, den man liebt, zerschmettert alles, was man bisher für den Kern seiner Persönlichkeit gehalten hat. Darunter entdeckt man eine neue Ebene, bis auch dieser Boden wieder nachgibt und eine noch tiefere Ebene enthüllt. Das Leiden gibt dem Menschen ein

genaueres Gefühl seiner eigenen Begrenzung und zeigt ihm, was er noch kontrollieren kann oder schon nicht mehr. Menschen, die in diese tieferen Zonen geraten, sind gezwungenermaßen damit konfrontiert, dass sie nicht mehr in der Lage sind zu entscheiden, was dort geschieht. Was auch immer sie versuchen, sie können sich nicht befehlen, das Gefühl des Schmerzes nicht mehr zu spüren oder damit aufzuhören, eine geliebte Person zu vermissen, die sie verlassen hat oder die gestorben ist. Und selbst wenn langsam wieder Ruhe einkehrt oder wenn es Momente gibt, in denen der Schmerz nachlässt, können sie nicht sagen, woher diese Erleichterung kommt. Auch den Heilungsprozess nehmen sie als Teil eines natürlichen oder göttlichen Prozesses jenseits ihrer individuellen Verfügung wahr. Menschen, die in solche Lebenslagen geraten sind, haben oft das Gefühl, in den Raum einer größeren Vorsehung geworfen zu sein. Als der amerikanische Präsident Abraham Lincoln in seinem Land einen Bürgerkrieg anführen musste, litt er sehr darunter, und bei der Antrittsrede zu seiner zweiten Amtszeit sprach er öffentlich darüber. Er sagte, dass er Wellen von Qual und Erlösung wahrnahm, die nicht nur ihn, sondern die Nation als Ganzes überschwemmten und worin er sich nur als das Werkzeug eines höheren Schicksals empfand. An einem solchen Punkt, oft inmitten größter Schwierigkeiten, hören Menschen manchmal so etwas wie einen Ruf. Zwar sind sie nicht mehr Meister der Situation, aber sie sind auch nicht hilflos. Den Schmerz selbst können sie nicht bestimmen, doch sie haben immer noch Einfluss auf die Art ihrer Reaktion. Oft fühlen sie eine überwältigende moralische Verpflichtung, in der richtigen Weise darauf zu antworten. Diese Menschen, die nach der richtigen Antwort auf eine schwere Prüfung suchen, spüren, dass sie sich auf einer tieferen Ebene befinden als der normalen, wo es nur um Glück oder persönlichen Nutzen geht. Man hört von ihnen nicht: „Oh, ich leide großen Schmerz, weil mein

Kind gestorben ist. Ich sollte daher versuchen, das Konto meines Wohlbefindens wieder ausgleichen, indem ich zu einer Party gehe und mich mal wieder richtig austobe. (…)

Die „richtige“ Antwort auf diesen Schmerz ist nicht Freude oder Vergnügen. Es ist Heiligkeit. Ich meine das nicht nur im religiösen Sinne. Vielmehr geht es darum, das Leben als moralisches Drama zu erkennen und die schweren Erfahrungen in einen moralischen Kontext zu stellen. Es geht um den Versuch, das Übel auszugleichen und gewissermaßen zu „erlösen“, indem man es in etwas Sakrales verwandelt. Eltern, die ein Kind verloren haben, gründen Stiftungen. Lincoln opferte sich auf für die Einheit des Landes. Gefangene im Konzentrationslager wie der Psychologe Viktor Frankl gaben ihrem Leben eine neue Richtung, indem sie versuchten, wenigstens für ihre Familien und Freunde am Leben zu bleiben, die auf sie warteten und hofften, obwohl diese geliebten Menschen vielleicht schon tot waren. (…)

Eine Erholung vom Leiden ist nicht wie die Genesung von einer Krankheit. Viele Menschen kommen keineswegs geheilt heraus, sondern sie kommen anders heraus. Sie haben die Logik des individuellen Nutzens durchbrochen und verhalten sich in der Folge paradox: statt zurückzuweichen von einer Bindung, die fast automatisch Leiden mit sich bringt, werfen sie sich eher noch tiefer hinein. Selbst wenn sie die schlimmsten und schmerzhaftesten Konsequenzen erleiden, führt das bei manchen Menschen dazu, ihre Verletzlichkeit eher noch zu verstärken. Sie werfen sich tiefer und dankbarer in ihre künstlerische Arbeit, in ihre Verpflichtungen oder in die Beziehung zu geliebten Menschen hinein. Das Leid, das diese Aufgabe mit sich bringt, wird zu einem Geschenk, geboren aus Sorge und Angst und damit ganz anders als das Geschenk des – konventionell definierten – Glücks.[62]

Abschließend möchte ich Etty Hillesum zu Wort kommen lassen. Sie war eine junge jüdische Schriftstellerin aus den Niederlanden, die mitsamt ihrer ganzen Familie von den Nazis nach Auschwitz deportiert und ermordet wurde. Ich zitiere sie oft, weil ihr Tagebuch, das sie im KZ schrieb, mich zutiefst berührt hat:

> Ich bin schon tausend Tode in tausend Konzentrationslagern gestorben. (...) Und doch finde ich das Leben schön und sinnvoll. Jede einzelne Minute. (...)
>
> Es klingt fast paradox: Wenn man den Tod aus seinem Leben verdrängt, ist das Leben niemals vollständig, wenn man aber den Tod in sein Leben aufnimmt, wird das Leben größer und reicher. (...)
>
> Irgendwo in mir ist etwas, das mich niemals mehr verlassen wird. (...)
>
> Für das ungebrochene und strahlende Gefühl in mir, das auch das Leiden und die Gewalt einbezieht, kann ich die richtige Sprache noch nicht finden. (...)
>
> Wenn Gott mir nicht weiterhilft, dann muss ich Gott helfen. (...)
>
> Ich fühle, wie plötzlich das Leben in seinen tausend Einzelheiten, Windungen und Krümmungen vollkommen klar und durchsichtig geworden ist, wie ein kristallklares Meer ... Ich sitze am Ufer eines riesigen Ozeans, so transparent, dass ich den Grund erkennen kann. Und das ist ein unvergessliches Erlebnis. (...)
>
> Wie gut und schön ist es, in deiner Welt zu leben, o Gott, trotz allem, was wir Menschen einander antun. Und dieser Teil von mir, dieser tiefste und reichste Teil, in dem ich ruhe, ist das, was ich Gott nenne. (...)
>
> Und das ist es, was ich fühle, immer und unaufhörlich, o Gott, so behütet und geborgen und eingetaucht in die Ewigkeit. Alle äußeren Erscheinungen sind nur eine

vorübergehende Vorstellung, ein Nichts gegenüber dem großen Leuchten in uns. (…)

Mein Leben ist zu einem ununterbrochenen Zwiegespräch mit dir, mein Gott, geworden, zu einem einzigen großen Zwiegespräch. Wenn ich in einer Ecke des Lagers stehe, die Füße auf deiner Erde, das Gesicht zu deinem Himmel erhoben, dann laufen mir manchmal die Tränen über das Gesicht, entsprungen aus einer inneren Bewegtheit und Dankbarkeit, die nach einem Ausweg sucht. (…)

Es gibt so viele Wunder im menschlichen Leben. Mein eigenes Leben ist eine lange Kette von inneren Wundern.[63]

6. Seijos Liebe

DER FALL

Goso fragte einen Mönch: „Seijo und ihre Seele sind voneinander getrennt. Welche ist die echte Gestalt?"

MUMONS KOMMENTAR

Wenn ihr hiervon die echte Gestalt erfasst, werdet ihr verstehen, dass das Herauskommen aus einer Schale und das Hineingehen in eine andere dem Einkehren eines Reisenden in eine Herberge gleicht. Wenn ihr's nicht erfasst habt, rennt nicht ungezügelt herum. Wenn plötzlich die Auflösung von Erde, Wasser, Feuer und Luft beginnt, werdet ihr einer Krabbe gleichen, die – in kochendes Wasser gefallen – mit sieben Armen und acht Beinen wild herumfuchtelt. Sagt dann nicht, ich hätte euch nicht gewarnt.

DER VERS

Mond und Wolken sind gleich,
Berge und Täler verschieden.
Alles ist gesegnet. Zehntausendfach gesegnet.
Ist dies eins? Sind dies zwei?
(Mumonkan, Fall 35)[64]

Zen-Meister Goso Hoen lebte im 11. Jahrhundert und starb vermutlich im Jahr 1104. Die seltsame Geschichte über Seijo ist auf eine alte Legende aus der T'ang-Zeit Chinas zurückzuführen. Ich habe schon oft über dieses Koan gesprochen, möchte es im Folgenden aber aus einer etwas anderen Perspektive betrachten. Grundthema ist eine alte chinesische Liebesgeschichte: Das Mädchen Seijo ist in ihren Cousin verliebt. Die beiden spielten bereits als Kinder miteinander, und einmal äußerte Seijos Vater scherzhaft, dass sie später bestimmt heiraten würden. Von dem Moment an gehen die Kinder davon aus, dass der Vater es ernst gemeint hat, und im Glauben, dass sie bereits miteinander verlobt sind, verlieben sie sich ineinander. Doch als Seijo erwachsen wird, entscheidet der Vater, sie nicht dem geliebten Cousin, sondern einem anderen jungen Mann zur Frau zu geben, der eine höhere soziale Stellung innehat. Seine Entscheidung bricht dem verliebten Cousin das Herz. Er gesteht Seijo, er könne unmöglich weiter im selben Dorf leben und zusehen, wie sie dort mit einem anderen Mann zusammenlebt, deshalb wolle er fortgehen. Noch am selben Abend nimmt er ein Boot, um den Fluss zu überqueren, der das Dorf vom Festland trennt. Doch als das Boot ablegt, sieht er Seijo am Ufer und rudert zurück. Seijo ruft aus: „Wie könnte ich ohne dich leben? Ich werde mit dir kommen", und springt zu ihm ins Boot. So reisen die beiden Liebenden in ein fernes Land, lassen sich dort nieder und bekommen zwei Kinder miteinander. Doch während der ganzen Zeit fühlt Seijo sich schuldig, weil sie ihrem Vater nicht gehorcht hat und weggelaufen ist. Auch ihr Geliebter fühlt sich nicht gut, weil er fürchtet, das Familiengesetz und die Familienehre verletzt zu haben. Und so entscheiden beide sich dafür, ins Dorf zurückzukehren und um Vergebung zu bitten.

Als sie den Fluss schon überquert haben, fordert der junge Mann das Mädchen auf, am Ufer zu warten. Er möchte allein ins Dorf gehen, um die Vergebung seines Schwiegervaters zu erflehen, da man nicht wissen kann, ob der Schwiegervater noch böse ist. Erst danach soll sie nachkommen. Der junge Mann geht also allein ins Dorf, fällt seinem Schwiegervater zu Füßen und bittet ihn um Vergebung, weil er ihm seine Tochter Seijo weggenommen hat. Der

Vater schaut ihn aber nur überrascht an und sagt: „Wovon sprichst du? An dem Tag, an dem du weggegangen bist, wurde Seijo krank. Seitdem kann sie weder laufen noch sprechen. Seit vielen Jahren schon ist sie ans Bett gefesselt.“ Doch der Liebhaber erwidert: „Nein, Schwiegervater, deine Tochter ist bei mir, sie wartet am Flussufer, ich werde sie gleich herbringen“, und er läuft schnell zum Ufer. Der Vater aber geht ins Haus zurück zu seiner Tochter, und natürlich liegt sie da, in ihrem Bett, unfähig zu gehen oder zu sprechen, doch wach und bei Bewusstsein. Er erzählt ihr, der verloren geglaubte Cousin sei zurückgekommen und habe eine verrückte Geschichte erzählt: Sie, Seijo, sei mit ihm weggelaufen, sie hätten zwei Kinder bekommen, und sie stehe wartend am Flussufer. Als Seijo das hört, springt sie sofort aus dem Bett und läuft zum Fluss, und auch das andere Mädchen nähert sich vom Flussufer aus dem Dorf. Beide begegnen einander und werden eins. Der Vater freut sich sehr und sagt zu seiner Tochter: „Als dein Cousin das Dorf verlassen hat, warst du stumm und leblos, als ob deine Seele entflohen wäre.“ Und Seijo antwortet: „Ich wusste gar nicht, dass ich krank zu Hause im Bett lag. Als ich hörte, dass mein Geliebter fortgehen will, folgte ich seinem Boot wie im Traum.“

In unserem Koan fragt der Zen-Meister den Mönch: „Es gibt zwei Seijos: eine gehorsame Tochter, die krank im Bett liegt, und eine verliebte, romantische Ausreißerin. Welche ist die wirkliche Seijo?“ Diese Frage an den Mönch richtet sich an DICH und sie lautet: Wer bist du wirklich? Was ist dein wahres Selbst? Der Meister fragt nicht nach der psychologischen Bedeutung der Geschichte, nicht nach deiner Vergangenheit oder nach deiner Zukunft, nicht nach deinen Beziehungen oder danach, ob dein bewusstes Ich mit seinen Schattenseiten integriert ist. Er fragt nicht nach deinen verschiedenen Rollen oder Masken, nicht nach deinem Körper, deinem Geist, deiner Seele und auch nicht danach, ob und wie du das alles voneinander trennst oder zusammenbringst. Der Meister fragt: Wie zeigst du dich hier und jetzt? Wie realisierst du, dass Leerheit dein Selbst ist? Kannst du diese Leere in deinem Handeln offenbaren, kannst du, wie ein Koan uns auffordert, „mit leeren Händen den Pflug ziehen“? Wir begegnen Meister Goso auch in einem anderen Koan in der gleichen Sammlung wieder, wo er die Frage stellt: „Wenn du unterwegs einen Menschen triffst, der den Weg vollendet hat, grüß ihn weder mit Worten noch mit Schweigen. Sag mir: Wie wirst du ihn grüßen?“ Wie begegnest DU Seijo mit leeren Händen? Wie grüßt du sie weder mit Worten noch mit Schweigen? Wie kannst du in einer Begegnung Leerheit verwirklichen? Zeig es mir!

Ist dies eins? Sind das zwei?

Erwachen zur Leerheit – das ist die Verwirklichung von Frieden und Freiheit. Die Leere zu verwirklichen heißt, wirklich nach Hause zu kommen. Der Begriff der Leerheit ist nur symbolisch zu verstehen, er drückt grenzenlose Offenheit, ein unbeschreibliches Geheimnis aus. Als der chinesische Kaiser Wu seinen Gast Bodhidharma nach dem wichtigsten Prinzip des Buddhismus bzw. nach der letzten Wahrheit fragt, antwortet Bodhidharma: „Leere Weite, nichts von heilig.“ Und auf die folgende Frage des Kaisers, wer das denn überhaupt sei, der da gerade vor ihm stehe, antwortet Bodhidharma mit seinem berühmten „Ich weiß es nicht“[65]. Die Art der Antwort verweist auf die zweifache Dimension der Leere: nicht allein auf ein unergründliches Mysterium, sondern auf ein „gütiges und gnädiges Mysterium“ (*a mystery which is graciousness*), das nicht nur der Grund des eigenen Selbst, sondern der Urgrund des ganzen Universums ist. Mumons Vers drückt das wunderbar aus:

Mond und Wolken sind gleich,
Berge und Täler verschieden.
Alles ist gesegnet. Zehntausendfach gesegnet.
Ist dies eins? Sind dies zwei?

Die letzte Zeile des Verses wirft die Frage auf: „Ist dies eins? Sind dies zwei?" Diese Frage bezieht sich auf zwei Ebenen, auf die unbeschreibliche Dimension der Leere ebenso wie auf ihre Aktualisierung im Tun und Handeln. Das Selbst aktualisiert sich im Tun, durch konkrete, spezifische Handlungen. Es bewegt sich zwischen zwei Polen: einer grenzenlosen Offenheit und einer konkreten Form im Kontext von zwischenmenschlichen Beziehungen. Eine hilfreiche Analogie dafür ist die Dimension des Raums, genauer der Realität unserer Existenz innerhalb des Raums. Raum ist etwas, das sich zwischen allem Existierenden erstreckt. Den Raum an sich können wir nicht wahrnehmen. Wir erkennen nur Dinge oder Wesen, die im Raum existieren wie Berge, Bäume, Sonne, Mond und Sterne. In der Raum-Zeit existieren sie als Aktion und Beziehung, also als Wesen oder Dinge, die sich in einem permanenten Prozess befinden. Die Metapher der Raum-Zeit ist ein guter Rahmen zum Verständnis eines Seins, das immerzu neu ins Werden kommt, für die Leerheit des Selbst, das ebenso grenzenlose Offenheit wie eine singuläre, individuelle Manifestation ist. Diese Realisierung selbst geschieht jedoch nur im konkreten singulären Akt.

Wohlbefinden oder Erlösung?

Wir sollten uns das Erwachen und die Verwirklichung der Leere nicht als eine Form des Wissens vorstellen; auch dann nicht, wenn wir zu wissen glauben, dass wir ein unendliches Mysterium sind oder wenn wir uns der Offenheit und Grenzenlosigkeit von Welt und Wirklichkeit bewusst sind. Eine sprachliche Vermittlung ist einfach nicht möglich, auch dann nicht, wenn wir von „Selbst-losigkeit" oder einer „Einheit mit der Welt" sprechen. Meister Nansen unternahm einen anderen Erklärungsversuch, als er die Katze hochhielt und seine Mönche herausforderte: „Mönche, sagt ein Zen-Wort, dann werde ich die Katze verschonen, sonst aber werde ich sie töten."[66] „Sag ein Zen-Wort" – damit ist nicht einfach gemeint, einen Zen-Begriff zu formulieren oder eine sogenannte Zen-Handlung zu vollziehen. Vielmehr geht es darum, an der Grenze von Leben und Tod gewissermaßen einen Prozess des „Sterbens" zu durchlaufen, um wie die Sonne die Wolken zu durchzubrechen und neu geboren zu werden. Die Verwirklichung dieser Freiheit von Leben und Tod könnte man mit Adolf Guggenbühl-Craig auch als „Erlösung" bezeichnen.

Guggenbühl-Craig schlägt vor, alle Ziele des menschlichen Lebens den zentralen Kategorien von „Wohlbefinden" und „Erlösung" zuzuordnen. Wohlbefinden schließt körperliche Gesundheit, Zugehörigkeit, Sicherheit, Zuneigung, emotionale Befriedigung, Freude, Macht, geistige und moralische Gesundheit und Lebenserfüllung ein: „Eine Entsprechung von Wohlbefinden ist Glück; denn eine Person, die ein Gefühl von Wohlbefinden hat, ist glücklich und zufrieden. Die Regierung einer Nation ist zuständig für das Wohlbefinden ihrer Staatsbürger."[67] Wohlbefinden bezieht sich auf etwas, das man durch eigene Anstrengung oder durch Zusammenarbeit mit anderen erreichen kann, wie zum Beispiel auf die Erfüllung und Zufriedenheit im Bereich des Körpers, der Psyche, des Intellekts und der Moral. Doch wir wissen alle, dass Wohlbefinden keine dauerhafte Erfüllung oder einen wirklich tiefen Frieden bringt. Letztlich kämpfen wir doch immer mit dem Bösen, mit Leiden und mit Tod. „Erlösung" hängt jedoch mit der Suche nach Befreiung zusammen, mit der Suche nach dem Sinn des Lebens an der Grenze von Leben und Wirklichkeit, Glück und Erfolg, Moral, Wahrheit und Sein. Erlösung verlangt Opfer und Verluste. Sie führt auch nicht immer zu Zufriedenheit oder Gleichgewicht und sie hängt nicht von unserer geistigen, moralischen oder psychologischen Reife ab. Erlösung ist für alle Menschen erreichbar und nicht auf eine bestimmte Methode oder Technik beschränkt. Erlösung (hier nicht in christlichem Sinne gemeint, wenngleich das nicht ausgeschlossen ist) und Wohlbefinden sind keineswegs miteinander verbunden. Erlösung kann nicht erworben oder „besessen" noch definiert werden. Vielmehr sind es Symbole und Mythen, die als Bedeutungsträger für Erlösung fungieren. Die

Zen-Suche beginnt erst dann wirklich, wenn wir nach Erlösung suchen: „Nach christlicher Vorstellung ist Erlösung in diesem Leben niemals vollständig erreichbar. Sünde und Tod bleiben eine unveränderliche Last, ebenso die Verdunkelung Gottes und unsere Abkehr von ihm. Im Begriff der Erlösung steckt die Frage nach der Bedeutung des Lebens, und diese Frage ist niemals endgültig zu beantworten. (...) Buddhisten finden Erlösung im Nirvana, doch ehe ein Mensch das Nirvana anstrebt, muss er zuvor durch das Schreckgespenst von Krankheit, Alter und Tod erschüttert sein."

Suchen wir in erster Linie nach Gesundheit und Wohlbefinden, sind wir noch nicht wirklich bereit für Zen (obwohl sich inzwischen herumgesprochen hat, dass Zen auch therapeutisch wirken kann). Doch das ursprüngliche und grundlegende Ziel von Zen ist *satori*, das Erwachen, das man auch als Erlösung bezeichnen könnte.[68]

Die Verwirklichung der Leerheit besteht in Individuation und Erlösung, und das umfasst die Gesamtheit unseres Lebens. Form ist Leere, Leere ist Form – doch „Form" bezeichnet keine unabhängige, in sich verschlossene Monade, sondern den gesamten Prozess von Leben und Sterben im kosmischen Zusammenhang. Samsara *ist* Nirvana, Nirvana *ist* Samsara, doch Nirvana befindet sich nicht außerhalb unseres weltlichen dualistischen Lebens. Alles in unserem Leben ist eine einzige dicht miteinander verwobene Abfolge von Erlösung und Selbstverwirklichung. Jeder Moment des Lebens ist die Verwirklichung von Leerheit, ist Unmons Staubkorn-Samadhi[69]. Leerheit und Erlösung drücken sich *jetzt*, genau in diesem Augenblick aus – und zugleich sind sie eine Sache des ganzen Lebens, die wir, wie Meister Gutei sagt, bis zur letzten Minute nicht ausschöpfen können:

> Als Gutei zum Sterben kam, sagte er zu den versammelten Mönchen: „Ich habe dieses Ein-Finger-Zen von Tenryu empfangen. Mein ganzes Leben lang habe ich es benutzt, aber nicht ausgeschöpft." Nach diesen Worten trat er ins Nirvana ein.[70]

In einem Kommentar zu Fall 41 Mumonkan („Bodhidharma bringt den Geist zur Ruhe“) schreibt Zenkei Shibayama[71]:

> Aber der verzweifelte Kampf auf der Suche nach Wahrheit, manchmal sogar unter Lebensgefahr, ist keine mythologische Erfindung eines alten Zen-Meisters. (…) Ich weiß nicht mehr genau, wer es war, aber diese Worte eines westlichen Theologen, die ich einst las, haben sich meinem Geist klar eingeprägt: „Wenn du niemals schlaflose Nächte in Leiden und Tränen verbracht hast, wenn du die Erfahrung nicht kennst, nicht mehr fähig zu sein, auch nur ein Stück Brot herunterzuschlucken, wird die Gnade Gottes dich niemals erreichen.“ Auch werde ich niemals den spirituellen Kampf vergessen, den ich in absoluter Dunkelheit fast drei Jahre lang ausgefochten habe. Ich möchte daher betonen, dass die Erfahrung dieser dunklen Nächte, durch die man mit seinem ganzen Wesen hindurchgeht, eine ist, die im Zen nicht nur höchst wichtig, sondern von unschätzbarem Wert ist.[72]

Jenseits von Eden

Doch zurück zu Seijos Geschichte. Das Mädchen Seijo lebt in einer paradiesischen Traumwelt, wo gewissermaßen Milch und Honig fließen und Liebe regiert. Der Vater ist liebevoll, er bietet ihr einen sicheren Boden und ein Zuhause, verspricht sogar, die Heirat mit ihrem selbst gewählten Geliebten zu erlauben. Seijo lebt in einem Zustand des kindlichen Urvertrauens, getragen von unendlichem Vertrauen in den Vater und die zärtliche Zuwendung ihres Geliebten. Doch plötzlich verdunkelt sich der Himmel und der Boden unter ihren Füßen stürzt ein. Seijos Traum zerbricht und ihr unschuldiges ursprüngliches Vertrauen wird vergiftet. Dass ihr Vater ihre Liebe verrät, bricht ihr das Herz, und Seijo stürzt hinab in eine finstere Hölle.

Vielleicht hat der Vater es nicht so ernst gemeint, als er anbot, ihre Heirat mit dem Cousin zu erlauben. Doch das Mädchen hat es als ernsthaftes Versprechen aufgenommen, und beide Kinder haben dem Wort des Vaters vertraut. Später aber entwickelte der Vater andere Ideen. Vielleicht besaß der neue Bewerber mehr Gewicht im Hinblick auf die Zukunftsplanung, vielleicht war der Vater unsensibel für die Gefühle und Sehnsüchte seiner Tochter oder auch lediglich besorgt um ihr Wohlergehen und ihren künftigen sozialen Status. Letztendlich war er unfähig, die Situation aus Seijos Perspektive zu sehen, und er dachte einfach nicht mehr an all die Jahre ihres kindlichen Vertrauens, ihrer Liebe und Hoffnung. Sicher empfand er Liebe für seine Tochter, doch hatte er nun andere Pläne und war daher entschlossen, die Gefühle seiner Tochter zu ignorieren, auch wenn diese Entscheidung ihr das Herz brach. Letztlich hatte der Vater seine geliebte Tochter betrogen. Aber nicht nur der Vater hat Seijo betrogen, sondern sie sich auch selbst, weil sie nicht zu sich selbst stand. Bisher standen die Liebe und das Versprechen des Vaters wie ein Schutzwall vor der Doppelbödigkeit ihres eigenen Herzens, vor Unsicherheit und Verrat. Jetzt flüchtet sich Seijo in die Depression, in eine stumme, machtlose Wut, die ihr die Kraft nimmt, auf eigenen Füßen zu stehen und mit eigener Stimme zu sprechen. In der Vergangenheit hatte sie sich einer falschen Geborgenheit aus Träumen und Phantasien hingegeben, war sie gewissermaßen durch eine Traumwelt mit Luftschlössern gewandert. Doch dann haben sich alle ihre Träume, Ideale und Werte schlagartig in Schutt und Asche verwandelt.

Noch ist für Seijo nicht alles verloren. In ihrer Seele regt sich ein Gefühl von Schuld, man könnte auch sagen, ihr wahres Selbst ruft sie dazu auf, aufzuwachen und die Verantwortung für sich und die Situation zu übernehmen. Der Vater ist in seinen Verrat verwickelt, daher muss Seijo nun selbst die Initiative ergreifen, wobei der Traum-Geliebte sie in ihrem Suchen und Fragen unterstützt. Sie reißt sich zusammen und steht ein für ihr eigenes Herz, für ihre Sehnsucht und ihre Liebe. Als sie nach ihrer Flucht wieder nach Hause zurückkehrt, weist der Vater sie nicht ab oder bestraft sie gar, sondern er nimmt ihre Liebe an und vergibt ihr.

Ohne Vergebung kann das menschliche Leben sich nicht entfalten, gibt es kein Wachstum und keine Liebe. Vergebung und Versöhnung stellen jedoch nicht einfach den früheren Zustand wieder her, sondern eröffnen und erschaffen neues Leben. Um Vergebung und Versöhnung zu erreichen, müssen wir oft hohe Barrieren überwinden und manchmal fast unüberwindliche Gräben überqueren. Doch es steckt Hoffnung darin: die Hoffnung, dass unser Herz aufwacht und ein gütiges Mysterium uns Kraft verleiht. In einem klarsichtigen Essay über den Verrat beschreibt James Hillman, dass der Keim des Verrats bereits im Urvertrauen steckt:

> Wir können nur wirklich verraten werden, wenn wir wirklich vertrauen. (...) Das Vertrauen und die Möglichkeit des Verrats kommen zur selben Zeit in die Welt. Sobald in einer Beziehung Vertrauen entsteht, wird das Risiko des Verrats zu einer realen Möglichkeit. Der Verrat ist eine ständige Möglichkeit des Lebens und gehört zum Vertrauen, wie der Zweifel zu einem lebendigen Glauben gehört. Paradoxerweise gibt es ohne den Verrat für das Selbst weder Individuierung noch Erlösung. „Die Schmach muss kommen", spricht die Bibel (Mt 18:7; Lk 24:26). Wir müssen Eden verlassen, um zu einer wirklichen Menschlichkeit zu gelangen. Durch ein Leben von Treue und Versprechen, aber auch von Verrat, Schuld und Vergebung verwirklichen wir uns und werden zu erwachten Menschen. Doch die Gefahr, verraten zu werden und unser Vertrauen zu verlieren, kann uns auch verschließen und stattdessen zu Rachegedanken, Verleugnung, Zynismus, Selbstverrat und paranoiden Verteidigungsstrategien führen. (...) Wenn eine solche Erfahrung integriert wird, kann das zur Vergebung führen, entweder Vergebung durch die Person, die betrogen wurde, oder durch die Reue des Betrügers. Vergebung kann in Versöhnung enden – nicht unbedingt nur miteinander, sondern auch durch jede einzelne beteiligte Person. Jede Phase von bitterem Kampf und erlittenem Unglück

> (…) braucht manchmal eine lange Zeit der Treue auch zu den dunklen Seiten unserer Psyche.[73]

Ein Versprechen zu geben und es auch zu halten ist eine Form von Selbst-Verwirklichung. Das Versprechen zeugt von Charakter und Freiheit, mit dem Versprechen gebe ich mein Wort, auch in der Zukunft für die andere Person da zu sein. Dieses Wort bindet und hält mich und bietet auch der anderen Person eine Grundlage, auf die sie sich verlassen kann. Breche ich dieses Versprechen jedoch und verletze damit die Treue zu mir selbst und zu der anderen Person, bleibt mir als Weg zur Heilung nur die Vergebung. Die Vergebung ist ein großmütiges Geschenk der/des anderen, das uns davor befreit, in Versagen und Fatalismus steckenzubleiben. Seijo hätte sich in Ablehnung, Bitterkeit, Hoffnungslosigkeit und Depression einschließen, der Vater sich in Selbstrechtfertigung und Rachsucht verhärten können. In ihrer wechselseitigen Vergebung jedoch offenbart sich die Kraft eines gütigen Mysteriums, die beide von Selbstverteidigung oder Selbsteinschließung befreit.

Der Philosoph Robert Spaemann hat kluge und wichtige Gedanken über Versprechen, Schuld und Vergebung entwickelt:

> Persönlich mit Schuld – und nicht nur mit Fehlbarkeit – konfrontiert zu sein heißt, sie loswerden zu wollen, doch das geht nur mithilfe von anderen. Halten wir an der eigenen Schuld fest, bleiben wir, ebenso wie beim Versuch, sich selbst zu entschuldigen, in einem Kreislauf der Selbsterhaltung stecken, in einem „So bin ich eben". Wenn aber eine Person die andere in einem „So bist du eben" festhält, bleibt der Weg zur Freiheit versperrt, denn die schuldige Partei ist von der Vergebung der anderen abhängig. Diese Abhängigkeit überhaupt zu entdecken ist der erste Schritt der Rückkehr zur Wahrheit. Er tritt an die Stelle der Selbstanklage einer Person, die zu sich selbst sagt: „Das kann ich mir nicht vergeben." In diesem Satz steckt die gleiche Selbstüberschätzung wie in der Handlung, die man sich nicht vergeben kann. Natürlich kann

niemand sich selbst vergeben. Wir können nur zulassen, dass uns vergeben *wird* – und die Vergebung annehmen. Daraus entsteht die Dankbarkeit.[74]

Ein gebrochenes Herz

Die koreanische Sprache bezeichnet Erleuchtung mit dem Begriff *kkaech'i*, was auch „Gebrochenheit" bedeutet. Im koreanischen Begriff steckt auch so etwas wie „brechen" oder „zerbrechen", Bruch, Durchbruch oder Gebrochenheit. Was aufbrechen und zerbrechen muss, ist letztlich die Grundstruktur unserer dualistischen Denkweise mit der Fixierung auf ein Ego.[75] Was in der Koan-Geschichte zerbrechen muss, sind Seijos unschuldige Träume einer paradiesischen Einheit, auch ihr Urvertrauen. Erst danach kann Seijo zu einer nicht-dualistischen Liebe erwachen, die sich ausdrückt durch Vergebung und Versöhnung. Dabei handelt es sich nicht um eine normale Liebe, sondern um eine Liebe, die in gewisser Weise *contra naturam*, gegen die Natur, oder besser, über die Natur *hinaus* gerichtet ist.

Seijo – das bist du selbst! Zerbrich deinen selbstzentrierten Herz-Geist und wach auf zu einer unbedingten Liebe und Treue zu dir selbst und zu anderen, auch inmitten von Tragödien, Versagen und Verrat. Eine solche Liebe ist jenseits von Gut und Böse. Sie ist wie ein großes „Amen", ein unbedingtes JA zu dir selbst, zu anderen und zur Welt. Sie ist ein Erwachen zur Leerheit eines gütigen Mysteriums und der Herzgrund deines eigenen Selbst.

Sag mir: Wer ist die *wahre* Seijo? Wer bist du wirklich? Und woran wirst du erkennen, ob du zu deinem wahren Selbst erwacht bist?

7. Wie lautet dein Name?

ENGOS EINFÜHRUNG

Den Nordstern verschieben,
Die Erdachse aus den Angeln heben,
Tiger und Nashörner einfangen
und zwischen Schlangen und Drachen unterscheiden:
Wer das alles kann, muss ein außergewöhnlicher Mensch sein.
Jedem Wort kann er entsprechen, jeder Handlung die Stirn bieten.
Doch gab es je einen Menschen dieser Art?
Ich stelle euch das folgende Beispiel vor. Schaut her!

DER FALL

Kyôzan fragte Sanshô: „Wie ist dein Name?"
Sanshô sagte: „Ejaku."
Darauf Kyôzan: „Ejaku – das ist doch mein Name!"
Sanshô erwiderte: „Dann ist mein Name Enen."
Kyôzan brach in schallendes Gelächter aus.

SETCHÔS VERS

Beides einsammeln – beides freilassen: Was ist die Basis?
Einen Tiger zu reiten verlangt höchste Kunstfertigkeit.
Wird das Gelächter gestoppt – wer weiß, wo es hinging?
Trauriger Wind kommt auf, tausend Jahre lang.

(Hekiganroku, Fall 68)[76]

Kyôzan Ejaku (*Yang-shan Hui-chi*) war ein großer chinesischer Zen-Meister, der im 9. Jahrhundert lebte. Er hatte bei Meister Isan Reiyu (*Kuei-shan Ling-yu*) Zen studiert. Bereits im Alter von fünfzehn Jahren wollte Kyôzan Mönch werden. Als seine Eltern ihm ihre Zustimmung verweigerten, schnitt er sich zwei Finger ab, sodass sie ihn schließlich gehen ließen. Kyôzan suchte mehrere Zen-Meister auf und erfuhr sein erstes Erwachen unter Tangen Oshin (Tan-yuan Ying-chen). Unter dessen Führung erlernte er auch die geheimen 97 Kreis-Symbole, die damals in der Zen-Ausbildung eingesetzt wurden. Kyôzan ließ sich schließlich zusammen mit Isan nieder und erlebte unter dessen Führung seinen großen Durchbruch. Isan und Kyôzan gelten beide als Mitbegründer der Igyo-Zen-Schule.

Sanshô Enen (*San-sheng Hui-jan*) lebte ebenfalls im 9. Jahrhundert, war aber jünger als Kyôzan und Student bei Meister Rinzai (*Lin-chi-tsung*). Sanshô sammelte später alle Reden und Taten seines Meisters und veröffentlichte sie im Rinzairoku. In dieser Sammlung berichtet eine Geschichte, wie Meister Rinzai sein Dharma an Sanshô weitergab:

> Als Rinzai im Sterben lag, vertraute er Sanshô sein Dharma an und sprach: „Wenn ich gestorben bin, zerstöre meinen Schatz des wahren Dharma-Auges nicht." Sanshô antwortete: „Wie könnte ich es wagen, deinen Schatz des wahren Dharma-Auges zu zerstören?" Rinzai erwiderte: „Wenn dich jemand danach fragt, wie wirst du antworten?" Sofort schrie Sanshô: „Katsu!" Da sprach Rinzai: „Wer hätte je geglaubt, dass mein Schatz des wahren Dharma-Auges von diesem blinden Affen zerstört werden würde?"[77]

Nach Rinzais Tod wanderte Sanshô weiter und suchte verschiedene Zen-Meister auf. Er traf auf berühmte Meister wie Seppô, Kyogen und Kyôzan, mit denen er einen regen Austausch pflegte. Der Vorfall, von dem das Koan berichtet, handelt von eben diesem Kyôzan, dem Studenten von Meister Isan.

Sanshô kennt Kyôzan persönlich und weiß auch, dass er Dharma-Erbe von Meister Rinzai ist. Trotzdem eröffnet Kyôzan das Gespräch mit der Frage nach dem Namen. Will er Sanshô vielleicht herausfordern, damit dieser ihm seine Zen-Realisierung offenbart? Wie sein Meister Rinzai ist Sanshô für seinen kämpferischen Geist bekannt. Daher interpretieren die Kommentatoren dieses Koans, darunter der berühmte Engo, den Austausch unter Aspekten von Konkurrenz und Wettstreit. Auch das Koan selbst scheint diesen Geist auszustrahlen. Diese Interpretation ist sicher nicht falsch, doch man kann das Koan auch anders deuten, ohne die ursprüngliche Auslegung zu bestreiten. Interpretiert man es nur als Wettstreit, dann geht es darum, dass Kyôzan, als er nach Sanshôs Namen fragt, die Anerkennung seiner personalen Identität negiert. Als Sanshô sich daraufhin mit Kyôzans Namen vorstellt, nimmt er Kyôzan ebenfalls Namen und Identität weg und demonstriert damit seine Überlegenheit. Kyôzan beendet schließlich das Spiel, indem er Sanshô bittet, ihn sein zu lassen als der, der er ist. Auch er selbst lässt Sanshô nun gelten. Das Ganze ist zwar ein Dharma-Gefecht, doch gleichzeitig ist es auch ein Spiel zwischen zwei Männern, das in freundschaftlichem Gelächter endet.

Ich bin du

Neben dieser Deutung gibt es eine tiefere, die eine Vision lebensspendender Liebe enthüllt. Kyôzans Frage nach Sanshôs Namen ist eine Zen-Frage: Kyôzan fragt nach der wahren Identität Sanshôs. Er fragt: „Wer bist du letztendlich, jenseits von Namen und Formen?" Als Sanshô mit „Ich bin Kyôzan" antwortet, sagt er damit: „Ich bin DU." Damit hat er sich von seiner eigenen phänomenalen Identität gelöst und Kyôzans Identität angenommen, was an eine alte, dem Sufi-Mystiker Rumi zugeschriebene Geschichte erinnert:

> Der Liebhaber klopft an die Tür der Geliebten. Von innen fragt die Stimme: „Wer ist da?" Der Liebhaber antwortet: „Ich bin der Soundso." Doch die Geliebte erwidert: „Ich kenne

> dich nicht, geh weg!“ Beim zweiten Mal wiederholt sich das Geschehen. Beim dritten Mal aber ruft der Liebhaber auf die Frage, wer da ist: „Ich bin du!“ Und endlich erhält er die Antwort: „Sei willkommen und tritt ein!“

Das ist wirkliche Liebe. Erst wenn unser eigenes Selbst leer und „abgestorben“ ist, sind wir ganz offen und können gewissermaßen zu unserem Gegenüber werden. Dann steht die andere Person im Zentrum unseres Interesses, unserer Zuwendung und Sorge, und wir leben nicht mehr nur für uns allein, sondern für und in anderen. Sanshô verliert sich im Angesicht von Kyôzan, und er erkennt sich in Kyôzan wieder. Das ist eine intentionale Identität.

Beim Erwachen erkennen wir, dass unsere Selbstheit „leer“, eine grenzenlose Offenheit hin zu anderen und zur Welt ist, wie in dem Gedicht von Thich Nhat Hanh „Bitte nenne mich bei meinen wahren Namen“[78]. Darin wird der Dichter nicht nur zum Frosch, sondern zugleich auch zur Schlange, die den Frosch verschlingt. Er ist nicht nur der Schmetterling, sondern auch der Vogel, der den Schmetterling aufpickt, nicht nur das hungernde Kind in Uganda, sondern auch der Waffenhändler, der Kindermördern Waffen verkauft, nicht nur das Mädchen, das brutal vergewaltigt wird und sich ins Meer stürzt, sondern auch der Seeräuber, der ihren Tod verschuldet. Das Gedicht endet mit den Zeilen:

> Bitte nenne mich bei meinen wahren Namen,
> damit ich all mein Weinen und Lachen
> zugleich hören kann,
> damit ich sehe,
> dass meine Freude und mein Schmerz eins sind.
> Bitte nenne mich bei meinem wahren Namen,
> damit ich erwache,
> damit das Tor meines Herzens
> von nun an offen steht –
> das Tor des Mitgefühls.

Eine Stimme für die Welt

Leerheit bedeutet, dass unser Selbst ein *Nicht-Selbst* ist, und das bedeutet, dass die anderen unser Selbst sind. Das ist eine Erkenntnis, die wir tagtäglich im Umgang mit konkreten und lebendigen Personen verwirklichen müssen. In diesem Austausch müssen wir anderen mit unserem ganzen Herzen zuhören und sie mit ihrer eigenen Stimme und auf ihre eigene Weise sprechen lassen. Nur dann lassen wir andere *sein*, nehmen sie in ihrem So-Sein, ihrem *Anders*-Sein an. Das ist ein Prozess, der nicht nur uns selbst, sondern auch die anderen verwandelt. Indem wir uns so wechselseitig in unserem individuellen Selbst bestätigen, fordern wir uns zugleich heraus und transformieren uns. Es genügt allerdings nicht, über solche Erkenntnisse nachzugrübeln oder sie nur abstrakt zu verstehen, wir müssen sie konkret verwirklichen und auf die Welt beziehen, vor allem aber im Hinblick auf die ausgegrenzten Menschen, die an den Rändern und im Schatten der jeweiligen Gesellschaft leben. Wir müssen versuchen, die Stimmen dieser „anderen" zu hören, ihre Sorgen und Lasten nicht nur wahrzunehmen, sondern auch auszudrücken, damit die Stimmlosen endlich eine Stimme bekommen, damit Diskriminierte und Ausgegrenzte, wie zum Beispiel Frauen, Schwarze, Kinder, Arme, Flüchtlinge und Migranten, in unserem Herz-Geist ein Zuhause finden können. Darin besteht tätiges Mitgefühl, und das gilt nicht allein für menschliche Wesen. Erwachen heißt auch, seine Stimme zu erheben für Tiere und Pflanzen, sogar für das Gras, für die Steine und den Erdboden, für die Berge, die Flüsse und die Wälder. Lass alles, was existiert, zur Existenz kommen und sein eigenes Sein ausdrücken. Selbstverständlich ist es nicht falsch, andere Menschen auch praktisch zu unterstützen und ihr Wachstum zu fördern. Heidegger hat die Menschen einmal als „Hirten des Seins" bezeichnet, und Dogen sagte Ähnliches:

Den Buddha-Weg zu gehen heißt, den Geist zu erforschen. Den Geist zu erforschen heißt, den Geist zu vergessen. Den Geist zu vergessen heißt, durch Myriaden Dinge erleuchtet zu werden. Ist man durch Myriaden Dinge erleuchtet, entfallen eigener Körper und Geist und auch Körper und Geist der anderen. Keine Spur der Erleuchtung verbleibt, und diese Nicht-Spur läuft unendlich weiter.[79]

Hinübergehen und zurückkommen

Im ersten Teil des Koans macht Sanshô sich leer und Kyôzan wird zu Sanshôs wahrem Selbst. Dann behauptet Kyôzan sein eigenes personales Selbst und seine eigene Stimme: „Kyôzan, das ist *mein* Name." Schließlich bestätigt auch Sanshô sein eigenes personales Selbst und seinen Namen. Es geht nicht nur darum, andere anders sein zu lassen, wir müssen auch unser eigenes Selbst bestätigen und bejahen, denn nur wer eine eigene stabile Identität gefunden hat, kann auch offen für andere sein. Kyôzan und Sanshô fühlen sich ihrer Identität sicher, daher können sie frei geben oder nehmen, festhalten oder loslassen. Ihre Identität ist gefestigt und stabil, doch nicht verschlossen oder gar abgeschottet, sondern offen für eine wechselseitige Verwandlung. Diese Öffnung hin zum anderen spielt sich in der intentionalen Dimension des Bewusstseins und der Imagination ab. Darin bewegen wir uns gleichzeitig in zwei Dimensionen: in der Sicherheit der eigenen Identität und Selbstheit und auch im selbst- und rückhaltlosen Übergang in Andersheit. Wir gehen in den/die andere/n über und kommen zurück in unser eigenes Zuhause. Dazu gehört auch, dass wir andere Menschen fordern, sie zu Wahrhaftigkeit und Gerechtigkeit herausfordern. Es ist wie ein Paradox: Je individueller und einzigartiger wir sind, desto mehr können wir uns für andere öffnen. Je freier wir selbst sind, umso hingebungsvoller und mitfühlender können wir gegenüber anderen sein.

In der Geschichte über Kyôzan und Sanshô behauptet schließlich jeder seine personale Identität, und beide ziehen sie wieder ihrer Wege. Die letzte Zeile in Setchôs Vers lautet: „Trauriger Wind kommt auf, tausend Jahre lang." Zurück bleibt die Traurigkeit, dass diese Begegnung niemals ganz zu Einheit oder Verschmelzung führen kann. Wir werden niemals vollständig zu unserem Gegenüber, wir bleiben einzeln und getrennt, doch vermittels der Vorstellungskraft können wir in andere hinübergehen und zu unserem eigenen Selbst zurückkommen. Sind wir dazu nicht fähig, stecken wir in unserem Ego fest, finden wir nicht mehr zurück, haben wir uns in einer Psychose verloren.

Selbstlose Gelassenheit

Eine gefestigte Selbstidentität ist wichtig, um dauerhaft Frieden und Lebensfreude zu finden. In der Beziehung mit anderen sind wir oft konfrontiert mit schwierigen Umgangsformen, Psychospielen[80] oder gleichgültigem, manipulativem bis feindseligem Verhalten. Oft spielen wir selbst solche „Spiele", doch wir verfügen gleichzeitig über die Freiheit, unser Verhalten zu ändern. Ist mein Gegenüber verschlossen, gleichgültig, unfreundlich oder feindselig, bin ich umso mehr herausgefordert, meine inneren Ressourcen zu entwickeln, wie zum Beispiel meine Stärke, mein Gefühl für Sinn und Wert und meinen Frieden. Es ist wichtig, dass wir lernen, mit Kritik und Zurückweisung, mit Ablehnung und Widerstand konstruktiv umzugehen, denn wenn es uns gelingt, Sicherheit und Frieden in uns selbst zu finden, können wir, statt einfach nur auf andere zu reagieren, mitfühlend, verständnisvoll und tolerant agieren. Auf diese Weise findet möglicherweise auch die Person, die uns angegriffen hat, zu Friedfertigkeit zurück. Natürlich sind manche Menschen, z. B. bei einer psychopathischen Grundstruktur, auf diesem Weg nicht zu erreichen. Nach solchen schwierigen Situationen fragt ein Koan: „Wie wirst du reagieren, wenn der Teufel in einem Wagen aus der Hölle kommt und dich einlädt, bei ihm mitzufahren?" Das Böse ist leider real und allzu oft liegt seine Bändigung nicht im Bereich menschlicher Macht. Selbstlose Liebe kann erlösend sein, doch ist es nicht sinnvoll, sich in naiver Weise als Retter oder Messias aufzuspielen. Ein positiver Umgang mit destruktiven Menschen ist wichtig, doch er ist nur unter Wahrung der eigenen Grenzen möglich.

Dem jüdischen Psychiater Viktor Frankl[81] gelang es, sich sogar im Konzentrationslager der Nazis und unter dem Druck von Folter und anderen Qualen einen Rest von Lebenssinn und Frieden zu erhalten. Die jüdische Schriftstellerin Etty Hillesum, die ebenfalls in ein Konzentrationslager verschleppt wurde, brachte trotz ihrer Qualen durch Hunger und Erniedrigung sogar Mitgefühl für die Nazi-Bewacher auf. Hier möchte ich auch Julia de Beausobre erwähnen, eine russische Schriftstellerin, die während der Stalin-Zeit wegen ihres christlichen Glaubens in ein Konzentrationslager verschleppt und dort jahrelang gefoltert wurde. Über ihre Erlebnisse schrieb sie mehrere Bücher.[82] Die intensive Erfahrung des Leidens eröffnete ihr eine ungewöhnlich klarsichtige Perspektive:

> Es gibt einen anderen Weg des Umgangs mit Sadismus, der allerdings sehr schwierig ist, denn er ist in hohem Maße aktiv und fordert von dem Opfer, das diesen Weg geht, eine Ausweitung des Bewusstseins. Dieses ist jedoch untrennbar verbunden mit dem Schmerz jeder bewussten Wahrnehmung. Dieser Weg verlangt eine intensive Bemühung um Einsicht und Verstehen und gleichzeitig die bewusste Teilnahme am allgemeinen wie besonderen Kontext der Handlung: die Einsicht in das ganze Ausmaß deiner gegenwärtigen Situation; die klare Wahrnehmung auch der trivialsten Details um dich herum; den Versuch, so weit wie möglich in den Geist der Männer einzudringen, die das Kreuzverhör inszenieren; und die Einsicht in die Größe und Bedeutung des göttlichen Plans für dieses bestimmte Ereignis der Welt. Das ist extrem schwierig, weil man einerseits ein enorm gesteigertes Mitfühlen braucht, um einen fremden Geist und eine fremde Sichtweise klar wahrzunehmen, während gleichzeitig jeder kleinste Hauch von Empfindsamkeit, jede eigene heftige emotionale Reaktion die eigene Aufmerksamkeit augenblicklich dämpft und vom einzig richtigen Kurs ablenkt, der uns noch bleibt,

was zu nichts anderem führt als zu einem weiteren Schritt in Richtung Hysterie. (…)

Ein derart reines, fast „kristallklares“ Mitfühlen setzt die Intensivierung all unserer mentalen und moralischen Fähigkeiten voraus. Und doch ist es entscheidend, dass diese Intensivierung in vollständiger Selbstlosigkeit geschieht. Ohne Selbstlosigkeit werden viele von uns es nicht schaffen, klar zwischen Selbstmitleid und Zorn auf die Peiniger hindurchzunavigieren, und beides wäre gefühlsbeladen. Ohne Selbstlosigkeit können sie Furcht und Verzweiflung nicht vermeiden, die wiederum Türöffner sind für die heftigsten Gefühle. All das ist äußerst hart. Aber der Punkt ist: Schaffen wir das, dann realisieren wir das Privileg, an nichts Geringerem teilzunehmen als an einem Akt der Erlösung. Und dann erkennen wir, dass wir, wenn auch zufällig und notgedrungen, eine Form der Gelassenheit entwickelt haben, die, wenn es überhaupt etwas gibt, der sadistischen Lust wirksamer standhalten kann, als eine betäubte Empfindungslosigkeit es je könnte. (…)

Die ausgebildeten Meister der Psychologie, die dich in ihrem Griff haben, tun alles, was sie können, um dich zu zerbrechen. Eins ihrer erklärten Ziele ist die „Umerziehung“ ihrer Opfer während der Haftzeit. Um das zu erreichen, zerstören sie – schlimmer noch als die Foltermethoden des dritten Grades, denen wir ebenfalls unterworfen sind – Schritt für Schritt alle deine früheren Prägungen und legen die tiefsten Schichten deines Unterbewusstseins bloß. Dem kann niemand entgehen, dagegen kann man nicht ankämpfen. Und deshalb ist es überlebenswichtig zu fühlen und zu wissen, dass immer etwas in dir ist und da sein wird, jenseits aller möglichen Zweifel und ungeachtet aller Mittel der Peiniger, das wie auf einem Felsen gegründet ist. Das ist der Kern deiner Persönlichkeit, und er ist eins mit dem Felsen, auf dem er sich gründet. Indem du beides bist, sowohl du selbst als auch der

Felsen, und indem du niemals außerhalb davon bist, kannst du nicht entwurzelt werden. Und für ein Geschöpf der Ewigkeit gilt: je mehr es entblößt wird, umso strahlender leuchtet es. Die Resonanz dieser inneren Kraft ist bei Gefolterten sehr unterschiedlich. Sie hängt davon ab, ob sie sich als arme, einsame, tapfere Leidensgestalten sehen oder als Angehörige des mystischen Körpers Christi. Nur die Letzteren haben eine Chance durchzukommen, ohne dem Hass zu erliegen.[83]

8. Zen – der Weg nach Hause

Kaiser Wu von Liang fragte Bodhidharma: „Wer bist du, der du hier vor mir stehst?“ Bodhidharma gab zur Antwort: „Ich weiß es nicht.“[84]

Wer bist du? Oder besser: Was ist das „Ich“? Diese existenzielle Frage ist der Ausgangspunkt der spirituellen Reise. Es handelt sich um eine subjektive, sehr persönliche Frage und Suche, doch die objektive Seite lässt sich nicht ganz ausklammern. Das Selbst bzw. das „Ich“ ist ein Paradox aus Widersprüchen und Gegensätzen. Darin treffen Körper und Geist, Einzigartigkeit und Vielfalt, Unabhängigkeit und Bezogenheit, Zeit und Ewigkeit, Endlichkeit und Unendlichkeit auf. Viele spirituelle Strömungen befassen sich nur mit einem Aspekt und vernachlässigen alle übrigen. Manche Suchende bleiben eher an der Oberfläche, geben sich mit einfachen postmodernen Botschaften à la „Ich bin o.k., du bist o.k.“ zufrieden und wenden sich tieferen Fragestellungen gar nicht erst zu. Wiederum andere vertiefen sich in Theorien und Dogmen aller Art, seien sie nun religiöser oder areligiöser Natur. Manche tauschen auch die Suche nach Spiritualität einfach ein gegen die neusten wissenschaftlichen Moden auf dem Feld der Neurowissenschaften, der Psychologie, Technologie, Astrologie, der Evolutionstheorie und was es sonst so gibt.

Der Buddhismus betrachtet unsere Existenz als vorübergehend, flüchtig und endlich. Zudem sind wir Menschen nicht nur zeitlich

begrenzt, sondern unvollkommen und permanent mit Fehlern, Krankheiten, Leiden und unausweichlich mit dem Tod konfrontiert. Das sind objektive Realitäten, doch als Menschen werden wir uns ihrer subjektiv bewusst, wir grübeln über sie nach und erkennen in ihnen die Grundbedingung unseres Daseins. Die Konfrontation mit der absoluten Grenze des Todes, mit dem drohenden Sturz in den Abgrund, mit Dunkelheit und Nicht-Existenz, mit dem totalen Nichts machen die spezifische Angst und den Schrecken der menschlichen Existenz aus. Wahrhaftig leben – das würde bedeuten, auch angesichts von Schrecken und Tod ein erfülltes Leben zu führen, doch für die meisten Menschen ist das offenbar überfordernd. Wir haben die Tendenz, uns so lange vor dem Schreckgespenst des unerbittlichen Schnitters zu verbergen, wie es irgend geht. Wir lenken uns ab mit weltlichen Anliegen und Sorgen, mit Anschaffungen, Vergnügungen, Prestige und Macht oder wir errichten Denkmäler und Monumente, um unserem Selbst wenigstens eine virtuelle Dauer zu verleihen.

Die Technologie ist inzwischen zu einem Ersatzprojekt für Unsterblichkeit geworden. Moderne digitale Technologien bringen Zeit und Raum mehr und mehr zum Verschwinden, indem wir zum Beispiel von jedem beliebigen Ort aus ohne Zeitverzögerung bis in den letzten Winkel dieser Erde kommunizieren können. Die Grenze zwischen der Vergangenheit und einer Zukunft, die in Form von Befürchtungen, Ängsten und Hoffnungen allgegenwärtig und omnipräsent geworden ist, verschwimmt zunehmend. Wir leben unser Leben in einer Welt der Repräsentationen und Phantasien und sind permanent damit beschäftigt, eine fiktionale Identität unserer selbst zu erzeugen. Diese Art der Existenz ist verführerisch, aber auch zerbrechlich, illusionär und gefährlich, denn sie wird nur durch ein komplexes, fragiles und flüchtiges Netz in Gang gehalten. Zwar halten wir uns für die Meister der Technologie, doch tatsächlich sind wir nur Sklaven unserer eigenen Schöpfungen. Wie um den Beweis für die buddhistische Analyse des Selbst als Impermanenz (*anicca*) und Nicht-Selbst (*anatta*) zu erbringen, entwickeln wir uns durch moderne Technologien zu Chimären und Fiktionen, die ihre reale Existenz und Identität einer technologischen Vision opfern. Das wirkliche Leben wird zu einem dumpfen Traum ohne Substanz und Bestand.

Technologie an sich ist natürlich nichts Schlechtes, vor allem lässt sie sich nicht umgehen. Sie ist notwendig, um unsere Gesundheit zu erhalten, unser Leben zu verlängern und um die Natur und ökologische Kreisläufe zu schützen und zu regenerieren. Doch es wäre gut, wenn wir unseren technologischen Aktivismus etwas zurückfahren und uns wieder mehr auf unsere Menschlichkeit zurückbesinnen würden. Statt uns in Träume von Allmacht und Unsterblichkeit zu flüchten oder uns Resignation, Mutlosigkeit oder Verzweiflung hinzugeben, sollten wir lernen, unsere menschliche Bedingtheit in Gestalt von Endlichkeit und Sterblichkeit, Abhängigkeit und Bedürftigkeit, Unperfektheit und Bösartigkeit zu akzeptieren. Am wichtigsten ist dabei die Erkenntnis, dass der Sinn des Lebens *Liebe* ist. Die Liebe ist todlos, selbst angesichts des Todes bestätigt sie das unendliche Leben. Diese Todlosigkeit der Liebe finden wir in unserem eigenen Herz-Geist. Ein alter Vers über Zen besagt:

> Eine besondere Übertragung außerhalb des Schrifttums,
> ohne Abhängigkeit von Worten und Buchstaben,
> direkt auf den menschlichen Herz-Geist hinweisen,
> die eigene Natur erkennen und Buddhaschaft erreichen.

„Direkt auf den menschlichen Herz-Geist hinweisen" – damit ist gemeint: In unserem Herz-Geist finden wir weder Geburt noch Tod, wir können uns einfach nicht vorstellen, nicht zu existieren. Natürlich kann man sich eine Geburt oder einen Tod vor Augen führen oder darüber nachgrübeln, doch die Instanz, die sich das vorstellt, ist weder geboren, noch kann sie verschwinden. Unsere Selbstheit ist immerzu gegenwärtig, als Da-Sein und Handeln, als ursprüngliche, uranfängliche Präsenz. Sie lässt alle Formen des

Seins, die „zahllosen Wesen" erscheinen wie das Licht, das alle Dinge beleuchtet, selbst aber nicht als „Ding" wahrgenommen werden kann. Die Grundlage unserer Selbstheit lässt sich nirgends verorten, weder im Innen noch im Außen. Sie befindet sich nirgendwo und bringt doch gleichzeitig alles zum Vorschein, macht es offenbar. Sie ist überall und kann doch niemals verobjektiviert werden. Sie ist eine Art des Kennens und Wissens, das sich jenseits unseres sprachlichen und begrifflichen Fassungsvermögens befindet (vgl. dazu Wolfgang Fasching[85]).

Kyôzan kam zum Erwachen, als er diesen göttlichen Funken in sich selbst erkannte. Auf seine Frage an Meister Isan, wo der dauerhafte Platz des wahren Buddhas zu finden sei, erhielt er zur Antwort: „Durch unaussprechliche Subtilität und durch Denken-ohne-zu-Denken wende deine Aufmerksamkeit nach innen und meditiere über die unendliche Kraft des göttlichen Funkens. Wenn dein Denken nicht mehr weiterkommt, kehrt es zu seiner Quelle zurück, wo Natur und Form ewig bestehen, wo die konkrete Erscheinung (*phenomenon*) und die abstrakte Idee (*noumenon*) nicht zwei, sondern eins sind. Hier, in dieser Soheit, verweilt beständig der wahre Buddha."

Als Kaiser Wu von Liang Bodhidharma fragte: „Wer ist das, der da vor mir steht?", sagte Bodhidharma: „Ich weiß es nicht."[86] Ein Gedicht von Meister Keizan im Denkoroku, das er für den 47. Patriarchen schrieb, weist wunderbar auf dieses Mysterium hin:

Die eisige Quelle des strömenden Flusses –
niemand kann sie ergründen.
Vorübergehende können ihre Tiefe niemals durchdringen.[87]

Das Selbst ist ein unergründliches und unbegreifliches Mysterium und keine wie auch immer geartete Lehre hat darin Bestand. Auf die Frage des Kaisers: „Was ist der wichtigste Grundsatz der Heiligen Lehre?", antwortet Bodhidharma: „Leere Weite, nichts von heilig." Ähnlich das Gedicht des Zen-Meisters Mumon (chin. *Wu-men*)[88], das er schrieb, als er seinen Tod nahen fühlte:

> In der Leere gibt es keine Geburt, in der Leere gibt es keinen Tod. Verwirklicht man die Leere, ist man nicht verschieden von der Leere.

Leere ist ein Geheimnis, das Geheimnis des Selbst. Unser Selbst ist leer und tief wie unser Herz-Geist. Der Begriff der Leerheit hat viele Ebenen und Bedeutungen; hier verweist er auf die Vertrautheit mit dem eigenen Herz-Geist:

> Der 42. Patriarch war der Priester Liangshan. Er studierte unter Tongan dem Jüngeren und diente ihm. Eines Tages fragte Tongan: „Was ist das für eine Sache unter der Flickenrobe?“ Der Meister fand keine Antwort. Tongan sagte: „Die Buddha-Lehre zu studieren und trotzdem an diesen Bereich nicht heranzukommen muss sehr schmerzlich sein. Nun darfst du mich befragen.“ Der Meister fragte: „Was ist für eine Sache unter der Flickenrobe?“ Togan antwortete: „Ganz vertraut.“ Der Meister kam zu einem großen Erwachen.[89]

Was ist Liebe?

> „Was ist Liebe?“, fragte ein Schüler Seung Sahn Soen-sa.
>
> Soen-sa sagte: „Ich frage dich: Was ist Liebe?“
>
> Der Schüler blieb stumm.
>
> Soen-sa sagte: „Das ist Liebe.“
>
> Der Schüler schwieg noch immer.
>
> Soen-sa sagte: „Du fragst mich, ich frage dich. Das ist Liebe.“

Zen ist dialogisch und relational, ein Geschehen in Beziehung. Der Philosoph Kierkegaard verweist darauf, dass der Kern unseres Selbst eine Beziehung, ein Verhältnis ist:

> Der Mensch ist Geist. Aber was ist Geist? Geist ist das Selbst. Aber was ist das Selbst? Das Selbst ist ein Verhältnis, das sich zu sich selbst verhält, oder ist das am Verhältnis, dass

> das Verhältnis sich zu sich selbst verhält; das Selbst ist nicht das Verhältnis, sondern dass das Verhältnis sich zu sich selbst verhält.[90]

Das Selbst ist keine individuelle und unabhängige Substanz, sondern, wie Kierkegaard es ausdrückt, ein „Verhältnis, das sich zu sich selbst verhält", eine Beziehung, die sich auf ihre eigene Natur bezieht, vor allem aber eine Beziehung, die sich auf Andersheit bezieht. Das Selbst ist ein Geheimnis, das gleichermaßen die anderen wie die Welt umfasst. Aber auch diese anderen sind ein Geheimnis. Dieses Geheimnis ist eine transzendente, alles überschreitende Liebe, die keinen Tod kennt.

Auf der ersten Stufe des Erwachens realisiert das Selbst seinen eigenen Herz-Geist als Mysterium der Leere jenseits von Raum und Zeit, Geburt und Tod. Dieses Erwachen zur Erkenntnis der Leere als dem eigenen Herz-Geist ist die Erkenntnis von Nicht-Dualität. In einem Gedicht von Tozan Ryokai[91] heißt es:

> Such es nicht anderswo
> oder es wird vor dir weglaufen!
> Nun, da ich ganz allein meiner Wege gehe,
> treffe ich es überall.
> Es ist gerade jetzt das, was ich bin.
> Ich bin gerade jetzt nicht das, was es ist.
> Nur wenn du es so verstehst,
> gibt es eine wahre Einheit mit der Soheit.

Leere ist identisch mit dem Selbst, doch das Selbst ist nicht identisch mit der Leere – so drückt es Zen-Meister Ryokai im Juwelenspiegel-Samadhi aus. Das Selbst findet seine Identität nur in Bezug auf ein (menschliches) Gegenüber. Das ist eine geheimnisvolle Beziehung der Nicht-Dualität, in der die eigene Identität nur im Hinblick auf ihre Andersheit existiert, in der die anderen zugleich nicht-andere sind: *Wir sind uranfängliches Mit-Sein.* Das erinnert an die christliche

Dreifaltigkeit, *circum-insessio* oder *perichoresis*, eine Beziehung der Koinhärenz[92], des wechselseitigen Einander-Innewohnens.

> Siebzehnter Zen-Patriarch war Sanghanandi. Eines Tages sprach der Ehrwürdige Rahula in Versform zu ihm:
>
> „Weil ich ohne Selbst bin,
>
> solltest du das Selbst erkennen.
>
> Wenn du mich als Meister annimmst,
>
> verstehst du, dass das Selbst nicht das Selbst ist."
>
> Als Sanghanandi das hörte, öffnete sich sein Geist und er fand Befreiung.[93]

Dieser Zusammenhang ist uns angeboren, er wohnt uns inne, doch wir müssen ihn ganz konkret im Leben verwirklichen. Unsere personale Identität entwickelt sich nur in einer phänomenalen Beziehung von *Ich-Du* bzw. *Ich-Wir*. Durch die Zuwendung und die Antwort der anderen und der Welt werden wir erst zu dem, was wir sind. Das ist die Essenz fast aller Zen-Dialoge zwischen Meister/in und Schüler/in und auch der Inhalt solcher Begriffe wie Vertrauen, Versprechen, Treue, Vergebung, Versöhnung, auch von Verrat. In meinem Buch *„The Zen-Way"* schrieb ich einmal: „Der Psychotherapeut R. H. Hopcke ist der Meinung, dass das Gefühl der Reue den Grad der menschlichen Reife anzeigt und das Gefühl der Schuld der Beginn von Verantwortlichkeit ist. Wie wollen wir im Zen mit solchen Dingen umgehen, auch zum Beispiel mit Konflikt, Verrat, Verlust und Kummer? Es hat keinen Sinn, das einfach auszublenden, weil es ‚nur' zum praktischen Leben gehört oder als illusionär gilt. Leben findet im Raum von Beziehungen statt, und alles Geschehen in diesem Raum ist eine Frage der Moral des Herzens, die sich von der Vorstellungskraft nährt. Unsere Vorstellungskraft, unsere narrative und symbolische Energie, die Vielfalt unserer Leidenschaften und Gefühle, aber auch die Möglichkeit der Erkenntnis, des Urteils, der Bewertung und der Wahl – all das formiert und transformiert sich durch das Dasein und den Anruf des Anderen, durch das Selbst und die Welt.“[94]

Unser Selbst ist ein verkörpertes Selbst, es hat eine Natur oder genauer: Es gehört zur Natur des Selbst, eine Natur zu haben. Diese Natur verändert sich, doch das Selbst verändert sich nicht. Die Natur des Selbst besteht aus Körper, Geist und Psyche, doch das Selbst an sich ist keine Natur, sondern reines Handeln. Das Selbst als Handlung ist eine unendliche Matrix von Möglichkeiten, die zu Tatsachen werden können, doch an sich ist es reines Tun, ein Handeln als Beziehung und *in* Beziehung. Darin ist das Selbst *eins* und *nicht-eins* mit dem anderen.

Die Welt ist unsere Medizin

Im Hinblick auf Andersheit ist das Selbst eins und nicht-eins, doch der Herz-Geist ist Leerheit, eine grenzenlose Offenheit gegenüber der Welt und den anderen. In gewisser Hinsicht *ist* das Selbst die Welt, und die Welt ist das Selbst.[95] Doch nur wenn wir jedes einzelne individuelle menschliche Wesen begrüßen und wertschätzen, können wir auch die Natur als Ganzes, die Tiere, jede Form des Seins würdigen.

> Menschen sollten an ihrer Stellung im Zentrum festhalten, denn sie sind die unvergleichlichsten Wesen, die die Erde je hervorgebracht hat. Und doch sind sie nicht ganz ohnegleichen. Obwohl vom Körperbau her klein, sogar im Vergleich mit kleineren Lebewesen, ist das einzigartige menschliche Wesen das fragile Zentrum und der Träger jedweder Bedeutung, die bislang existiert hat. (…) Die wachsende Integration der Schöpfung bezieht sich in konzentrischen Kreisen auf das Zentrum einer Sphäre, die die stufenweise Evolutionsgeschichte aller Geschöpfe einschließt und zugleich auch alle bisherigen Stufen des Lebens verkörpert. Schließlich, im eigentlichen Zentrum, finden wir die Krönung und auch Bedrohung dieses gesamten Prozesses. Andere Lebewesen der Erde haben eine Natur. Sie werden mit wohlgeformten

> Gliedmaßen geboren, sie reifen, sie sterben. Die menschliche Natur dagegen reicht über sich selbst hinaus. Sie ist eine Offenheit inmitten der Natur, worin alle Formen der Natur zusammenkommen. Menschen sind nicht in die Natur eingeschlossen wie in eine Schachtel. Menschen sind die Innenseite der Natur, die Vereinigung und Verkörperung aller Naturen.[96]

Das Zitat bezieht sich auf eine intentionale Ebene, auf der das Selbst die Welt und die Welt das Selbst ist. Die Welt ist präsent für das Selbst, das Selbst ist präsent für die Welt. Diese Beziehung ist eine von Koinhärenz, ein wechselseitiges Einander-Innewohnen, das durch die Macht der Imagination konkret erfahrbar wird. Durch die Macht der Vorstellungskraft kann unser Selbst Berge, Bäume, Flüsse und die ganze Erde sein. Doch auch das Böse und die Gewalt sind auf dieser imaginären Ebene erfahrbar, und wir müssen uns damit konfrontieren, ohne uns davon aufsaugen zu lassen. Die Welt ist Medizin für unseren Körper, unseren Geist und unsere Seele.

Unmon sagte zu den versammelten Mönchen: „Medizin und Krankheit helfen sich gegenseitig. Die ganze Erde ist Medizin. Was ist das Selbst?“[97]

Ein erleuchteter Mönch fällt in den Brunnen

Wer wir sind und wie wir uns verhalten, wird konditioniert durch unser Selbstbild (bzw. Selbst-Konzept, Selbst-Schema, Selbst-Bewusstsein oder Selbst-Konstruktion, das alles hängt eng miteinander zusammen). Unser Körperbild, also die Wahrnehmung unseres Körpers bzw. unsere innere Vorstellung von ihm, hat Einfluss auf unser Selbstbild. Unser Selbstbild ist in verschlüsselter Form im Gehirn abgespeichert, dringt aber meist nicht zur bewussten Wahrnehmung vor. Meist sind es unterbewusste Bilder und sogenannte Archetypen, die uns prägen und steuern. Auch bestimmt nicht allein unser Selbstbild, sondern prägen eher neuronale Konditionierungen und kulturelle Prägungsmuster unser Leben. Zwangsläufig sind wir sowohl in Natur als auch in Kultur eingebettet und können dem nicht entkommen. Alle diese Elemente sind aktiv in unserer Psyche, wo sie als Bilder und als Gefühle aufscheinen. Die menschliche Psyche ist eine Seelendimension und kann als eine solche weder manipuliert noch kontrolliert werden. Doch das hat keinesfalls zu bedeuten, dass wir Instinkten und Leidenschaften fatalistisch gehorchen müssten.

„Das Gesetz von Ursache und Wirkung ist nicht einfach auf die Belange der Seele oder der Psyche übertragbar, denn die Seele wird nicht durch Ursachen und Wirkungen bestimmt. Im wissenschaftlichen Rahmen bedeutet Kausalität, dass gleiche Ursachen immer zu gleichen Folgen führen. Ursache und Wirkung regieren zum Beispiel im Bereich von Physiologie und physikalischer Medizin. Eine physische Erkrankung können wir verstehen (und vielleicht auch heilen), sobald wir in der Lage sind, Symptome zu beschreiben, Ursachen zu identifizieren und Prognosen zu kennen. Die jungianische Psychologie dagegen vertritt die Ansicht, dass die endlose Suche nach den Ursachen, verbunden mit dem Glauben, dass wir Krankheiten heilen könnten, sind ihre Ursachen erst einmal gefunden, nichts anderes als eine Sackgasse ist. (…) Jung hat immer auf der *Autonomie der Seele* beharrt. Das heißt mit anderen Worten: Es gibt keine ‚Verursachung' der Seele, weder durch Natur oder Vererbung noch durch Umwelt oder Erziehung. Die Seele ist autonom und unabhängig, und sie kann nicht (oder nur sehr bedingt) mithilfe von Ursache-Wirkungskategorien verstanden werden. Deshalb ist menschliches Verhalten auch nicht prognostizierbar, weder das von Individuen noch dasjenige von Gruppen oder Gesellschaften. (…) Die Psyche ist autonom. Natürlich kann man in der Psychologie die Kausalität nicht ganz ignorieren, doch man sollte sie eher symbolisch im Sinne einer Beziehung oder Verbindung auffassen."[98]

Adolf Guggenbühl-Craig ist der Ansicht, dass Sexualität ebenso wie die Bereitschaft zur Gewalt ein Teil der menschlichen Natur ist, der nicht willentlich kontrolliert oder gar abgestellt werden kann: „Der Umgang mit Gewalt erfordert den Mut zu erkennen, dass wir als menschliche Wesen gewalttätig sind, dass wir zur Gewalt tendieren und nicht ohne Gewalt leben können. (...) Gewalt ist menschlich. Sie gehört zu Männern wie zu Frauen, ist Erwachsenen und Kindern zu eigen und macht nicht einmal Halt vor dem Alter. (...) Um erwachsen zu werden und uns psychisch zu entfalten, müssen wir uns mit dem gesamten Bereich unserer Menschlichkeit auseinandersetzen. Das ist besonders schwierig im Hinblick auf unseren archetypischen Schatten, auf den Mörder und Selbstmörder, der in uns wohnt. Dieser Schatten ist höchst spezifisch menschlich. Ich möchte bemerken, dass, wer nicht Nein zur Schöpfung sagen kann, auch nicht fähig ist, Ja zu sagen. (...) Gewalt ist ein Segen, wenn wir den Mut aufbringen, sie unter dem Vorzeichen von *Eros* einzusetzen. Zur gleichen Zeit müssen wir uns eingestehen, dass die Anwendung von Gewalt einige der tiefsten Schichten unserer Psyche wachruft. Wenn das geschieht, werden wir dem Mörder und dem Selbstmörder begegnen, diesen archetypischen Schatten, denen wir uns stellen müssen. Aus psychologischen und auch aus religiösen Gründen müssen wir das Schreckliche in uns, in der Welt und in Gott wahrnehmen und erfahren, auch wenn wir dieses Erlebnis entsetzlich finden. Dabei können wir aus der Gewalt lernen. Obwohl es schrecklich ist, erhalten wir durch Gewalt in Verbindung mit *Eros* die notwendige Gelegenheit, das Schreckliche zu erfahren.“[99]

Auch unsere Sexualität ist weit entfernt davon, vollständig kontrollierbar zu sein: „Besonders für moderne Menschen ist es schwer zu akzeptieren, dass auf dem Gebiet der Psyche gänzlich unabhängige Kräfte am Werk sind. (...) Im Bereich der Psychologie ist es von zentraler Bedeutung, permanent zu versuchen, psychologische Phänomene, in diesem Fall die Sexualität, zu erfassen und zu verstehen. Genauso wichtig ist es aber, immer wieder zu realisieren, dass alle unsere diesbezüglichen Versuche mehr als unzureichend bleiben. (...) Die Psyche erlaubt es uns einfach nicht, sie endgültig einzufangen und zu verstehen. (…) Wie Sokrates sollten wir in der Lage sein zu sagen: ‚Ich weiß, dass ich nichts weiß.'"[100]

Wir müssen uns der psychischen Kräfte von Sex (*eros*) und Gewalt (*thanatos*) bewusst werden und einen produktiven Umgang mit ihnen erlernen, zum Beispiel durch Symbole, Bilder oder Geschichten. Guggenbühl-Craig unterscheidet in dieser Hinsicht zwischen Moralismus und Moral: „Ich denke, wir sollten klar zwischen Moral und einer moralistischen Attitüde unterscheiden. Moralismus ist eine Fehlentwicklung, eine Karikatur der Moral – für moralistische Ansichten sind wir nie moralisch genug! Moral ist der Versuch, sich von Eros leiten zu lassen und an Leitlinien zu orientieren, die dabei helfen, mehr Gutes als Böses zu tun. Eine moralistische Einstellung oder Verhaltensweise dagegen missbraucht solche Leitlinien. (…) Es wäre gut, wenn wir nur einen einzigen allgemeinen moralischen Standard hätten, der auch für die Sexualität gilt und lautete: *anderen nicht zu schaden und, wenn irgend möglich, auch uns selbst nicht; andere zu lieben oder uns zumindest so zu verhalten, als ob wir sie liebten.* Dann gäbe es keine spezifisch ‚moralische' oder unmoralische Sexualität mehr und auch nicht mehr so etwas wie sexuelle ‚Normalität'."[101]

Ich habe Guggenbühl-Craig so ausführlich zitiert, um darauf hinzuweisen, dass Erleuchtung keineswegs bedeutet, dass man damit auch Meisterin oder Meister seines Leben und seiner Psyche ist. Ein Zen-Koan konstatiert lakonisch: „Ein erleuchteter Mönch fällt in einen Brunnen." Erleuchtung ist keine Garantie dafür, dass man sich von seinen Fehlern oder von seinen Schattenseiten befreit hat. Zwar sollten wir es vermeiden zu moralisieren, doch Moral und Ethik sind grundlegende Dimensionen unseres Lebens, egal ob erleuchtet oder nicht. In diesem Kontext besteht Moral in der verbindlichen Entscheidung, sich konsequent an ethischen Prinzipien zu orientieren. Doch sicher werden wir dabei öfter versagen, und solche Elemente wie Kummer, Reue, Schuld, Vergebung und Versöhnung werden auch weiterhin zentrale Bestandteile unseres Lebens bleiben.

Kein Gestern, kein Morgen, kein Heute

Oft assoziiert man Zen oder auch Zen-Meister/innen mit heroischen Bildern, besonders mit dem Archetyp des Helden, dem *puer aeternus*, dem „ewigen Jüngling". Doch dieser Archetyp umfasst nur eine sehr begrenzte Phase des menschlichen Lebens. Das Leben beinhaltet jedoch erheblich mehr und vor allem völlig andere Phasen und Dimensionen. Geboren werden wir als hilflose, vollständig abhängige kleine Wesen, und auch im Alter werden wir erneut bedürftig und abhängig. Der Dichter Wordsworth besingt unsere Ankunft auf der Erde mit der bekannten Zeile von „Säuglingen, die Wolkenglanz und Glorienschein" mitbringen. Werden wir im Alter langsam immer weniger und weniger, gehen wir wieder zurück in „Wolkenglanz und Glorienschein". Da wir alle voneinander abhängig sind, können Machtlosigkeit und Schwäche im Alter auch eine Chance und ein Geschenk für die anderen darstellen, so wie Basho auf seinem Totenbett einen „Sonnengesicht-Buddha, Mondgesicht-Buddha" verkörperte. Teilhard de Chardin[102] spricht vom Alter als einer „Gnade der Verringerung":

> In jüngeren Jahren dankte ich Gott für das blühende, wachsende Leben. In späteren Jahren, als meine physischen Kräfte immer mehr abnahmen, dankte ich Gott auch für etwas, was ich nun als „Gnade der Verringerung" erkenne.

Diese Gnade der Verringerung zeigt sich mehr und mehr in einem langsamen Lernprozess des Loslassens und Sein-Lassens. Der Alterungsprozess ist eine Übung in Gelassenheit, Selbsthingabe und Selbstakzeptanz, die aus der Erkenntnis erwachsen: „Ich sterbe nicht." Zwar ist unser Selbst nicht von unserem Körper, Gehirn oder Geist getrennt, doch fühlen wir in uns eine Ahnung, dass unser Selbst nicht stirbt, auch wenn der Körper zerfällt. Diese Erkenntnis des „Ich sterbe nicht" beruht auf dem Mysterium von Selbst und Welt, in dem wir gegründet sind. Unser Selbst ist, genauso wie jede andere Form des Lebens, eine Manifestation der Leerheit, unser ursprüngliches Gesicht, so wie Jesus sprach: „Ehe Abraham war, war ICH."

Schauen wir in unseren Herz-Geist, dann finden wir dort weder Raum noch Zeit, weder Geburt noch Tod. Es ist eine Erfahrung der Unendlichkeit jenseits des Todes, darin gibt es „kein Gestern, kein Morgen, kein Heute". Bereits Epikur wies darauf hin, dass wir unseren eigenen Tod nicht erleben, „denn solange wir existieren, ist der Tod nicht da, und wenn der Tod da ist, existieren wir nicht mehr." Höchstens können wir ihn vorhersagen oder uns vorstellen. Allerdings erleben wir ganz konkret, wie geliebte Menschen sterben und verschwinden. Doch die Liebe selbst kennt keinen Tod. Sie ist ein Teil der Unendlichkeit, und es ist unser eigenes Herz, das aus dieser Unendlichkeit heraus liebt, wie Blaise Pascal schrieb: „Das Herz hat seine Gründe, die die Vernunft nicht ermessen kann."

„Ich sterbe – und ich sterbe nicht" heißt es im Zen. Zum Teil „Ich sterbe" habe ich schon einiges gesagt, aber was ist mit dem anderen Teil: „Ich sterbe *nicht*"? Erwachen bedeutet, zu der Dimension von „Ich sterbe nicht" vorzustoßen. Dabei handelt es sich jedoch weder um einen Glauben noch um eine Vorstellung.[103] Es geht nicht darum, dass das Selbst nach dem Tod „auf die andere Seite" übergeht, auch nicht um Wiedergeburt oder Seelenwanderung. Das „Ich" in dem Satz „Ich sterbe nicht" ist *nicht* dasselbe wie in „Ich sterbe" – oder genauer, es ist gleich *und* nicht-gleich. Das Selbst realisiert sich in vielen Dimensionen, es bewegt den Körper, den Geist, das Herz, die Seele und den Kosmos. Die Dimension von Zeit, Körper oder Mentalem könnte man als linear beschreiben, als eine Entfaltung innerhalb von Zeit und Raum mit einem Anfang, einer Mitte und einem Ende. Die spirituelle Dimension hingegen ist trans-zeitlich und trans-räumlich, sie ist das Reich einer Liebe, die den Tod nicht kennt, denn „die Liebe ist stärker als der Tod".

Leben und Tod sind beide ein Teil des *Lebens*; der Tod ist nur das Feuer der Reinigung und Umwandlung. Können wir auch den Tod und die Auslöschung annehmen und bejahen, sind Leben und

Tod durch eine alles überschreitende Gelassenheit und Bejahung miteinander verbunden. Dann erkennen und bejahen wir mit dem Tod zugleich auch die Todlosigkeit, das Leben und die Liebe. Wenn wir zu dieser Form von „Ich sterbe nicht" erwachen, können wir in Ruhe und in Freiheit sterben. Wiederauferstehung ist das Erwachen zu einem unendlichen Leben, nicht einfach die Verlängerung oder Verewigung einer endlichen, individuellen, begrenzten Existenz. Übrigens beschreibt auch das Neue Testament Wiederauferstehung als ein „Erwachen".

Zen bietet für dieses Verständnis einen Rahmen und eine Perspektive, erlaubt aber keinerlei Konzeptualisierung, Spekulation oder Selbstprojektion. Zen hilft uns dabei, hier und jetzt wirklich anwesend, präsent zu sein – und gleichzeitig die tiefgründige und transzendente Dimension des Selbst zu erfahren. Der heilige Shankara, der hinduistische Philosoph des Advaita-Vedanta[104], weist auf dieses Erwachen hin: „Wahrlich, da ist kein anderer Seelenwanderer als Gott." Doch selbst in dieser Formulierung steckt immer noch die Gefahr, dass man sich erneut ein Bild oder ein Konzept von Selbst und Gott macht.

Unendlichkeit oder Ewigkeit haben nichts mit räumlicher Ausdehnung oder zeitlicher Dauer, mit gestern, heute oder morgen, mit hier oder dort zu tun. Was unendlich ist, überschreitet Raum und Zeit, und doch existieren alle Zeiten und alle Räume nur in der Unendlichkeit. Unendlichkeit ist weder hier noch jetzt, sie ist nirgendwo und zu keiner Zeit. Doch wenn wir nicht zur Unendlichkeit hier und jetzt erwachen, werden wir sie niemals realisieren. „Es gibt kein Leben nach dem Tod", damit ist gemeint: Es gibt kein unendliches Leben, das erst nach diesem Leben käme, denn das würde die Unendlichkeit lediglich auf eine (unendliche) Abfolge von Ereignissen reduzieren. Was nach diesem Leben kommt, ist nicht das unendliche Leben, sondern nur die Phantasie und Illusion des Ego.[105]

In einem einzigen Bewusstseinsmoment schauen wir sämtliche Kalpas.

Nichts anderes sind sie als das nackte Jetzt.

Durchschaust du im Jetzt dieses einzige Bewusstseinsmoment,

durchschaust du im selben Moment den Schauenden selbst.[106]

9. Schlag ihn mit Kinnstütze und Kissen!

ENGOS EINFÜHRUNG

Zu Bergen aufgehäuft, zu hohen Gipfeln aufgestapelt.
Gegen Schranken schlagend, mit Mauern zusammenstoßend.
Beendet ihr das verwirrte Denken, ist die Schande groß!
Kommt aber ein Mensch, der das Große Meer umkippt,
den Berg Sumeru umstößt und
die weißen Wolken vertreibt mit einem Schrei,
der den leeren Himmel zerstieben lässt, und dann
mit einem Hieb, versteckt oder offen,
die Zungen aller Menschen auf Erden abschneidet,
währet ihr nicht imstande,
euch solch einem Menschen zu nähern.
Sagt mir: Gab es je einen solchen Menschen?
Ich versuche, euch einen zu zeigen. Schaut!

DER FALL

Ryûge fragte Suibi: „Was bedeutet das Kommen des Patriarchen aus dem Westen?" Suibi sagte. „Bringe mir eine Kinnstütze!" Ryûge holte eine herbei und gab sie ihm. Suibi nahm sie und schlug ihn. Ryûge sagte: „Ihr mögt mich schlagen, wie ihr wollt. Im Grunde hat das Kommen des Patriarchen aus dem Westen keine Bedeutung."

Ryûge fragte auch Rinzai: „Was bedeutet das Kommen des Patriarchen aus dem Westen?" Rinzai sagte: „Bringe mir ein Sitzkissen!“ Ryûge holte eins und gab es Rinzai. Rinzai nahm es und schlug ihn. Ryûge sagte: „Ihr mögt mich schlagen, wie ihr wollt. Im Grunde hat das Kommen des Patriarchen aus dem Westen keine Bedeutung.“

VERS I

Am Drachenberg Fang hat der Drache kein Auge.
In totem Wasser kann der alte Weg nicht gedeihen.
Kannst du Kissen und Kinnstütze nicht gebrauchen,
übergib sie dem Roko.

VERS II

Dieser alte Mann hat es noch nicht ausgeschöpft,
so wird ein weiterer Vers gemacht.
Auch wenn sie Roko gegeben wären,
warum sollte er an ihnen hängen?
Hört auf, die Patriarchen-Lampe
durch Sitzen und Abstützen zu tragen.
Herrlich ist es zu sitzen mit Blick auf die Abendwolken,
die noch nicht miteinander verschmolzen sind.
Die fernen Berge sind wie endlose Wellen in Blau.
(Hekiganroku, Fall 20)[107]

Ryûge (*Lung-ya*, 835–923) war der Nachfolger von Soto-Meister Tozan Ryokai. Bereits in jungen Jahren setzte er sich intensiv mit Fragen nach dem Sinn des Lebens und mit Zen auseinander. Fast besessen war er jedoch von der Frage, welche Bedeutung die Ankunft von Bodhidharma im Westen (d.h. in China) hat – eine Frage, die in den Zen-Kreisen dieser Zeit sehr verbreitet war. Bei der Frage handelt es sich um ein Koan, das nach der Wahrheit fragt, die Bodhidharma aus Indien nach China mitbrachte, also eine Frage nach dem tieferen Gehalt von Zen. Ryûge suchte dazu mehrere berühmte Meister auf, war aber von allen enttäuscht, bis er schließlich auf Tozan traf. Als er ihn ebenfalls nach der Bedeutung von Bodhidharmas Kommen in den Westen fragte, antwortete Tozan: „Ich sage es dir, wenn der Dungshan-Fluss den Berg hinauffließt." Bei dieser Antwort erwachte Ryûge zur unaussprechlichen Wirklichkeit von Selbst und Welt. Einige Jahre blieb er noch bei Tozan, dann begab er sich auf eine achtjährige Pilgerreise, wo er viele Meister traf und seine eigene Realisierung sowie die der Lehrer überprüfte. Zu dieser Zeit muss er immer noch ein relativ junger Mann gewesen sein. Während seiner Wanderjahre begegnet er schließlich dem Soto-Meister Suibi (*Tsui-we*) sowie dem Rinzai-Meister Rinzai (*Lin-chi*). Diese Begegnungen sprachen sich offenbar herum, denn später, als Ryûge sich in einem Kloster als Meister niedergelassen hatte und eine große Schar von Schülern um sich versammelte, fragten sie ihn: „Lehrer, als du damals diese beiden berühmten Meister gefragt hast, welche Bedeutung das Kommen unseres Gründers hat, konnten sie es nun erklären oder nicht?" Ryûge antwortete: „Sie haben es erklärt, doch das Kommen unseres Gründers aus dem Westen hat *keine* Bedeutung."[108]

Der Fall wurde später zu einem kontroversen Thema zwischen der Rinzai- und der Soto-Tradition des Zen. Die Soto-Schule vertrat die Ansicht, Ryûges Antwort sei ein außerordentlich gelungenes Beispiel einer reifen Verwirklichung und auch Dogen Zenji zitierte Ryûge äußerst wohlwollend. Die Vertreter der Rinzai-Tradition dagegen waren der Meinung, Ryûge mangele es an einer lebendigen Realisierung. Im Hekiganroku wird Ryûge in Setchôs ersten Vers wie folgt kritisiert: „Am Drachenberg Fang hat der Drache kein Auge / In totem Wasser kann der alte Weg nicht gedeihen." Der Drache, dem das „rechte Auge" fehlt – das ist eine kritische Anspielung auf Ryûge. Setchô hat dabei aber einen Hintergedanken und mildert daher sein hartes Urteil in seinem zweiten Vers wieder ab.

Die letzte Wirklichkeit ist unergründlich und unbeschreiblich. Sie lässt sich nicht durch ein Objekt, einen Begriff oder überhaupt

in sprachlicher Form ausdrücken, auch wenn das Fragen selbst sehr wichtig ist. So stellt im Pali-Kanon Rādhā, eine Schülerin Buddhas, ihrem Lehrer zahlreiche Fragen nach Sinn und Ziel asketischer Praktiken. Buddha antwortet, alles diene nur dazu, das unerreichbare Ziel des Nirvana zu erreichen. Hier der letzte Teil des Dialogs:

„Aber Loslösung, Herr, welchem Zweck dient sie?"

„Bei Loslösung, Rādhā, geht es um Befreiung."

„Aber Befreiung, Herr, wozu ist sie gut?"

„Befreiung, Rādhā, heißt Nirvana."

„Aber, Herr, was ist das Ziel von Nirvana?"

„Diese Frage, Rādhā, führt zu weit, ihre Grenze ist nicht mehr zu erfassen.

Verwurzelt in Nirvana, Rādhā, wird das Heilige Leben gelebt. Nirvana ist sein Ziel. Nirvana ist sein Ende."[109]

Wenn Buddha sagt: „Diese Frage, Rādhā, führt zu weit, ihre Grenze ist nicht mehr zu erfassen", will er deutlich machen, dass alles Fragen irgendwann an eine Grenze stößt, wo die Sprache in Stille und Schweigen sinken muss. Trotzdem ist Rādhās Frage nach dem Nirvana nicht falsch oder absurd, denn erst wenn unser Herz aufgewühlt und von der Unerklärlichkeit des Seins bewegt ist, fragen wir wirklich ernsthaft. Durch das ständige Suchen und Fragen gelangen wir überhaupt erst dahin, dass das absolute Geheimnis der Existenz uns beunruhigt und aufbricht. Nur so kann in unserem begrenzten Herz-Geist auch das Absolute aufbrechen und der fragende Geist in Stille, Demut, Ehrfurcht und Wunder versinken.

Der christliche Theologe Karl Rahner begründet seine Lehre auf einem unfassbaren Mysterium, das er „Gott" nennt: „Das vierte Laterankonzil sagt ausdrücklich, man könne über Gott von der Welt aus, also von jedwedem denkbaren Ausgangspunkt der Erkenntnis aus, nichts an Inhaltlichkeit positiver Art sagen, ohne dabei eine radikale Unangemessenheit dieser positiven Aussage mit der gemeinten Wirklichkeit selbst anzumerken. (...) Bei diesem Reden vergessen wir dann meistens, dass wir eine solche Zusage nur dann einigermaßen legitim von Gott aussagen können, wenn wir sie gleichzeitig auch immer wieder zurücknehmen, die unheimliche Schwebe zwischen Ja und Nein als den wahren und einzigen festen Punkt unseres Erkennens aushalten und so unsere Aussagen hineinfallen lassen in die schweigende Unbegreiflichkeit Gottes selber, auch wenn unsere theoretischen Aussagen noch einmal mit uns selber zusammen unser existenzielles Schicksal teilen: einer liebend vertrauenden Hingabe unserer selbst an die undurchschaute Verfügung Gottes, an sein Gnadengericht, an heilige Unbegreiflichkeit.“[110]

So ist auch Zen-Meditation begründet in Schweigen und Stille, denn angesichts des unbegreiflichen Mysteriums von Selbst und Wirklichkeit müssen wir verstummen. Und doch steht Zen der gedanklichen oder sprachlichen Ebene nicht feindlich gegenüber, schließlich gäbe es ohne Worte auch kein Zen. Sprechen und Schweigen gehören zusammen wie das Fleisch und die Knochen eines menschlichen Wesens. Doch wir müssen die Sprache und begrifflichen Konzepte überschreiten, damit unsere Worte frei strömen können. Zen lehnt nicht die Sprache an sich ab, sondern nur den (vergeblichen) Versuch, die Wirklichkeit und das Selbst begrifflich zu erfassen, logisch zu erklären und damit zu kontrollieren. Alle diese Versuche sind ein fast schon zwanghafter Reflex, der sich aus unserem Bedürfnis nach Selbstidentität und Sicherheit speist. Das Schweigen ist die Zurückweisung dieses Verlangens. Es legt unsere Haut, unsere Knochen, unser Fleisch und unser Mark bloß.

Der indische Patriarch Bodhidharma, der Begründer des Zen in China, meditierte neun Jahre lang in völligem Schweigen. Der folgenden Geschichte, in der Bodhidharma den Erleuchtungsgrad seiner vier Zen-Schüler prüft, kann man entnehmen, dass er das Schweigen seines Schülers Hui-k'o (*Eno*) allen anderen Antworten vorzieht:

> Neun Jahre waren vergangen, und Bodhidharma wünschte, westwärts nach Indien zurückzukehren. Da rief er seine Jünger zu sich und sprach: „Schon ist die Zeit vergangen. Ich möchte, dass jeder von euch sagt, was er bis jetzt verstanden hat.“
>
> Da erwiderte der Jünger Tao-fu: „Ich sehe das so, dass die Wahrheit nicht an Worten oder Schriftzeichen haftet, noch ist sie getrennt von Worten oder Schriftzeichen. Sie wirkt und wird dadurch zum Weg.“
>
> Der Meister sagte: „Du hast meine Haut erlangt.“
>
> Die Nonne Tsung-chi'ih sprach: „Wie ich jetzt begriffen habe, ist die Wahrheit etwas, das man nicht festhalten kann, sie wird einmal geschaut und kein zweites Mal wieder.“
>
> Der Meister sagte: „Du hast mein Fleisch erlangt.“
>
> Tao-yu sagte: „Die vier großen Elemente sind ursprünglich leer; die fünf Daseinselemente haben keine Existenz. Nichts kann wirklich erfasst werden.“
>
> Der Meister sagte: „Du hast meine Knochen erlangt.“
>
> Zuletzt war da Hui-k'o. Er verneigte sich ehrfürchtig und schwieg.
>
> Der Meister sprach: „Du hast mein Mark erlangt.“[111]

Ryûge beantwortet die Frage nach dem Kommen Bodhidharmas aus dem Westen, indem er sagt, es habe keine Bedeutung. Hätte es eine Bedeutung, würden wir diese kontrollieren und beherrschen wollen. Eine Bedeutung würde dem Ego zwar Sicherheit verleihen, sich aber zu einer Fessel entwickeln. In dieser Hinsicht hat Ryûge vollkommen recht. Aber dennoch hat er sich nicht ganz von einer philosophischen Argumentationsweise freigemacht, denn er verfängt sich immer noch in einem Bedeutungssystem, wenn auch dem einer „*Nicht*-Bedeutung“. Auch diese Bindung muss er noch lösen, er darf nicht, wie es im Koan heißt, „auf der Spitze einer hundert

Fuß hohen Stange" sitzen bleiben, um „seinen Körper in zehn Richtungen zu offenbaren".[112] Zen verneint jedes philosophische System, das die letzte Wirklichkeit begrifflich zu erfassen und zu definieren versucht. Mit dem Netz der Philosophie ist die absolute Wirklichkeit nicht einzufangen, kein wie auch immer geartetes System kann die Seele oder die letzte Wirklichkeit fixieren, auch wenn es immer wieder entsprechende Versuche gibt und selbst spirituelle Suchende und Lehrende von „ganzheitlichen" Erklärungsansätzen wie zum Beispiel denen von Ken Wilber[113] fasziniert sind.

Hören wir dazu noch einmal Guggenbühl-Craig, der die befreiende These vertritt, dass sich die Seele niemals in ein System pressen lässt: „Das Gesetz von Ursache und Wirkung lässt sich weder auf die Psyche noch auf die Seele anwenden. Die Seele wird nicht durch Ursachen und Wirkungen bestimmt. Im wissenschaftlichen Kontext bedeutet Kausalität, dass die gleiche Ursache immer zur gleichen Folge führt. Das Gesetz von Ursache und Wirkung herrscht zum Beispiel in der Physiologie und in der physikalischen Medizin. (…) Doch die Seele ist nicht ‚verursacht', weder durch Natur oder Vererbung noch durch Umwelt oder Erziehung. Die Seele ist unabhängig, autonom, sie ist nicht (oder nur äußerst bedingt) in Kategorien wie Ursache und Wirkung einzuordnen. Deshalb können wir menschliches Verhalten auch nicht prognostizieren, weder das von Individuen noch das von Gruppen oder Gesellschaften. (…) Die Psyche ist autonom. Natürlich kann man in der Psychologie Kausalität nicht vollständig vernachlässigen, doch man sollte sie eher symbolisch als eine Relation oder Verbindung verstehen."[114]

Doch selbst an der Stille sollten wir nicht zu sehr anklammern. Zwar lässt sich die letzte Wirklichkeit nicht im Netz gedanklicher Systeme einfangen, doch können wir das unbekannte Mysterium feiern und zelebrieren, zum Beispiel durch Lieder und Rituale, Worte und Taten. Allerdings warnt Zen vor „toten" Worten und fordert Ausdrucksformen und „lebendige" Worte, so passend und befreiend wie Haryôs Ausruf: „Auf jedem Ast der Korallen sitzt der Mond!"[115] Die Poesie dieses Satzes zeigt, dass nicht allein

Handlungen, sondern auch „lebendige“ Worte Ausdrucksformen der unaussprechlichen Leere sein können.

Zu Recht betont die Soto-Tradition, dass die Buddha-Natur nicht zu erlangen ist, weil jedes Wesen selbst bereits ein Ausdruck der Buddha-Natur ist. Daher ist die Soto-Linie auch der Ansicht, dass die Zazen-Übung die beste Form der Verwirklichung von Buddha-Natur ist, denn im Zazen fallen Ziel und Mittel zusammen: Der sitzende Buddha verwirklicht Buddha. Das gilt nicht nur für Zazen, denn alles in unserem Leben ist Ausdruck und Manifestation von Buddha-Natur. Leider sind vor allem Anhänger/innen der Soto-Tradition häufig geradezu besessen vom Sitzen und den dazugehörigen Ritualen. Dass sie zudem die Koan-Praxis ablehnen, die subtile und vielschichtige Einsichten vermitteln kann, nimmt der Zazen-Übung viel von ihrer möglichen Dynamik. *Shikantaza*, reines Sitzen, ist gut und notwendig zur Verwirklichung der Einheit von Übung und Erleuchtung. Es ist ein Nur-Sein und Sein-Lassen, Soheit, reines verkörpertes Bewusstsein ohne jeden äußeren Halt, ein Einsam-mit-sich-selbst-Sein. Dieses Zazen ist heilsam und befreiend, und doch hat endlos langes Sitzen bis zur Erschöpfung keinen Wert an sich, denn Erleuchtung ist weit mehr als Samadhi. Mindestens genauso wichtig ist, dass wir unsere Zeit nicht nur mit der rituellen Übung des Zazen, sondern mit uns selbst, allein, in Stille und meditativer Sammlung verbringen.

Im folgenden Dialog zwischen Baso (*Ma-tsu*) und Nangaku Ejo (*Huai-jang*) fragt Baso seinen Meister, was er tun solle, um zu erwachen. Nangaku antwortet:

> „Schau dir zum Beispiel einen Ochsenkarren an. Wenn der Karren steckenbleibt und sich nicht mehr bewegt, wirst du dann den Karren peitschen oder den Ochsen? Wenn du lernst, in Meditation zu sitzen, verfolgst du damit die Absicht, Zen im Sitzen zu erlernen, oder möchtest du den sitzenden Buddha imitieren? Im ersteren Fall sage ich dir: Chan ist nicht Sitzen oder Liegen. Im zweiten Fall sage ich: Buddha kennt keine festgelegte Haltung. Der Dharma geht ewig

> weiter und bleibt niemals an irgendetwas haften. Halte also weder an einem Zustand fest, noch klammere dich daran, einen Zustand loszulassen. Zu sitzen, bis du Buddha wirst, heißt Buddha zu töten. An der Sitzhaltung festzuhalten heißt, das Wesentliche zu verfehlen.“[116]

Zur Zen-Übung gehört wesentlich Dialog, daher steht im Zentrum der Zen-Praxis die Begegnung mit der Zen-Lehrerin oder dem Zen-Lehrer. Reines Sitzen führt in ein tiefes Samadhi, das zwar für das Erwachen wichtig ist und ihm vorausgehen kann, doch das Erwachen selbst findet in erster Linie im Dialog zwischen Meister/in und Schüler/in und im eigenen täglichen Leben statt. Es zieht sich durch unser ganzes Leben hindurch und hat kein Ende. Die Rinzai-Tradition wiederum konzentriert sich in erster Linie auf das Erwachen, und zu Recht sehen Rinzai-Anhänger/innen die Soto-Praxis des Nur-Sitzens kritisch. Doch ihrerseits sind sie oft geradezu besessen von blinden, stereotypen Handlungen und Worten. Irrationales Verhalten und gewaltsame Aktionen wie Schreien und Stoßen mögen in der Frühzeit des Zen vielleicht einen Sinn gehabt haben, doch führen sie weder zur Erleuchtung, noch geben sie ein gutes Vorbild ab. Die Zen-Schüler/innen wurden manchmal fast bis zur Verrücktheit getrieben, um unbedingt eine Kensho-Erfahrung zu erleben. Auch das ist eine fragwürdige Praxis. Menschen, die in der Rinzai-Tradition praktizieren, brauchen mehr Stille und eine tiefergehende Verwirklichung; und das Erwachen sollte sich vor allem in selbstlosem Mitgefühl und einem ethisch reifen Charakter manifestieren.

Der „Große Weg“ befindet sich jenseits von Sprechen oder Schweigen. Ein Koan fordert uns auf: „Lass Worte und Sprache los und sag mir ein Wort!“ Dazu ein Fall aus dem Mumonkan:

DER FALL

Ein Mönch fragte Meister Fuketsu in allem Ernst: „Sowohl Reden als auch Schweigen haben mit *ri* und *mi* (= der Welt der dualistischen Konzepte; Anm. d. Übers.) zu tun.[117] Wie können wir beides überschreiten?“ Fuketsu sagte: „Dauernd denke ich an Konan im März, wo zwischen tausend duftenden Blumen Rebhühner tschilpen.“

MUMONS KOMMENTAR

Einem Blitz gleicht Fuketsus Geistesschnelle. Er erreicht den Weg und geht sofort darauf weiter. Aber warum ruht er sich auf der Zungenspitze eines Älteren aus und schneidet sie nicht ab? Wenn ihr dies tief innerlich versteht, wird sich ganz natürlich ein Weg auftun. Lasst einfach alles Gerede hinter euch und sagt einen Satz.

DER VERS

Nicht auf seine gewöhnliche Weise spricht er.
Noch bevor er etwas sagt, ist es schon offenbar.
Wenn du fortfährst, zungenfertig daherzuschnattern,
solltest du dich vor dir selbst schämen.[118]

10. Unmons Staubkorn-Samadhi

ENGOS EINFÜHRUNG

Alle Stufen übersprungen, alle geschickten Hilfsmittel weggelassen,
Geist und Geisteskraft vermischen sich, Worte passen zueinander.
Geht einer nicht durch das Tor der großen Befreiung,
und hat er nicht die große Wirkkraft erhalten,
wie will er mit den Buddhas und Patriarchen gleichkommen und selbst ein Fahrzeug der Lehre sein?
Nun sagt mir: Wie könnt ihr alles Hinderliche abschneiden,
wie mit Rebellischen und Unterwürfigen souverän umgehen,
und wie kann es euch gelingen,
das Wort zum Loslassen des Körpers zu sagen?
Um das nachzuweisen, lege ich euch ein Beispiel vor. Gebt Acht!

DER FALL

Ein Mönch fragte Unmon: „Was ist das Staubkorn-Samadhi?" Unmon antwortete: „Reis in der Schale, Wasser im Eimer."

SETCHÔS VERS

Reis in der Schale, Wasser im Eimer,

Im Norden der Bär, das Kreuz im Süden.

Versuchen – nicht versuchen.

Aufhören – nicht aufhören.
Jeder ist ein Kind des reichen Mannes,
das kein Hemd hat.
(Hekiganroku, Fall 50)[119]

Über Meister Unmons Leben habe ich bereits im Kapitel „Jeder Tag ist ein guter Tag“ gesprochen. Die Figur des Mönchs, der nach dem Staubkorn-Samadhi fragt, stammt aus dem *Avatamsaka*-(Blumengirlanden-)*Sutra*, in China als *Hua-Yen*, in Japan als *Kegon* bekannt. Das Avatamsaka-Sutra, eine enzyklopädische Zusammenstellung sehr unterschiedlicher Texte, hat einen enormen Einfluss auf Zen ausgeübt. In den Augen der überlieferten chinesischen Kommentatoren besaß das Avatamsaka-Sutra einen hohen Stellenwert für die buddhistische Lehre, oft beschrieben sie es als „vollendete, unübertroffene Lehre“. Hingegen nehmen die Einführung Engos und Setchôs Vers im Staubkorn-Koan eher Bezug auf das *Lotus-Sutra*: Die „geschickten Hilfsmittel“ sowie die Anspielung auf den „verlorenen Sohn“ sind wichtige Themen des Lotus-Sutra. Das Lotus-Sutra ist lebensnäher als das Avatamsaka-Sutra, das eine eher idealistische Kompilation verschiedener Lehrinhalte darstellt. Doch beide Sutren stehen nicht nur im Zentrum der Zen-Entwicklung, sondern im Zentrum des Buddhismus, und das gilt für China ebenso wie für Japan.

Im Avatamsaka-Sutra wird ein Universum unzähliger Welten entworfen, die sich wechselseitig durchdringen und vermischen. Ein Symbol für diese enge Verbindung und dichte Verwobenheit von Allem-mit-Allem ist Indras Netz, ein verflochtenes Gewebe von unendlicher Ausdehnung in alle Richtungen zugleich. Jeder Knoten dieses Netzes ist eine Perle. In jeder einzelnen Perle spiegelt sich die gesamte Wirklichkeit und reflektiert gleichzeitig alle anderen Perlen bis ins Unendliche. Indras Netz ist ein wunderbares Symbol für die buddhistische Sicht von Leerheit und Interdependenz und auf eine Existenz, in der jedes Wesen, in der alles, was existiert,

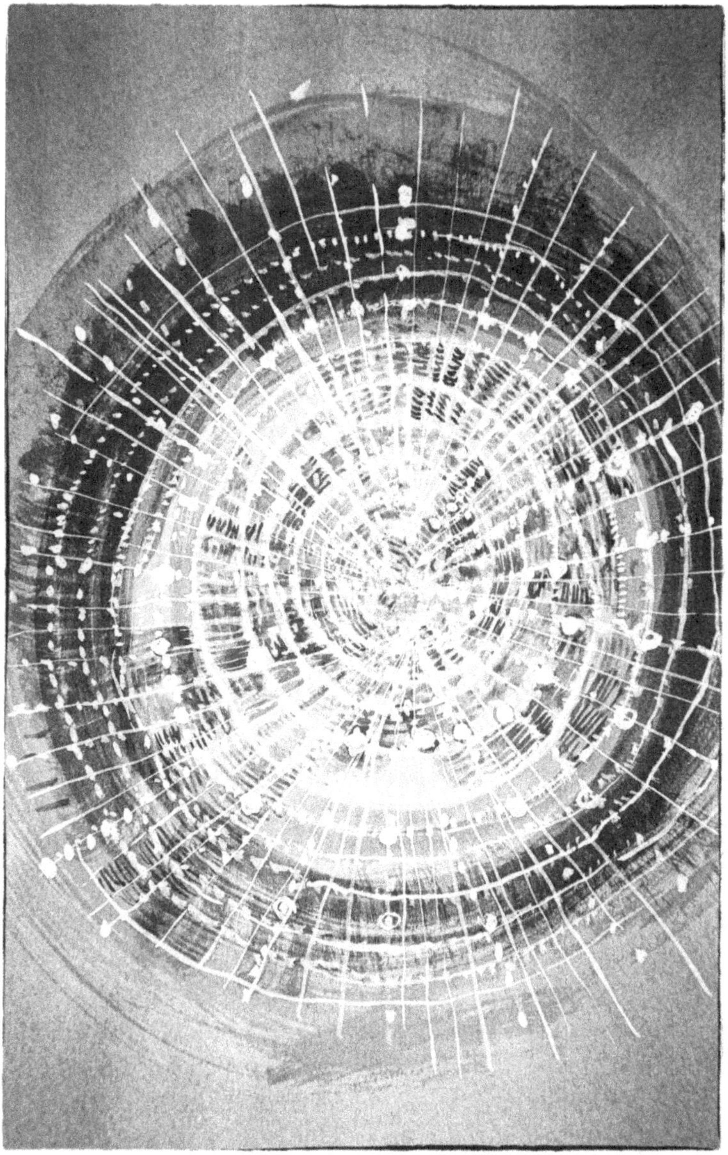

mit allem Übrigen aufs Engste verbunden und verwoben ist. Das Avatamsaka- bzw. Hua-yen-Sutra erklären uns die Realität der Welt aus den vier unterschiedlichen Perspektiven

- des Absoluten,
- des Phänomenalen,
- der ungehinderten Durchdringung des Absoluten mit dem Phänomenalen (*riji muge*),
- der ungehinderten Durchdringung des Phänomenalen mit dem Phänomenalen (*jiji muge*).

In der wechselseitigen Beziehung und Verflechtung behauptet das Phänomenale oder Partikulare eine eigene Identität innerhalb einer harmonischen Einheit. Erwachen ist die Erkenntnis und Verwirklichung dieser harmonischen Einheit als *dharmak ya*[120], als der ursprünglichen erleuchteten Natur des Geistes, der alle Wirklichkeiten durchdringt und sich im alles durchdringenden Licht des *Vairocana-Buddha*, des uranfänglichen Buddha verkörpert. Daher ist die Erleuchtung Buddhas von Anfang an in allen fühlenden Wesen vorhanden, doch Unwissenheit verstellt ihnen den Blick dafür. Der historische Buddha Shakyamuni ist selbst nur eine Emanation oder Manifestation des Vairocana-Buddha.

Das letzte Kapitel des Avatamsaka-Sutra, *gandhavyuka*, berichtet von der spirituellen Reise des jungen Prinzen Sudhana. Auf seiner Pilgerreise zum Erwachen begegnet er 52 spirituellen Führern (darunter zwanzig Frauen) und er durchläuft 52 verschiedene Stadien des Erwachens, um schließlich am Ende seiner Reise zu erkennen, dass die vollkommene Erleuchtung bereits in seinem ersten sehnsüchtigen Impuls (*bodhicitta*) enthalten war. Im Sutra heißt es: „In dem Augenblick, in dem die Sehnsucht nach Erleuchtung erwacht, ist die vollkommene Buddhaschaft bereits erreicht.“ Das heißt, wir können in einem einzigen Moment ernsthaften Suchens erwachen, ohne dass wir Jahre, Jahrzehnte oder gar Zeitalter der religiösen Übung durchlaufen müssen. Zen versichert uns: „Dein eigener Geist ist nichts *anderes* als Buddha“[121], und Meister Mumon schreibt:

> Ein Augenblick des Erkennens enthüllt die Ewigkeit.
> Unendlichkeit ist nichts anderes als das Jetzt.
> Durchschaust du dieses eine Bewusstsein in diesem Moment,
> erkennst du den einen, der gerade jetzt sieht.[122]

Meister Seppô drückt dasselbe in einem Koan aus:

> Seppô sagte zu der Mönchsversammlung: „Die ganze große Erde – wenn ich sie mit meinen Fingerspitzen aufnehme, ist sie so klein wie ein Reiskorn. Ich werfe sie euch ins Gesicht, aber ihr seht sie nicht. Schlagt die Trommel, ruft die Mönche auf zur Arbeit, sucht nach ihr.“[123]

Das ganze Universum befindet sich in einem winzigen Staubkorn – das ist die Lehre des Staubkorn-Samadhi, auf die unser Mönch sich bezieht. Es ist ein Samadhi der Leere und des geeinten Bewusstseins, das den Eintritt in das unendliche Licht des Vairocana-Buddha bedeutet. Das Licht ist weder innerhalb noch außerhalb des Staubkorns, weder innerhalb noch außerhalb von uns selbst. Es ist nicht das Universum, doch es ist auch nicht entfernt vom Universum und vom Selbst. Weder ist es ein Objekt, noch ist es ein Ding. Nansen sagte: „Es ist weder Buddha noch Geist noch Dinge“[124], und doch manifestiert das unendliche Licht sich in den zehntausend Dingen.

> Fa-Yen, von Meister Tsi-Tsang in einen logischen Engpass getrieben, gesteht schließlich: „Oh Meister, ich bin nun in einer Situation, in der die Sprache zum Stillstand kommt und das Denken keinen Weg mehr findet.“ Tsi-Tang antwortet: „Wenn du immer noch über die letzte Wirklichkeit sprechen willst, schau, wie sie sich dir nackt und offensichtlich in allem und jedem präsentiert.“

Dabei geht es weniger um die Welt als solche, sondern vor allem um dich selbst. In seinem Werk über die Geschichte des Zen-Buddhismus schreibt Heinrich Dumoulin:

> Der erleuchtete Mensch verweilt überall und nirgendwo; er ist unendliches Licht. In jedem Staubkorn sieht er Buddha, in jedem Augenblick berührt er die Ewigkeit. Die Grenzen von Raum und Zeit sind überschritten. Die Buddha-Realität ist reiner Geist.

Unser Mönch fragt nicht allein nach dem Staubkorn-Samadhi oder der Lehre. Vor allem fleht er den Meister an, ihm zu zeigen, wie er selbst das Samadhi des „alles durchdringenden Lebens und Lichts" erreichen kann. Um das besser zu verstehen, müssen wir uns den Mönch in seiner damaligen Umgebung vorstellen. Als Schüler von Unmon hat er vermutlich, wie sein Meister und unzählige andere Schüler vor ihm, alle großen Sutren studiert, alle komplizierten Klosterregeln und -rituale auswendig gelernt und täglich praktiziert und ist hingebungsvoll in die Meditation eingetaucht. Und doch scheint immer noch etwas zu fehlen. Zwar lehrt das Sutra, dass der eigene Geist nichts anderes ist als der Vairocana-Buddha des alles durchdringenden Lichts. „Doch wie kann ich dieses Licht erfahren?", fragt der Mönch. „Wie kann ich meinen begrenzten, sterblichen, krankheitsanfälligen Körper-Geist abstreifen und hinübergehen in diese andere Welt des unsterblichen und unendlichen Lebens? Mein Herz tut weh, es ist voller Verwirrung und Sehnsucht. Kannst du mir helfen, Meister? Oder täusche ich mich in dir und bin auf einem Irrweg? Gibt es diese große, welterschütternde, transzendente Erfahrung überhaupt, die meinen Kummer beenden und meine Sehnsucht erfüllen kann?" Unmon verneint nicht, dass es eine letztgültige Befreiung gibt, und er bejaht den Kampf darum, dieses Ziel zu erreichen: „Ja, es gibt das unendliche Licht, es gibt unendliches Leben, und dort findest du die Perle des einen, des einzigen Schatzes." Nur wenn wir dieses Ziel erkennen, sind Befreiung und Erwachen möglich. Das Ziel ist dein eigener Herz-Geist, doch er ist leer, geleert von besonderen Erfahrungen und begrifflichen Konzepten, ein unergründliches Geheimnis, eine grenzenlose Offenheit zur Welt. Wenn wir nach dem sogenannten großen Erlebnis suchen, gehen wir in die Irre, denn die letzte Wirklichkeit, die wir suchen, befindet sich direkt unter unseren Füßen. „Dein eigener Herz-Geist ist nichts anderes als der Herz-Geist des Vairocana-Buddha" – das ist die Erkenntnis, die auch Meister Nansen seinem Schüler Jôshû mit dem folgenden Koan zu vermitteln versucht:

> Jôshû fragte Nansen mit großem Ernst: „Was ist der WEG?" Nansen antwortete: „Der gewöhnliche Geist ist der WEG." Jôshû fragte: „Soll ich mich selbst darauf ausrichten oder nicht?" Nansen sagte: „Wenn du versuchst, dich ihm zuzuwenden, wendest du dich von ihm ab." Jôshû fragte: „Wenn ich *nicht* versuche, mich ihm zuzuwenden, wie kann ich dann wissen, dass es der WEG ist?" Nansen antwortete: „Der WEG hat nichts zu tun mit Wissen oder Nicht-Wissen. Wissen ist Illusion. Nicht-Wissen ist ohne Bewusstsein. Wenn du den zweifelsfreien, wahren WEG wirklich erreicht hast, wirst du ihn erfahren als grenzenlos und leer wie den Weltraum. Wie kann man darüber sprechen auf einer Ebene von Richtig und Falsch?" Bei diesen Worten war Jôshû plötzlich erleuchtet.[125]

Unmon fordert seinen Mönch auf, nicht mehr weiter sogenannten außergewöhnlichen Erfahrungen nachzujagen und stattdessen ein Leben im *gewöhnlichen* Geist zu führen. Unser Mönch muss verstehen, dass die Realisierung des Erwachens keine *besondere* Erfahrung im Samadhi ist, wie sublim dieses auch sein mag. Er muss das Samadhi des gewöhnlichen Geistes verwirklichen – einen Eimer Wasser tragen, eine Schale Reis essen. Das sind die wirklichen Wunder. Berühmt ist der Ausruf des buddhistischen Laien Pang: „Welch wunderbare Kraft, welch zauberhafte Aktivität – Wasser tragen und Holz hacken!" Dieser Ausruf meint nicht, dass wir uns mit einem langweiligen, unerleuchteten Leben zufriedengeben sollten. Vielmehr drückt sich darin die Erkenntnis aus, dass die gewöhnlichen Dinge und Aktivitäten des Lebens allesamt Aktivitäten des Buddha und Offenbarungen des Vairocana-Buddha sind.

Eine bekannte Zen-Redensart lautet: „Vor dem Erwachen sind Berge Berge und Bäume Bäume. Im Prozess der Erleuchtung sind Berge keine Berge, Bäume keine Bäume. Nach der Erleuchtung sind Berge Berge und Bäume Bäume." Der Mönch muss erkennen, dass sein Selbst ein Nicht-Selbst ist, in dem die Berge keine Berge und die Bäume keine Bäume mehr sind. Erst wenn er zur Leere erwacht, kann er sich frei darin bewegen, frei Wasser tragen und Reis essen. Dann verwandelt sich alles in ein Wunder und wird getragen von einer magischen Kraft, und der Ort dieser Offenbarung ist sein verwandeltes und erneuertes Herz. Doch zuerst muss sein Ego verschwinden, er muss lernen, seine selbstzentrierten Phantasien von Sicherheit und Ruhm, Magie und Mythen loszulassen. Darin bildet selbst ein Kaiser wie Shukuso keine Ausnahme, als er auf seine Frage nach dem „Hirten mit den zehn Körpern" – das heißt nach Buddha – die Antwort erhält: „Verwechsele nicht das Selbst mit dem reinen Dharma-Körper."[126] Ebenso wie der Kaiser muss der Mönch „Buddha töten", um zu erkennen, dass sein eigener Herz-Geist bereits der Herz-Geist Buddhas ist. Der Fall 23 des Hekiganroku zeigt uns ein Beispiel:

> Einst machten Hofuku und Chôkei einen Ausflug in die Berge. Hofuku zeigte mit seinem Finger und sagte: „Genau hier ist die Spitze des Myô-Gipfels."[127] Chôkei erwiderte: „Genau. Aber das ist bedauerlich."
>
> *[Setchô kommentiert: „Welchen Sinn hat es, heute mit diesem Kerl einen Ausflug zu machen?" Und nochmals: „Ich sage nicht, dass es in hundert und tausend Jahren keinen gibt, wohl aber nur wenige."]*
>
> Später erzählten sie Kyôsei davon. Kyôsei sagte: „Wäre der ehrwürdige Son nicht gewesen, sähe man auf dem Feld nur Knochengerippe."[128]

Die beiden Freunde Hofuku und Chôkei machen gemeinsam einen Ausflug. Plötzlich bricht aus Hofuku heraus, wozu er unlängst erwacht ist: „Gerade dieser Ort (das heißt jeder Ort) ist ein wunderbarer Ort, ist der heilige Berg!" Zwar bestätigt sein Freund Chôkei diese Erkenntnis, doch fürchtet er auch, ihre Freude an der Wanderung könnte durch allzu viel Ehrfurcht beeinträchtigt werden. So sorgt er mit seiner spöttischen Bemerkung dafür, dass der „Gestank der Erleuchtung" seines Freundes gleich wieder verschwindet. Ein gereiftes Erwachen – das bedeutet, die Fixierung auf die eigene Erleuchtung zu „vergessen" und ein ganz gewöhnlicher Mensch zu werden. Meister Rinzai war in dieser Hinsicht unerbittlich zu seinen Mönchen:

> „Meine guten Mönche, was sucht ihr bloß, wenn ihr hierhin und dorthin lauft und so lange umherwandert, bis die Sohlen eurer Schuhe abgelaufen sind? Da gibt es keinen Buddha zu finden, keinen Weg zu vollenden, kein Dharma zu erreichen. Wenn ihr in der Außenwelt nach der Gestalt eines Buddhas sucht, werdet ihr nirgendwo eine Ähnlichkeit sehen; wenn ihr aber euren eigenen ursprünglichen Geist erkennt, so ist er weder vereint noch getrennt von Buddha. Ihr Freunde des Wegs, der wahre Buddha hat keine Konturen, der wahre Weg hat keine Substanz, der wahre Dharma hat keine Form; alle drei fließen harmonisch in dem Einem zusammen. Weil ihr das nicht verstehen könnt, nennt man euch ‚fühlende Wesen mit einem unbegrenzten karmischen Bewusstsein'."

Und er erinnert sie daran:

> „Wenn ich Hunger habe, esse ich meinen Reis; wenn ich müde bin, schließe ich meine Augen. Dumme Menschen lachen über mich, doch ein weiser Mensch versteht sofort."[129]

Doch an anderer Stelle versichert Rinzai:

> „Freunde des Wegs, in einem einzigen Moment betretet ihr das Lotus-Land, das Land Vairocanas, das Land der Befreiung, das Land der übernatürlichen Kräfte, das Land der Reinheit und den Bereich des Dharma. Ihr geht ein in das Schmutzige und in das Reine, in das Profane und in das Heilige, in das Reich der hungrigen Geister und in das Reich der Bestien. Doch wie ausgedehnt und weitreichend eure Suche auch sein mag, nirgendwo werdet ihr Geburt oder Tod finden. Da sind nur leere Namen." Und er sagt zu sich selbst: „Was mein eigenes Tun an diesem Tag angeht – wirkliche Erschaffung und Zerstörung – so spiele ich mit wundersamen Verwandlungen und gehe in allerlei verschiedene Umstände ein, und doch muss ich an keiner Stelle irgendetwas tun, denn diese Umstände können mich nicht verändern."

Im Staubkorn-Koan wird explizit das Lotus-Sutra erwähnt. In seiner Einführung bezieht Engo sich auf die sogenannten hilfreichen Mittel, in Sanskrit *upaya*. Upaya, wirksame und hilfreiche Mittel, kommen nicht nur im Lotus-Sutra, sondern häufig auch in anderen buddhistischen Texten vor. Oft heißt es, dass die Buddhas verschiedene hilfreiche Mittel und Methoden anwenden, um die Menschen zum Erwachen und zur Befreiung zu führen. Hilfreiche Mittel, das können verschiedene religiöse Praktiken und Methoden, Parabeln und Lehren, Riten und Rituale, Wunder, Mantren und Magie sein. Auch die unterschiedlichen buddhistischen Lehren sind „hilfreiche Mittel", weil sie auf eine harmonische Weise verschiedene Mentalitäten und Entwicklungsstufen der Menschen berücksichtigen. Während unseres Lebens durchlaufen wir alle verschiedene Prozesse, bis wir schließlich unsere Buddha-Natur erkennen. Indem wir durch alle diese Prozesse, die für uns „hilfreiche Mittel" sind, hindurchgehen, transzendieren wir sie. Und doch bleiben sie weiterhin wichtige Mittel und Wege, die wir nicht beiseiteschieben sollten, denn sie sind Symbole und Verkörperungen der Wahrheit.

Das Lotus-Sutra spricht von der „Ursprünglichen Erleuchtung" (*hongaku*) sowie von der „Verwirklichung der Buddha-Natur in diesem konkreten Körper" (*sokushin jobutsu*). Diese beiden Lehren werden anhand der Parabel vom verlorenen Sohn erläutert, die auch Setchôs Vers erwähnt. Und das ist die Geschichte: Der Sohn eines reichen Mannes geht als kleines Kind seinen Eltern verloren. Viele Jahre später läuft er, inzwischen zum Jüngling gereift, als Bettler und in Lumpen gekleidet, zufällig an seinem ehemaligen Elternhaus vorbei. Trotz seiner zerlumpten Kleidung erkennt der Vater den Sohn sofort wieder. Dieser jedoch geht nichtsahnend an seinem Elternhaus vorbei. Der Vater schickt sofort einen Bediensteten los, um den Bettler-Sohn zurückzuholen, doch dieser bekommt Angst und läuft schnell weg. Daraufhin schickt der Vater zwei Diener los, die sich als Bettler verkleiden müssen. Ihre Aufgabe ist es, mit dem jungen Mann zusammenzuleben und ihn nach und nach zu überreden, als Arbeiter ins Haus zu kommen. Der Plan gelingt: Der junge Mann kommt ins Haus und arbeitet so gut, dass ihn der Vater ihn mit immer verantwortungsvolleren Aufgaben betraut. Erst nach vielen Jahren, bereits auf seinem Totenbett, eröffnet der Vater dem jungen Mann, dass er sein leiblicher Sohn ist, und setzt ihn zu seinem Erben ein.

Diese Geschichte will uns vermitteln, dass wir alle mit der Buddha-Natur zur Welt gekommen sind, auch wenn wir sie nicht erkennen und arm und unwissend umherziehen. Um unseren Irrtum aufzuklären und uns zur Erkenntnis unserer edlen Herkunft zu bringen, wenden Buddhas und Bodhisattvas jedes verfügbare Mittel, jeden Trick an. Sind wir einmal erwacht, können wir unser Leben dann als Bodhisattva weiterführen und anderen Menschen dienen. Die Einführung zum zehnten und letzten Zen-Ochsenbild („Den Marktplatz mit leeren Händen betreten") von Meister Kaku-an (*Kuo-an*) verweist auf diese Dimension:

> Die Reisigpforte ist fest geschlossen, und selbst der weiseste und heiligste Mensch kann ihn (die erleuchtete Person; Anm. d. Übers.) nicht erkennen. Er hat seine erleuchtete Natur tief

> in sich verborgen und erlaubt sich, die ausgetretenen Wege der ehrwürdigen alten Weisen zu verlassen. Manchmal betritt er den Marktplatz mit einem ausgehöhlten Kürbis in der Hand oder er kehrt, auf seinen Gehstock gestützt, zu seiner Hütte zurück. Wenn es ihm gefällt, sucht er Bratfischbuden und Reisweinstände auf, um die Betrunkenen zu sich selbst zu erwecken.

Im dazugehörigen Gedicht lautet ein Satz in der letzten Zeile: „Ohne sich zu Wundern oder Zauberkunststücken hinreißen zu lassen, bringt er plötzlich einen verdorrten Baum zum Blühen." Das wahre Wunder – das ist das gewöhnliche Leben: Der Himmel ist irdisch, die Erde himmlisch. Wie der Polarstern und der Stern des Südens, die das Gedicht erwähnt, immer für uns da sind, können wir ruhig und sicher in unserer zeitlosen Buddha-Natur ruhen, die im eigentlichen Sinne Nicht-Natur ist. Doch zunächst müssen wir uns selbst in unbedingter Liebe annehmen, um in diese Selbstannahme nach und nach alles, was uns begegnet, ohne jede Einschränkung miteinzubeziehen. Diese Akzeptanz und Bejahung beziehen sich auf die ganze Welt, darin können wir unsere *conditio humana*, unsere menschliche Bedingtheit im Netz zwischenmenschlicher Beziehungen frei und freudig leben. Verwurzelt in Leere und gleichzeitig auf den Straßen der Welt unterwegs – so können wir auf dem Marktplatz der Welt in Frieden bleiben. Das folgende Koan erinnert an diese Dimension des leeren Selbst, besonders wenn wir von Gefühlen und Leidenschaften getrieben sind und tief in Dualität feststecken:

> Im Meer von Ise, zehntausend Fuß tief,
> liegt ein einzelner Stein;
> ich möchte diesen Stein aufheben,
> ohne meine Hände nass zu machen.

Auf dem Stein ist ein Name eingraviert.

Wie lautet der Name?

Die Inschrift auf einer Seite lautet: „Kann nicht nass werden."

Die Inschrift auf der anderen Seite: „Kann nicht trocken bleiben."

„Trocken" bezieht sich hier auf Leere, „nass" auf Leidenschaften und Dualität. Und es geht noch weiter: Unser Herz-Geist muss aufbrechen, damit in diese Offenheit Mitgefühl für alle Geschöpfe dieser Welt einströmen kann. Die Vier Großen Zen-Gelübde mahnen uns, dass unser Leben eine lange, eine endlose Reise ist, bei der es um Zuwendung und Mitgefühl für alle lebenden Wesen geht. Danach fragt das folgende Koan:

Warum hören die purpurroten Spuren*

bei einem erleuchteten Menschen

niemals zu fließen auf?

*(*gemeint sind Tränenspuren)*

Zum Abschluss eine Geschichte aus Dogens Werk Shobogenzo, *„Ikka-No-Myoju"*, das heißt übersetzt so etwas wie „leuchtende Perle". Bei seinen Unterweisungen sprach der Zen-Meister Gensha Shibi immer von der „einen leuchtenden Perle". Diese leuchtende Perle ist das Selbst – und die Welt des Samsara.

Ein Mönch fragte Meister Gensha: „Ich hörte, dass du oft sagst: ‚Das ganze Universum in allen zehn Richtungen ist eine leuchtende Perle.' Wie sollen wir das verstehen?"

Gensha antwortete: „Das ganze Universum in allen zehn Richtungen ist eine leuchtende Perle. Was nützt es, das zu verstehen?"

> Später fragte Gensha den Mönch: „Das ganze Universum in allen zehn Richtungen ist eine leuchtende Perle. Wie fasst du das auf?"
>
> Der Mönch sagte: „Das ganze Universum in allen zehn Richtungen ist eine leuchtende Perle. Was nützt es, das zu verstehen?"
>
> Gensha neckte ihn: „Ich sehe, du hast wie ein Dämon in der Höhle des schwarzen Berges gekämpft."

Lass das Staubkorn-Samadhi mal beiseite: Wie verwirklichst du diese „eine leuchtende Perle"?

Teil II: Reflexionen und Perspektiven

11. Zen und die Religionen[130]

Zunächst möchte ich hier einige Worte zum Thema Glauben sagen, denn Buddhismus und Zen kommen nicht ohne eine Verankerung in Glauben und Vertrauen aus. Wilfred Cantwell Smith, der eine interessante Sicht zur Frage von Glauben und Vertrauen entwickelt hat, unterscheidet zwischen Gläubigkeit oder Vertrauen (*faith*) und Glaubensüberzeugung (*belief*). Gläubigkeit im Sinne von Urvertrauen ist eine menschliche Grundqualität. Glaubensüberzeugungen hingegen beruhen auf einem Inhalt oder einer Lehre. Gläubigkeit im Sinne von Vertrauen bezeichnet die Fähigkeit, im Dasein einen höheren Sinn zu erkennen und das eigene Leben an einer symbolischen Sicht der Realität zu orientieren, die weltliche Belange transzendiert. Wir Menschen sind Wesen, die sich gewissermaßen selbst transzendieren, indem wir uns auf Werte und Ideale beziehen, die jenseits von uns liegen und „von außen" Anforderungen an uns stellen. Damit bestätigen wir den symbolischen Charakter einer Realität, die „geheimnisvoll auf das menschliche Bewusstsein einwirkt, mehr durch Ahnung und Andeutung als durch eine klare Definition oder Beschreibung". Gläubigkeit und Vertrauen – das ist unsere Antwort auf Transzendenz. Bei Smith steht der Begriff der Transzendenz für die höchste Wirklichkeit, einschließlich solcher Werte wie Gerechtigkeit, Schönheit und Wahrheit. Für ihn haben diese idealen Werte transzendente Qualitäten, die niemals vollständig zu begreifen oder zu verwirklichen sind, uns aber trotzdem durch die ihnen innewohnende Attraktivität

stark anziehen. Durch sie werden wir offen für eine Entwicklung in Richtung Unendlichkeit. Gläubigkeit als Offenheit für Transzendenz und als Fähigkeit, dem Leben Sinn und Bedeutung zu geben, ist ein Sinnbild dieser Qualität. Für Smith ist Gläubigkeit jedoch nicht nur eine, sondern *die* wesentlich menschliche Qualität, denn die Einzigartigkeit des menschlichen Wesens besteht in seiner Fähigkeit zu einer transzendenten Perspektive, die über die gewöhnliche Welt hinausreicht. Als zentrale menschliche Qualität ist Gläubigkeit/Vertrauen äußerst bedeutsam für die psychologische Integration und die Freude am Leben. Sie ist daher kein Element unter anderen, die unser Leben ausmachen, sondern ein Wert, der *alle* Aspekte des menschlichen Lebens umfasst.

Spirituelle Bewegungen, besonders die New-Age-Bewegungen, sprießen allerorten aus der Erde, während die traditionellen Religionen einen Mitgliederrückgang zu verzeichnen haben. In der Regel versammeln sich diese Bewegungen um einen Guru herum und versprechen ihren Anhängern und Anhängerinnen Gesundheit, Wohlstand und spirituelle Kräfte. Das macht sie so anziehend und verführerisch. Wenn diese Bewegungen in den großen Weltreligionen verankert sind und daraus ihre Kraft beziehen, kann man sie als vertrauenswürdig und befreiend einstufen, denn nach wie vor sind die Weltreligionen eine tragende Säule der geistigen Entwicklung und der Gesellschaft, auch wenn sie problematisch und allzu fordernd oder, in Routinen erstarrt, schal geworden zu sein scheinen. Ohne Frieden zwischen den Weltreligionen wird es keinen Frieden in der Welt geben. Doch Religionen haben auch eine dunklere Seite. Destruktiv werden sie, wenn sie sich mit den jeweils herrschenden politischen oder sozialen Zielen identifizieren und vor allem, wenn sie ethnische Identitäten für sich reklamieren. Konzentrieren sich die Religionen jedoch auf universelle ethische Werte und verankern sich in Transzendenz, sind sie befreiend, erlösend und heilend.[131]

Der Rabbi Jonathan Sacks ist der Überzeugung, dass wir, wenn wir nur tiefer in unsere jeweilige Religion eindringen, darin Sinn und Befreiung, Gerechtigkeit und Liebe entdecken können. „Wir Menschen sind auch sinnsuchende Tiere. Wir leben, wie Sacks schreibt, in einem Jahrhundert, das uns ‚mit einem Maximum an Auswahl und einem Minimum an Sinn' hinterlässt. Die säkularen Substitute für die Religion – Nationalismus, Rassismus und politische Ideologien – haben allesamt zu einem Desaster geführt. (…) Unter religiösen Menschen finden derzeit mentale Verschiebungen statt, die dazu führen, dass sie die heiligen Texte für sich selbst neu interpretieren. Es sollte eine ‚Theologie des/der anderen' geben: Es wäre hilfreich für ein komplexeres biblisches Verständnis, wenn man in Fremden das Angesicht Gottes erkennt. (…) Weltreligionen basieren auf Liebe und kommen dem menschlichen Bedürfnis nach Gemeinschaft entgegen. Aber Liebe ist nicht einfach; und Liebe bevorzugt Besonderheit. Wenn sie darüber Andersheit ausschließt, kann das zu Rivalitäten führen. So kann die Liebe zu einer bestimmten heiligen Schrift es erschweren, verständnisvoll auch die Gedanken anderer zu akzeptieren, die eine andere Religion bevorzugen. (…) Neben der Ethik der Liebe gilt auch das Gebot bzw. die Ethik der Gerechtigkeit. Die Liebe ist partikular, doch die Gerechtigkeit ist universal. Die Liebe ist leidenschaftlich, die Gerechtigkeit jedoch leidenschafts*los* und unparteilich. Die Gerechtigkeit verlangt Respekt für das Gegenüber. Sie ist ein Teil des kollektiven Gedächtnisses von Menschen, die in vertragsgebundenen Gemeinschaften leben und wissen: ‚Auch unsere eigenen Leute waren einmal verletzliche Fremde in einem fremden Land.' Bei dem Gebot geht es nicht so sehr darum, sich Fremden gegenüber empathisch zu verhalten, denn das wäre eine eher unsichere Angelegenheit. In dem Gebot steckt vielmehr eine Suche nach Umkehr und Heiligkeit und das erfordert die Auseinandersetzung mit unseren selbstsüchtigen Eigeninteressen und manchmal auch deren Überwindung. Mehr noch: Gott erscheint oft dort, wo er am wenigsten erwartet wird, und er spricht mit der Stimme des Fremden. Diese Stimme erinnert uns daran, dass Gott solche Dinge wie Zu- oder Abneigung überschreitet. (…) Die Wiedervereinigung von

Liebe und Gerechtigkeit ist nicht einfach, doch Gläubige können in den Schriften einen Weg finden, wenn sie sie richtig lesen. Ein wichtiger Beitrag von Sacks ist sein Hinweis, dass die Antwort auf religiös begründete Gewalt wahrscheinlich innerhalb der Religion selbst gefunden werden muss, vor allem von denen, die verstanden haben, dass die Religion an Einfluss gewinnt, wenn sie die Macht zurückweist. Vielleicht mutet es etwas sonderbar an, ausgerechnet im Jahrhundert der Technologie Frieden in uralten Texten zu finden. Aber, so führt Sacks weiter aus, auch Abraham verfügte nicht über ein Imperium, ein Wunder oder eine Armee. Er war nur ein lebendiges Beispiel dafür, dass man auch anders glauben, denken und leben kann."[132]

Religion – das ist auch Schrifttum, Glaubenssätze, Rituale, Ethik sowie eine geistig-seelische Motivation und ein entsprechendes Verhalten. Der Soziologe C. Geertz definiert Religion als „soziales System". Nach seiner Auffassung erklärt die Religion als *Modell der Welt* uns, wie die Dinge *sind*. Auf diese Weise ruft sie in den Gläubigen bestimmte Seelenzustände auf. Als *Modell für die Welt* sagt sie uns dagegen, wie die Dinge sein *sollten*, und bringt damit bestimmte Motivationen und Verhaltensweisen in uns hervor. Ich persönlich würde eher sagen, dass die Religion eine *Weltsicht* oder besser, eine *Weltanschauung* ist, denn die Religion interpretiert die Welt und die gesamte Wirklichkeit innerhalb ihres Bezugsrahmens und bringt im Rahmen ihrer Kategorien Sinn und Bedeutung zum Ausdruck. Dabei kann sie sicher von anderen Religionen und Disziplinen lernen, doch als Weltsicht ist sie allumfassend. Der große deutsche Theologe Karl Rahner wurde unter anderem bekannt für seine Begriffsschöpfung „anonymer Christ". Damit meint er, dass die Gnade Christi bzw. die Erlösung alle Menschen erreicht und berührt, auch Nicht-Christen und sogar Atheisten. Der japanische Philosoph Keji Nishitani soll Rahner einmal gefragt haben: „Wenn du sagst, dass ich, ein Buddhist, ebenfalls ein anonymer Christ bin, darf ich dann auch sagen, dass *du* ein anonymer Buddhist bist?" Rahner gab zur Antwort, er solle ihn ruhig einen anonymen Buddhisten nennen, sonst stünde er nicht treu zu seinem Buddhismus. Diese Geschichte macht deutlich, was mit „Weltsicht" gemeint ist: Der Buddhismus interpretiert Leben und Wirklichkeit mittels der buddhistischen Terminologie und das Christentum macht es umgekehrt genauso. Jede Religion verfügt über eine solche umfassende Weltsicht.

Doch wir alle leben in ein- und derselben Welt, die gesamte Menschheit ist eine einzige Spezies. Inzwischen wissen wir sogar, dass alle Menschen letztlich einer einzigen Abstammungslinie entstammen, deren Wurzel in Afrika liegt. Wir sind einander nicht fremd, trotzdem klaffen unsere kulturellen und religiösen Sichtweisen auf die Welt stark auseinander und es gibt höchst unterschiedliche Wege, eine Religion auszugestalten und zu anderen in Bezug zu setzen. Hier möchte ich einige – etwas vereinfachte – Möglichkeiten vorstellen, die uns dabei helfen können, eine Religion (zum Beispiel Zen) in Beziehung zu anderen Religionen zu bringen. Als Gedächtnisstütze hier ad hoc einige Merkmale, natürlich unvollständig:

1. Der exklusive Weg

Jede Weltsicht ist einzigartig und anders als alle anderen. Man kann daher eine Weltsicht niemals mit einer anderen vergleichen oder beide in einen Topf werfen. Natürlich weisen alle Religionen gewisse Ähnlichkeiten und Gemeinsamkeiten auf, doch letztlich steht jede für sich und jede betrachtet die jeweils andere Religion aus ihrer eigenen Perspektive. Daher sind Begriffe oder Symbole innerhalb eines religiösen Systems niemals völlig deckungsgleich mit denen eines anderen. Einmal fragte mein Zen-Meister, Yamada Kôun Roshi, eine Benediktinernonne, die wie ich bei ihm Zen studierte, in welchem Verhältnis zueinander Gott und die Leere stehen. Sie gab zur Antwort, Gott *entspreche* der Leere des Zen, die Leere sei also gewissermaßen Gott, doch das ist ein verkehrtes Verständnis. Manche Menschen sind zum Beispiel der Ansicht, die letzte Wahrheit sei im Grunde immer dieselbe, nur verleihe man ihr je nach Religion unterschiedliche Namen. Doch woher wollen sie *wissen*, dass die Wahrheit immer dieselbe ist? Solche Behauptungen werden aus einer übergeordneten, quasi „göttlichen" Perspektive aufgestellt, die uns Menschen jedoch nicht zugänglich ist. Jede Religion wird von sich behaupten, einzigartig und besonders zu sein, und keinerlei Relativierung erlauben. Jede Religion hat ihre eigene Praxis und ihren eigenen Weg, ihre Geschichte und ihre Symbole, ohne Parallele zu anderen Religionen. Der Buddhismus konstatiert, dass es keinen persönlichen Gott gibt, der Theismus geht wiederum vom genauen Gegenteil aus – und so weiter und so fort. Der Neo-Hinduismus verkündet, alle Religionen seien eins und führten allesamt zum selben Ziel, meint aber implizit damit, dass der Hinduismus dabei das höchste und überlegene Ziel vertritt, während die anderen Religionen lediglich Seitenarme des uralten hinduistischen Hauptstromes sind. Oft steckt ein exklusiver Standpunkt hinter Behauptungen wie „Meine Religion ist die einzig wahre, alle anderen sind unvollständig, unzulänglich oder ganz falsch", während man sich auf Christus oder Buddha, auf Mohammed oder Krishna beruft, denn für Christen ist Jesus Christus die einzigartige und letztgültige Offenbarung, für Buddhisten ist es der Buddha usw. Karl Barth hat dazu treffend bemerkt, dass die Verehrung religiöser Idole durch Aussagen wie „Nur Christus ist die Wahrheit, nur Christus ist unsere Erlösung" fast Götzendienerei ähnelt.

2. Der inklusive Weg

Bei dieser Variante wird die Weltsicht einer anderen Religion nur *in Bezug* auf die eigene Religion interpretiert und validiert. So sehen zum Beispiel Christen in Jesus Christus die einzigartige Offenbarung vollkommener Göttlichkeit, während andere Religionen oder religiöse Gestalten in ihren Augen nur mittelbare und implizite Erscheinungsformen von Christus sind. Sie sind der

Ansicht, dass der Buddhismus sogar etwas wie Göttlichkeit kennt, wenn auch nur indirekt und implizit, denn nach christlicher Meinung erstreckt sich die Gnade Christi auf *alle* menschlichen Wesen. Die Buddhisten hingegen glauben, der christliche Gott sei nur eine Illusion und Jesus eine Art Bodhisattva. Während der Zen-Meister Hakuin wiederum erklärte, dass alle Wesen Buddha-Natur *sind*. So interpretiert jede Religion die jeweils andere nur im Hinblick auf ihre eigene Weltsicht. In gewisser Hinsicht ist das löblich, weil sich darin keine Feindseligkeit gegen die andere Religion oder Weltsicht ausdrückt, allenfalls Mitgefühl für deren „fehlgeleitete" Anhängerinnen und Anhänger. Doch diese „Fehlgeleiteten" werden eine solche herablassende Haltung nicht akzeptieren, denn das erzeugt Unmut und Bitterkeit, wenn nicht gar Feindseligkeit.

3. Der pluralistische Weg

Dieser pluralistische Ansatz betrachtet jede Religion als ebenbürtig und gleichermaßen gültig, keine Religion ist über- oder unterlegen. Doch alle Religionen sind verschieden, oft auch unvereinbar. Eine extreme Variante dieses Ansatzes macht geltend, dass alle Religionen verschiedene Wege verfolgen, dass sie über verschiedene Konzepte der letztgültigen Wirklichkeit verfügen, andere Vorstellungen von Befreiung haben, kurz, dass alle in ganz unterschiedlichen Universen beheimatet sind. Aus dieser Sicht gibt es viele verschiedene Wahrheiten und sehr unterschiedliche Ethiken. Die Religionen werden relativiert und man geht davon aus, dass sie lernen müssen, sich wechselseitig zu ertragen und zu tolerieren, frei nach Rudyard Kipling: „Der Osten ist der Osten, der Westen ist der Westen, und es gibt nichts, was uns verbindet." Du lebst deine Religion, ich lebe meine – wenn wir uns begegnen, ist das in Ordnung, und wenn nicht, dann eben nicht. Doch damit bleibt jede Religion in sich abgeschlossen und innerhalb der Grenzen ihrer Weltsicht verfangen. Das kann in einer modernen Welt, in der es so viel Gewalt und Konflikte gibt und in der wir alle mit einer drohenden ökologischen Katastrophe leben müssen, nicht der rechte Weg sein. Es ist extrem wichtig, dass wir eine gemeinsame Perspektive finden, wie wir zusammenleben und uns um die eine Welt kümmern wollen, die wir gemeinsam bewohnen. Dazu müssen wir lernen, uns füreinander zu öffnen, einander zuzuhören, in einen Dialog einzutreten und uns wechselseitig zu respektieren, wenn wir kein Wolfsrudel werden wollen.

4. Der Weg der doppelten Zugehörigkeit

Inzwischen erzählen viele Menschen, dass sie eine doppelte, manche sogar eine mehrfache Zugehörigkeit leben, dass sie sich also mindestens zwei religiösen Traditionen zugehörig fühlen. Dazu zählen unter anderem christliche bzw. jüdische Buddhistinnen und Buddhisten sowie Hindu-Christen. Meist sind es jedoch Christinnen/Christen oder Jüdinnen/Juden, die sich doppelt zugehörig fühlen, denn das Leben in diesen exklusiven Religionstraditionen kann sehr einengend und erstickend sein. John Dunne prägte einmal die Redewendung von „Hinübergehen und Zurückkehren"[133]. Dieses Hinübergehen und Zurückkehren ist etwas Befreiendes, es kann die eigene Weltsicht erweitern und man hört auf damit, die „eigene" Religion und Tradition zu vergötzen.

An dieser Stelle möchte ich mich auf Christinnen und Christen konzentrieren, die in den Buddhismus oder in Zen „hinübergehen" und zu ihrer ursprünglichen Religion zurückkehren. Die doppelte Zugehörigkeit hat auch Risiken, wie zum Beispiel die Gefahr des Synkretismus[134], einer Verwischung oder gar Negation der Grenzen zwischen den Religionen. Auch findet man Indifferenz, verursacht durch ein nur oberflächliches Eintauchen in die jeweils andere Religion, außerdem mangelnde Hingabe an die eigene Religionsgemeinschaft oder sogar den Verrat an ihr. Zumindest ist es das, was die religiösen Autoritäten befürchten. Doch eine doppelte Zugehörigkeit kann auch ein Segen sein, nicht allein für das Individuum, sondern für die Gemeinschaft. Der amerikanische

Religionswissenschaftler und Theologe Paul Knitter sagte von sich selbst: „Ohne Buddha wäre ich heute kein Christ“[135], und Rose Drew hat zur Frage der doppelten Zugehörigkeit sehr interessante Beiträge verfasst.[136] Die doppelte Zugehörigkeit trägt dazu bei, beide Traditionen oder Religionen zu bereichern. Sie führt zu wechselseitiger Toleranz, Verständnis und Respekt und nicht nur zu einem *intra*-religiösen, sondern auch zu einem *inter*-religiösen Dialog. Kein Mensch ist eine Insel, wir alle sind Teil des gesamten Kontinents. Ist eine religiöse Institution in der Lage, das zu akzeptieren, kann die doppelte Zugehörigkeit ein Segen für die jeweilige Religion sein. Doch für die Mehrheit der religiösen Anhängerschaft scheint eine doppelte Zugehörigkeit eher nicht geeignet, nur wenige können den Übergang und die Rückkehr tatsächlich bewerkstelligen. Auch werden sie dabei nicht umhinkommen, eine Tradition gegenüber der anderen zu bevorzugen, daran lässt sich wohl nichts ändern. Paul Knitter, der diesen Weg gegangen ist, gesteht: „Aus meinem Buch geht deutlich hervor, dass meine Kernidentität als Christ durch meinen Übergang zum Buddhismus stark beeinflusst wurde. Meine primäre Loyalität gilt Christus und dem Evangelium, und doch überlagern meine christlichen Erfahrungen und Glaubensüberzeugungen nicht, was ich durch Buddha gelernt und erlebt habe. An vielen Stellen des Buches ist mir deutlich geworden – oft mit großer Erleichterung –, dass der Buddhismus uns Christen eine tiefere Einsicht und eine deutlichere Wahrheit eröffnen kann. Und doch gehe ich am Ende meines Wegs nach Hause – zu Jesus.“

5. Der Weg dazwischen: gegründet in Leerheit

Meine eigene Position ist die einer doppelten Zugehörigkeit, doch sie ist noch etwas spezieller. Dazu zunächst ein Beispiel: Vor einigen Jahren hielt ich in Sydney in einer katholischen Kirche einen Vortrag über Zen für ein christliches Publikum. Ein Mann aus der Zuhörerschaft attackierte mich und stellte infrage, dass ich Christ und Zen-Anhänger zugleich sein könne. Ich versuchte es ihm zu erklären, doch er blieb bei seiner schroffen Ablehnung. Da griff ein Freund von mir, John Hughes, ein und versuchte zu vermitteln. Der Mann wandte sich daraufhin meinem Freund zu: „Sagen Sie es mir, Mister: Ist Ihr Meister nun Christ oder Buddhist?" John antwortete ganz ruhig: „Er ist ein Mensch!" Das ist eine wunderbare Antwort, auch wenn sie sicherlich nicht genügt.

Ich bin Christ *und* Zen-Meister. Wenn ich die Eucharistie feiere oder eine christliche Zeremonie durchführe, bin ich durch und durch Christ. In diesem Kontext bewege ich mich innerhalb der christlichen Weltsicht und vermittle die christliche Vision. Wenn ich Zen lehre, bin ich durch und durch ein Zen-Mensch, der die zen-buddhistische Weltsicht und die Erfahrung, die Lehre und die Vision des Zen weitergibt. Jeder dieser Traditionen fühle ich mich uneingeschränkt verpflichtet. Doch selbst wenn ich bei meiner Lehre die christliche ebenso wie die Zen-Sprache verwende, bleibt Zen für mich *Zen*, Christentum *Christentum*. Dazwischen gibt es keine Vermischung und kein Verwischen der jeweiligen Grenzen. Ich befinde mich in einem Zwischenraum (*in-between*) zwischen beiden Traditionen oder Religionen, und dieses „Dazwischen" ist ein Raum des Nichtwissens und der Dunkelheit, eine „Wolke des Nicht-Wissens" und die Dimension dessen, was Zen die Leere nennt. Der Zen-Meister Banzan fragte einmal seine Schüler: „In allen drei Welten gibt es keinen Dharma. Wo findet ihr den Geist?" (HR 37). Mit Dharma ist hier die Welt der Lebewesen gemeint. Ein anderer Zen-Meister sagte: „Bleib nicht auf der Spitze eines hundert Fuß hohen Mastes sitzen; mach einen Schritt vorwärts und manifestiere deinen Körper in den zehn Richtungen" (MK 46). „Auf der Spitze eines hundert Fuß hohen Mastes sitzen": damit ist ein Festklammern an der Leere gemeint. Das „Dazwischen" ist ein Bereich der Leere, doch wir können darin nicht verweilen, vielmehr geht es darum, die Leerheit immer wieder neu zu verwirklichen. Das Erwachen im Zen ist ein Erwachen zur Leere, wie das Herz-Sutra verkündet: „Leere ist Form, Form ist Leere." „Form" bezeichnet die Lebewesen und das Sein, doch auch Leere ist nichts *anderes* als Form. Im „Dazwischen" der Leere befinden wir uns im Nirgendwo, auf einem grundlosen Grund. Ein Zen-Koan ruft uns auf: „Nirgendwo stehend lass dein Selbst hervortreten." Im Zwischenraum, zwischen all unseren Vorstellungen, Ideen und Symbolen klafft ein Abgrund – und genau dahinein gehen wir, jenseits von Formen und Konzepten. Wir können uns im Zwischenraum nicht festhalten, wir müssen in die Welt der Form eintreten und unseren Körper und unser Selbst manifestieren, sei es als Christ/in oder als Buddhist/in. Doch die Leere ist unser wahres Selbst und sie manifestiert sich in der verkörperten Form unseres Selbst.

Das Zen-Verständnis von Masao Abe[137] ist unzureichend und lässt vieles vermissen, doch seine Bemerkung über die Leere als Grund des Selbst, der Welt und als Grund Gottes ist sehr prägnant: „Wahre Leere ist niemals ein Objekt, das außerhalb des Selbst zu finden wäre. Tatsächlich ist es etwas Nicht-Objektivierbares und genau deshalb ist es auch die Grundlage der reinen Subjektivität. Innerhalb der christlichen Mystik wird Gott oft als das „Nichts" oder als das Unwissbare, Ungreifbare bezeichnet. Doch dieses Letztgültige ist ein Objekt des Sehnens der Seele und damit nicht dasselbe wie die wahre Leere im Zen. Im Zen ist es nur zu finden, wenn auch noch das „Nichts" als höchstes Ziel oder die Leere als Objekt der spirituellen Suche negiert wird. Wer diese Zen-Haltung erreichen will, muss sich abwenden vom Nichts als Endziel, muss die Leere als Objekt loslassen und zurückkehren zum Nichts als der eigenen Grundlage, der Leere als dem wahren Subjekt. (...) Wahre Leere, im Buddhismus *shunyata* genannt, ist keine nihilistische Position, die religiöse Wertvorstellungen einfach verneint. Auch der Nihilismus in uns muss überwunden werden, damit er eine existenzielle Grundlage für Befreiung oder Freiheit sein kann. Damit befreien wir uns sogar von dem, was Nicht-Buddha ist, also von einer rigiden Sicht der Leere. (...) Die Grundlage unserer Existenz ist ein Nichts, *shunyata*, gerade deshalb, weil sie niemals zu einem Objekt gemacht werden kann. Shunyata ist so tief, dass darin sogar Gott als „Objekt" der mystischen Einheit und des Glaubens eingeschlossen ist. Shunyata ist Nicht-Sein, aus dem selbst Gott überhaupt erst entsteht. Shunyata ist der tiefste Grund des Selbst und die Grundlage all dessen, was uns umgibt. Shunyata an sich zu realisieren – das genau ist mit der Selbst-Erweckung des Dharma gemeint. Shunyata, die Grundlage unserer Existenz, die niemals selbst ein Objekt sein kann, erstreckt sich in alle Richtungen bis in Unendlichkeit, und dasselbe gilt für das „Erwachen des Dharma". (…) Ursprünglich – genau hier und jetzt – befinden wir uns in einer Ausdehnung von Selbst-Erwachen und es dehnt sich unendlich in alle Richtungen aus. Nur so ist es überhaupt möglich, dass wir über unsere Beziehung zur Welt oder über eine Ich-Du-Beziehung zu Gott sprechen können. Trotzdem suchen wir normalerweise, so wie Yajnadatta[138], der in der Außenwelt nach seinem Kopf suchte, außerhalb unserer selbst nach unserem Selbst, das ist unsere grundlegende Illusion. (…) Wenn wir diese grundlegende Illusion als solche erkennen, werden wir wahrnehmen, dass wir in unserer eigenen Tiefe gegründet sind, in dem sich unendlich ausdehnenden Selbst-Erwachen von Shunyata."[139]

6. Zusammenfassung – und ein Nachtrag

Religion ist auch ein Weg, in Sanskrit *marga*. Ursprünglich betrachtete man Religionen im wortwörtlichen Sinne als Weg, wobei sie sowohl Wege *sind*, wie auch selbst *auf dem Weg* sein sollten. Das heißt, sie sollten sich je nach den Notwendigkeiten und Herausforderungen ihrer jeweiligen Zeit verändern und weiterentwickeln und gleichzeitig ihrer ursprünglichen Vision und Ausstrahlung ihrer Begründer treu bleiben. Diese Treue sollte kreativ und nicht statisch sein, doch leider, ganz zu schweigen von ihren dunklen Seiten, bewegen sich Religionen eher träge voran wie lethargische Elefanten. Sie scheinen unfähig zu sein, in Einklang mit der modernen Zeit auf brennende Fragen wie die nach Menschenrechten und menschlicher Würde angemessen zu reagieren. Deshalb wenden sich viele Menschen von der Religion ab, die sie als vertrocknet, eng und erstickend erleben.

Dazu kommt, dass die Religionen sich in viele Richtungen und Verästelungen aufgesplittert haben, obwohl sie eigentlich einen gemeinsamen Geist vertreten sollten. Der Buddhismus ist zum Beispiel nicht nur in viele Richtungen und Verästelungen aufgespalten, sondern vertritt in seiner Gesamtheit Glaubenssätze und Praktiken, die untereinander nicht einmal mehr kompatibel sind. Dazu kommt, dass die ursprüngliche Versprachlichung der Lehre und Vision der jeweiligen Religionsstifter tief in die Vergangenheit zurückreicht und kaum mehr rekonstruierbar ist. Der Buddhismus zum Beispiel ist mit Lehren, Theorien und Praktiken überladen, die buchstäblich schreien nach hermeneutischen Interpretationen. Diese müssten wahr und authentisch sein, um das Herz der Menschen in der heutigen Zeit noch zu erreichen. Das Gleiche gilt für das Christentum. Im Buddhismus wie im Christentum muss die jeweilige Lehre sich durch die praktische Lebenserfahrung prüfen und bewahrheiten lassen. Natürlich beeinflussen Lebenserfahrung und Lehre sich wechselseitig, doch die Lebenserfahrung sollte Priorität haben. Nur Formen von Spiritualität, die fest verwurzelt in ihrer Ursprungsreligion und in der Lage sind, konkrete Antworten auf die heutige Lebenssituation der Menschen zu geben, beinhalten das Versprechen und das Potenzial für einen schöpferischen Wandel. Zen und Vipassana sind spirituelle Wege, die den Buddhismus wie das Christentum befreien und bewahren können. Doch auch darin stecken Probleme der Interpretation sowie Fragen nach ihrem Sinn und ihrer Relevanz für die menschliche Praxis. Vieles hängt konkret von der jeweiligen Lehrerin oder dem Lehrer ab: „Eine schlechte Lehre kann sich durch gute Lehrerinnen und Lehrer in eine gute Lehre verwandeln, doch schlechte Lehrende werden sogar eine gute Lehre noch verderben.“ Das ist das Problem der Lehrenden und Gurus, doch natürlich gibt es auch Probleme mit den Suchenden und Studierenden. Die Welt, in der wir leben und lernen, ist unvollkommen, voller menschlicher Schwächen und

Fehler, und unser Herz ist gierig und allzu leicht verführbar. Und doch sind wir ein Teil des Mysteriums der Leere und die Grundlage unseres Selbst ist Leerheit, ein gütiges und gnädiges Geheimnis.

Das folgende Koan zielt auf das Geheimnis der Selbstmanifestation in der Stille, die zu einem befreienden Erwachen führen kann:

Ein Nicht-Buddhist fragt Buddha

ENGOS EINFÜHRUNG

Obwohl ohne Form hat es Form.
In alle zehn Richtungen ist die vollkommene Leere ausgebreitet.
Obwohl ohne Geist kann es Antworten geben.
Ohne Schwierigkeit erfüllt es das ganze Universum.
Eins packt er an und drei sind geklärt.
Mit sicherem Auge unterscheidet er Gramm und Unze.
Selbst wenn Stockschläge wie Regentropfen niederprasseln,
und ein Gebrüll wie Donnergrollen hallt,
ist der Rang des vollkommenen Menschen noch nicht erreicht.
Sagt mir, was es mit dem vollkommenen Menschen auf sich hat?
Um das zu prüfen, gebe ich ein Beispiel. Aufgepasst!

DER FALL

Ein Nicht-Buddhist fragte Buddha: „Ich bitte nicht um Worte, ich bitte nicht um Nicht-Worte." Der Welt-Erhabene blieb einfach still sitzen. Da lobte ihn der Nicht-Buddhist und sagte: „Durch sein Wohlwollen und seine Barmherzigkeit hat der Welt-Erhabene die Wolken meiner Illusionen aufgelöst und mir geholfen, den Weg zu finden."

Nachdem der Nicht-Buddhist weggegangen war, fragte Ananda den Buddha: „Was hat der Nicht-Buddhist erfahren, dass er sagen konnte, er habe den Weg gefunden?"

Buddha antwortete: „Er gleicht einem feinfühligen Pferd, das schon zu laufen beginnt, wenn es den Schatten der Peitsche sieht."

SETCHÔS VERS

Das Rad des Handelns hat sich nie bewegt.
Wenn es sich dreht, entstehen zwei.
Schnell wird ein strahlender Spiegel aufgestellt.
Sofort sind schön und hässlich geschieden.
Werden schön und hässlich erkannt,
verschwinden die irrigen Wolken.
Wie könnten am Tor der Barmherzigkeit
noch Nebelschwaden erscheinen?
Schnell erkannte das gute Pferd den Schatten der Peitsche.
Tausend Meilen in Windeseile – und zurückgerufen.
Nach Ruf und Rückkehr schnalze ich dreimal mit dem Finger.

(Hekiganroku, Fall 65)[140]

12. Zen und die Psyche

Während der Buddhisten-Verfolgungen in der chinesischen Provinz Huichang (841–846)[141] verbrachte der Zen-Meister Huangbo[142] einige Zeit im vergleichsweise sicheren Kloster des letzten Nationallehrers Yanguan Qi'an und half dort bei Ritualen mit. Zur gleichen Zeit hielt sich Li Chen, der als neuer Kaiseranwärter galt, im Tempel versteckt. Verkleidet und als einer von vielen Novizen unerkannt, diente er der Mönchsgemeinschaft und wartete auf das Ende der politischen Unruhen. Weil er aber neugierig auf Zen war und wusste, dass er mit Huangbo einen bedeutenden Zen-Meister vor sich hatte, fragte er, als er sah, wie der Meister wieder einmal seine Niederwerfungen machte: „Wir sind doch angehalten, weder in Buddha noch in Dharma oder Sangha einen Sinn zu suchen. Wonach suchst du also, Meister, wenn du deine Verneigungen machst?" Huangbo antwortete: „Obwohl ich nichts von Buddha, Dharma oder Sangha erwarte, verneige ich mich gerade *so*", und er verneigte sich. „Doch zu welchem Zweck?", fragte der Novize. Huangbo versetzte ihm einen Schlag. Der Novize sagte: „Das war grob von dir." – „Was soll das?", fragte der Meister. „Machst du etwa einen Unterschied zwischen fein und grob?" Dann schlug er ihn erneut und fuhr mit seinen Verneigungen fort.

Die berühmten „Zehn Zen-Ochsenbilder" illustrieren die verschiedenen Stadien der Zen-Reise. Meist wird diese Reise aus Zen-Perspektive beschrieben, man könnte sie aber auch aus einer psychologischen oder spirituellen Sicht erläutern. Da ich die Reise aus der Zen-Perspektive bereits in einem früheren Buch beschrieben habe[143], möchte ich hier nun die verschiedenen Stadien aus psychologischer Sicht betrachten. Die folgenden Ausführungen haben nicht den Anspruch einer wissenschaftlichen These, sondern sie sind zur praktischen Anregung und Unterstützung meiner Schüler/innen gedacht.

Zahlreiche Forschungsansätze befassen sich mit den verschiedenen Entwicklungs- und Reifestadien des Menschen. Dazu zähle ich u.a. Lawrence Kohlbergs Ergebnisse zur Entwicklung der kindlichen Moral, James Fowlers Ansätze zur Glaubensentwicklung, Erik Eriksons Analysen zur psychosozialen Entwicklung, die Forschungen von Jean Piaget zur kognitiven Entwicklung sowie Thomas Kuhns Thesen zur Wissenschaftskritik und zum Paradigmenwechsel in der Wissenschaft. Was die Dimension der religiösen Entwicklung des Menschen angeht, möchte ich auf David Kriegers Arbeiten hinweisen[144] oder auf den von C.G. Jung inspirierten Psychologen Robert Johnson, der sich mit der Entwicklung des menschlichen Bewusstseins beschäftigt und zwischen einem einfachen, einem komplexen und einem erleuchteten Bewusstsein unterscheidet.[145] Ich möchte an dieser Stelle lieber von „Dimensionen" der psychischen Entwicklung sprechen, mit verschiedenen aufeinander aufbauenden Stadien, also von Zwei-, Drei- und Vier-Dimensionalität. In jedem Stadium steckt eine Art Durchbruch, das heißt, es ist ein Sprung ins nächste Stadium nötig, das uns dann eine neue Sicht auf die Welt und die Wirklichkeit eröffnet. Veränderungen dieser Art kann man als Umwälzung oder Konversion betrachten, als einen Wandel im metaphorischen Prozess.[146]

Die zweidimensionale Psyche

Im ersten Stadium unserer psychischen Entwicklung gibt es nur zwei Dimensionen. Analog den Dimensionen von Länge oder Breite kann man sich gewissermaßen flach im Raum hin und her bewegen, nicht aber in die Höhe oder Tiefe. In zeitlicher Hinsicht ist dieses

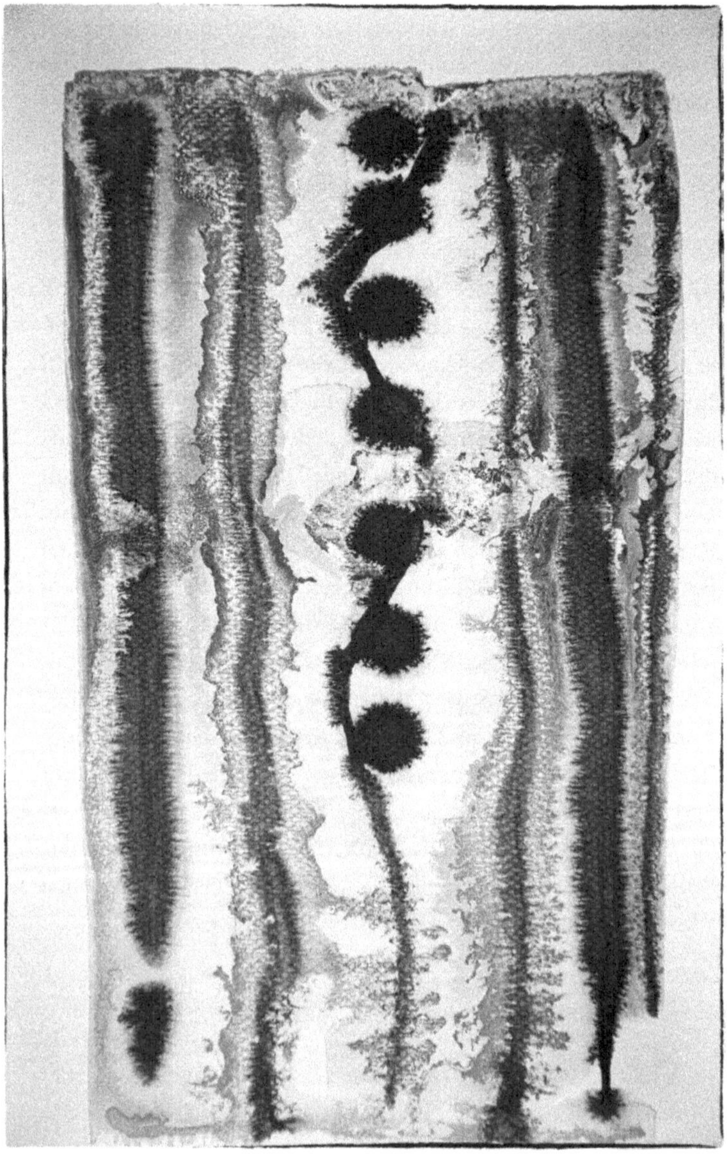

Stadium unilinear: Vergangenheit, Gegenwart und Zukunft befinden sich auf einer horizontalen Linie, ohne vertikale oder transtemporale Dimension. Bezogen auf die menschliche Psyche kennt der zweidimensionale Geist nur die beiden Ebenen von Dualismus und Literalismus[147]. Die psychische Verfasstheit wird bestimmt von Selbstzentriertheit, einer polaren Sicht des „Ich gegen andere" und einem Denken in Schwarz/Weiß- oder Gut/Böse-Schablonen. In diesem Stadium dreht sich alles nur um die eigene Person, um den eigenen Gewinn oder Verlust. In moralischer Hinsicht gibt es nur Falsch/Richtig, nichts dazwischen, keine Toleranz oder gar Akzeptanz von Gegensätzen und Widersprüchen wie Licht *und* Dunkelheit, Erfolg *und* Versagen, Akzeptanz *und* Ablehnung. Diese Dimension kennt keine innere „Geräumigkeit" und keinen inneren Frieden. Elemente wie Geduld, Vergebung, Vertrauen, Glauben, Hoffnung oder gar die Erkenntnis, dass ein gütiges Mysterium uns umgibt und wir ein Teil dessen sind, haben hier keinen Platz. Auf diesen dualistischen, literalistischen Geisteszustand bezieht sich Paulus" Warnung: „Der Buchstabe tötet. Was Leben gibt, ist die Seele" (2. Korintherbrief 3:6). Innerer Antrieb dieser psychischen Dimension sind Gefühle und Phantasien. Zwar verleiht die Unterströmung der Phantasie dem Leben gewisse Formen, schließt jedoch alles aus, was sich außerhalb dieser Formen befindet.

Am Beispiel von Don Quixote erläutert Robert Johnson die typischen Charakterzüge einer „zweidimensionalen Person": Sie lebt „ausschließlich im Bereich von Phantasie und Einbildungskraft, in einer unfehlbaren Welt, die sie niemals im Stich lässt. (…) Im Fall einer Konfrontation von innerer und äußerer Realität wird immer die innere Realität über die äußere siegen. Menschen, die dreidimensional denken, würden die Windmühlen-Geschichte wohl eher komisch finden, doch aus der Perspektive des imaginären Königreichs einer zweidimensionalen Person stellt sie eine unerschütterliche Realität voller Romantik und Ritterlichkeit dar. Der zweidimensionale Mensch lebt im Gefühl des Triumphs seiner inneren Realität über die äußere."[148] Johnsons Kritik an der Rolle der Phantasie sollte man jedoch relativieren. Ich halte mich hier lieber an Albert Einstein, der der Meinung war, dass Phantasie und Vorstellungskraft oft wichtiger sind als Wissen.

Treibende Kraft bei einer zweidimensionalen Person sind die Gefühle. Johnson unterscheidet hierbei zwischen Gefühl (*feeling*) und Emotion (*emotion*): „Das Gefühl gibt uns eine Möglichkeit zur Auswahl und Bewertung. Die emotionale Gestimmtheit dagegen ist gekennzeichnet davon, dass sie von unserer inneren ‚Weiblichkeit' besetzt oder sogar überwältigt ist. Fühlen verweist auf die sublime Kunst, den Ereignissen eine Bedeutung oder einen Wert zu verleihen. Man fühlt, wohin man gehört, man fühlt Loyalität für etwas oder jemanden, man fühlt, worin die eigenen Wurzeln bestehen. Bei einer Emotion jedoch (hier geraten wir bereits in Schwierigkeiten, weil es keinen adäquaten Begriff gibt für so etwas wie ‚in einer Stimmung verfangen sein') befinden wir uns im Griff der ‚weiblichen' Seite unserer Natur und sind überwältigt von einem irrationalen Element, das chaotisch ins äußere Leben eingreift. (...) Oft müssen wir eine Entscheidung treffen zwischen einem Gefühl und einer Emotion. Sind wir von einem dieser beiden gefesselt, dann ist da kein Raum mehr für das jeweils andere. Eine Emotion verhindert eher das reine Fühlen, obgleich ein Gefühl auf den ersten Blick wie eine Emotion anmuten mag. Befindet sich ein Mensch in einer Gestimmtheit oder Gefühlslage – oder genauer: hat sich eine Stimmung in ihm ausgebreitet –, büßt er oder sie automatisch die Fähigkeit des reinen Fühlens ein und ist für eine kreative Beziehung nicht mehr offen. (…) Was man als Depression oder Inflation bezeichnet, ist nur eine andere Bezeichnung für bestimmte Emotionen, die den Betroffenen ein Gefühl der Überwältigung signalisieren durch etwas, das sie nicht mehr als ihr wahres Selbst wahrnehmen."[149]

Oft wird die menschliche Lebensreise als Kampf interpretiert, als klassische Heldinnen- oder Helden-Reise, in der wir heroisch nicht allein gegen Dämonen, Drachen und Monster, sondern für das Gute und gegen das Böse und auf der Seite der Treuen gegen die Untreuen kämpfen, ein Kampf von „Wir" gegen „die anderen". Auch der jugendliche Idealismus, mit dem wir gegen Traditionen oder die Gesellschaft rebellieren, zeigt sich oft in der Gestalt eines Kampfes, in dem das „gute Neue" sich gegen das „böse Alte" wendet, obwohl es sich faktisch weit eher um die jugendliche Identifikation mit einer Peergroup handelt, die zum Symbol unserer Phantasie einer gesellschaftlichen Umwälzung geworden ist. Von diesem Stadium der Lebensreise – als Kampf oder auch als Suche – handeln die ersten beiden Ochsenbilder.

Wir Menschen haben die Neigung, unsere positiven Seiten ebenso wie unsere Schattenseiten in anderen Menschen zu verorten. Johnson spricht von der Tendenz, unsere inneren Schätze (das „innere Gold"), also unsere Schönheit oder das Gute in uns auf eine äußere Gestalt, eine Heldin oder einen Helden, eine Führerin oder einen Guru zu projizieren.[150] Die Aufgabe solcher Hüter/innen des „inneren Goldes" wäre es, das ihnen Anvertraute treuhänderisch und unangetastet zu bewahren, bis ihr Gegenüber in der Lage ist, den Schatz zu sich zurückzuholen. Doch dieser Prozess steckt voller Fallen und nicht selten kommt es zu Manipulation, Missbrauch oder sogar Gewalt. Vielleicht sind die Hüter nicht mehr bereit, das ihnen Anvertraute auch wieder loszulassen, oder die Schützlinge verhalten sich abhängig oder parasitär. Wenn eine idealisierte Führungsfigur ihr/sein Gegenüber kritisiert oder womöglich zurückweist, kann das im Schützling eine Depression oder einen Prozess der Dämonisierung der vormals so verehrten Gestalt auslösen. Menschen in der zweidimensionalen Sphäre bilden eine leichte Beute für Wut oder fundamentalistischen Hass, weil sie nicht in der Lage sind, Anders-Sein zu tolerieren. Am liebsten möchten wir immer, dass die andere Person ein Spiegelbild unserer eigenen ist und alle Menschen unserer eigenen Religion, Gruppe oder Partei angehören. Die radikale Andersheit und Verschiedenheit der Menschen löst Unsicherheit und Schrecken aus und führt leicht zum Wunsch, auszugrenzen oder zu negieren, was irgendwie anders ist als wir selbst. Besonders ausgeprägt kann ein solcher Mechanismus sein, wenn Menschen sehr selbstunsicher, perfektionistisch oder moralistisch veranlagt sind oder unter paranoiden Tendenzen leiden. Dann verfangen sie sich besonders leicht im Dualismus der zweidimensionalen Sphäre und in Psycho-Spielen von (Selbst-)Vorwurf und (Selbst-)Rechtfertigung, was zu einer Inflation der Persönlichkeit[151] ebenso wie einer Depression führen kann. Wie René Girard in seiner Studie über das mimetische Begehren ausgeführt hat, kann ein solcher Prozess auch dazu führen, dass Menschen sich auf die Suche nach einem äußeren „Sündenbock" machen, der als Katalysator für ihre eigenen inneren Probleme herhalten muss.

Die dreidimensionale Psyche

Im dritten Zen-Ochsenbild wird der Ochse schließlich gefunden. Damit erwacht der Mensch zu seinem wahren Selbst, entdeckt seinen eigenen Schatz und macht seine eigene Wahrheit geltend. Im dreidimensionalen Stadium erwachen wir zur Wirklichkeit der/des anderen und lernen, auch die Perspektive anderer Menschen wahr- und einzunehmen. Für die interreligiöse Praxis habe ich das als Prozess von „Hinübergehen und Zurückkommen" beschrieben, in dessen Verlauf wir in eine andere Wirklichkeit eintauchen und Respekt vor fremden Werten und anderen Sichtweisen erlernen. So kann ich beispielsweise als Christ/Christin in Zen „hinübergehen", um zu meiner eigenen Religion „zurückzukommen". In einer Gesellschaft leben wir jedoch innerhalb bestimmter gesellschaftlicher und kultureller Formationen und passen uns in aller Regel an sie an. In der konventionellen Sphäre ist es meist üblich, dass man eine Arbeit aufnimmt, heiratet, familiäre Verpflichtungen eingeht und sein Leben innerhalb der sozialen Gemeinschaft führt. Die Familie, die Nation und die Menschen unseres Landes werden zu unserer Heimat und verleihen uns Sicherheit. In Bezug auf diese Elemente formen wir unsere Begabungen, unsere moralischen Qualitäten und Tugenden aus und gehen in unserer gewählten Berufung und Bestimmung auf.

Wir entwickeln uns, indem wir lernen, unsere Werte zu verwirklichen, uns eine Lebensaufgabe zu suchen, hingebungsvoll an ihrer Erfüllung zu arbeiten und unser Leben an der Erfüllung dieser Aufgabe zu messen. Das ist ein Stadium, das Kierkegaard vermutlich als Stufe der „ethischen Konversion“ bezeichnet hätte. In den Zen-Ochsenbildern entspricht dieses Stadium den Bildern vier bis sechs. Es handelt sich um die Schaffensperiode unseres Lebens, in der wir Erfolge erringen und Ziele erreichen, Fähigkeiten entfalten, in der wir unsere Kräfte aufs Äußerste anspannen und unbedingt herausfinden wollen, wie weit sie reichen. Vielleicht machen wir uns sogar einen Namen in der Gesellschaft und werden berühmt, doch Lebensziele können sich auch als Enttäuschung oder gar als Fehler herausstellen. Vielleicht bleiben wir in Mittelmäßigkeit oder in Nebensächlichkeiten stecken, schließlich können wir nicht alle Chefinnen oder Helden sein. Letztendlich dient diese Lebensaufgabe unserer Selbstprüfung, und selbst wenn wir im Leben keinen Erfolg haben oder versagen, können wir trotzdem einen Weg finden, um ein gutes Leben zu führen. „Gut leben“, das heißt in diesem Zusammenhang, gut für uns und andere zu sorgen, denn es ist Zuwendung und Sorge, die unserem Leben ein Ziel und einen Sinn verleihen. Sigmund Freud hat einmal gesagt, dass der Sinn unseres Lebens in „Liebe und Arbeit“ bestehe. Letzten Endes müssen alle unsere Erfolge oder Misserfolge sich daran messen lassen, ob sie zu dieser selbstlosen Sorge und Liebe beitragen. Typische Fallstricke dieses Stadiums sind vor allem die Verführungen der Macht, die die Entwicklung von Gier, Anmaßung, Stolz und Selbstaufblähung fördern. Vielleicht haben wir uns vollständig in den kapitalistischen Konkurrenzkampf geworfen und aufgegeben, für unsere Ideale einzutreten. Damit werden wir nicht nur anderen, sondern vor allem uns selbst untreu. Wenn wir uns selbst nur nach Kriterien von „Namen und Ruhm in der Welt“ bewerten, wird dieses Selbst sich irgendwann als trügerisch erweisen. Fixieren wir uns dagegen nur auf unsere Fehler und Mängel, können wir leicht in Abhängigkeit, Sucht oder Depression abgleiten, und auch das kann eine Form von Egozentriertheit sein.

Die dunkle Nacht

Zwischen der drei- und der vierdimensionalen Phase, etwa ab dem siebten oder achten Zen-Ochsenbild, befindet sich ein Tal voller Dunkelheit und Verlorenheit. Hier sind wir mit Verletzlichkeit und Gebrechlichkeit, mit dem Alter, mit schweren und unheilbaren Krankheiten, wie zum Beispiel Alzheimer, und vor allem unausweichlich mit dem Tod konfrontiert. In diesem Tal ziehen wir Bilanz, stellen die Werte und Ideale der Gesellschaft, der Religion und die Grundlagen unseres Selbst in Zweifel und fragen nach dem Sinn unseres Lebens. Müssen wir erkennen, dass es nirgends eine Sicherheit gibt außer dem sicheren Tod, der uns mit dem Nichts, mit Leere und Bedeutungslosigkeit konfrontiert, dann öffnet sich ein bodenloser Schlund und wir schauen in den Abgrund. Da gibt es keinen festen Boden mehr, auf dem wir stehen könnten. Gott ist tot, es gibt kein Leben nach dem Tod, auch kein Paradies und keine ewigen Wahrheiten. In diesem Stadium gehen uns die Orientierung und der Glauben verloren. Was bleibt, ist nur noch Zweifel – Zen spricht vom „Großen Zweifel". Das Leben wird langweilig, bedeutungslos, öde und vom Gefühl der Sinnlosigkeit überschattet. Die Wüstenväter sprachen von der Zeit, in der der „Mittagsdämon" die *acedia*, eine absolute Gleichgültigkeit im Menschen, erzeugt. Das Gift dieser Gleichgültigkeit führt zu apathischer Trägheit und Energielosigkeit und löst existenzielle Verzweiflung und Hoffnungslosigkeit aus, die die Seele langsam zerfressen. Der Geist entleert sich, das Herz verwandelt sich in eine Wüste, die Seele stirbt einen langsamen Tod, wie in der Chassidischen Geschichte vom „Fünfzigsten Tor" beschrieben: „Hinter dem Fünfzigsten Tor ist nur noch der Abgrund." Solange wir für andere gelebt und gesorgt haben, vielleicht für die Familie oder die Kinder, war es vielleicht noch erträglich. Doch wenn diese Bindungen bedeutungslos geworden oder zerstört sind, bleibt uns nichts mehr, an das wir uns halten können. Dann sind das Böse, die Tragödien und Grausamkeiten der Welt schier endlos, und all unsere Anstrengungen, wenigstens einen kleinen Teil dieser zerbrechlichen Welt zu heilen, kommen uns sinnlos vor. Wenn wir das Vertrauen verlieren, werden Hoffnung und Liebe abgelöst durch Einsamkeit und Verzweiflung. Das Leben wird absurd, schlimmer, es wird einer Hölle der nihilistischen Verzweiflung wie in Sartres bekanntem Drama.[152] Was bleibt uns, wenn wir in diese Situation geraten? Vielleicht flüchten wir in Obsessionen, in eine Jagd nach Macht, Geld oder Sex. Vielleicht suchen wir rastlos nach Partnerinnen oder Partnern in der vagen Hoffnung, durch eine neue Beziehung eine Ruhepause oder etwas Erleichterung zu finden. Vielleicht überlassen wir uns der Bitterkeit, dem Zynismus und dem Ressentiment. Oder wir fallen in eine Depression und entwickeln Gedanken an Selbstmord. Wir könnten natürlich auch in eine fundamentalistische Sekte eintreten und/oder finstere Ideen von Zerstörung und Verbrechen ausbrüten. Ein uraltes Evangelium erzählt, dass an den Pforten der Hölle eingemeißelt steht: „Ihr, die ihr hier eintretet, lasset alle Hoffnung fahren."[153] Gibt es überhaupt irgendeine Hoffnung?

Die vierdimensionale Psyche

Die vierte Dimension der Wirklichkeit taucht erst im achten, neunten und zehnten Ochsenbild auf und ist wie das Erwachen aus einem todesähnlichen Zustand. Diese neue Lebensregung lässt sich nur in Symbolen, Metaphern oder in einer poetischen Sprache ausdrücken wie in Setchôs Vers:

> Am entfernten Himmel geht die Sonne auf, der Mond unter.
> Hinter den Hügeln hohe Berge und kalte Gewässer.
> Kein Bewusstsein, keine Freude im Schädel;
> Der tote Baum, noch nicht ganz vertrocknet, singt im Wind.
> *(Hekiganroku, Fall 2)*[154]

Erst wenn wir ganz leer geworden und in die Tiefe eines Abgrunds gefallen sind, aus dem kein Weg mehr herauszuführen scheint, kann der Morgen dämmern und Glaube, Liebe und Hoffnung aufs Neue erwachen: „Nirgendwo stehend, lass dein Selbst hervortreten.“ Erst aus der Leerheit heraus können wir „wiederauferstehen“ und in bedingungsloser Bejahung zu unserem wahren Selbst erwachen. Dieser Schritt verlangt viel Mut, er verlangt eine Hoffnung ohne Hoffnung, einen Glauben ohne Glauben, eine Liebe ohne Liebe. Wir müssen unserem inneren Ruf gehorchen und uns in Liebe und Güte selbst bestätigen, ohne eine rationale Begründung und ohne die kleinste Garantie. Wir werden Güte und Gnade finden, doch, wie in der Geschichte vom fünfzigsten Tor, nicht außerhalb von menschlichen Bindungen und Verpflichtungen. Der Dichter T. S. Eliot drückt das wunderschön aus:

> Ich sagte meiner Seele: Sei still und warte ohne Hoffnung,
> denn Hoffnung stünde für das Falsche.
> Warte ohne Liebe, denn Liebe stünde für das Falsche.
> Zwar gibt es Vertrauen, doch Vertrauen, Liebe und Hoffnung
> stecken im Warten selbst.
> Warte ohne Gedanken, denn du bist noch nicht bereit dafür:
> Dann wird die Dunkelheit zum Licht und die Stille zum Tanz.[155]

Aus der absoluten Leere entsteht neues Leben. Genauer: Die Leere erwacht zur Leere des Selbst und damit zum Leben, zur Schönheit und zur Liebe. Lauschen wir weiter dem Dichter T. S. Eliot:

> Am Ruhepunkt einer sich drehenden Welt
> gibt es weder Fleisch noch kein Fleisch.
> Kein Woher und Wohin.
> Am ruhenden Punkt gibt es nur Tanz,
> doch weder Stillstand noch Bewegung.
> Und nenne es nicht Beständigkeit,
> wo Vergangenheit und Zukunft eins sind.

Keine Bewegung, weder Woher noch Wohin,
weder Auf- noch Abstieg.
Ohne den Punkt, den stillen Mittelpunkt,
gäbe es keinen Tanz,
doch Tanz ist alles, was da ist.
Ich kann nur sagen, dass wir da waren,
aber nicht, wo es war.
Ich kann auch nicht sagen, wie lange,
denn das hieße, es in der Zeit einzuordnen.
Innerlich frei von Willen und Begehren,
erlöst von Handeln und Erleiden, innerem und äußerem Zwang,
inmitten der Gnade der Einsicht, weißes Licht, still und bewegt.[156]

Die vierte Dimension schließt alle vorhergehenden Dimensionen ein und überschreitet sie zugleich. In dieser Dimension gibt es weder hier noch dort, weder darunter noch darüber und auch kein „Dazwischen". Sie lässt sich nur durch Metaphern beschreiben, wie zum Beispiel durch den Wind im Johannes-Evangelium: „Der Wind weht, wo es ihm gefällt. Du hörst ihn nur rauschen, aber du weißt nicht, woher er kommt und wohin er geht. So geheimnisvoll ist es auch, wenn ein Mensch vom Geist geboren wird" (Joh 3:8).

In der Bibel rät Jesus der Samariterin, Gott weder auf dem „Berg Garizim" noch im Tempel von Jerusalem anzubeten, sondern nur „im Geist und in der Wahrheit" (Joh 4:24). Wir sind aufgefordert, weder in der zweidimensionalen, dualistischen und buchstabengläubigen Welt steckenzubleiben, noch uns in der dreidimensionalen Sphäre von Macht und Aktivität zu verlieren. Wenn uns das gelingt, können wir in unserem verkörperten Selbst und auf der Erde zu Hause sein. Dann sind wir aufgehoben in einem Raum innerer Freiheit, und unser Bewusstsein ist geräumig genug, um auch Widersprüche und Gegensätze zu integrieren. Unser Selbst wird immer ein paradoxes Selbst sein, doch in der vierten Dimension können wir uns endlich frei in den Paradoxa von Selbst, Leben und Andersheit bewegen. Ob und wie weit uns das gelingt, erkennen wir an dem Ausmaß unserer Offenheit und Gutwilligkeit gegenüber anderen Menschen. Können wir andere wirklich *anders* sein lassen? Können wir Differenzen und Streitigkeiten akzeptieren, können wir an unserem eigenen Verständnis friedlich und gewaltlos festhalten? Können wir Böses als böse bezeichnen und trotzdem Menschen lieben, die Böses tun? Unser JA hat keine Kraft, wenn wir nicht gleichzeitig in der Lage sind, NEIN sagen zu können. Wollen wir vertrauensvolle Beziehungen aufbauen und erhalten, müssen wir auch imstande sein, unser Selbst von dem der anderen zu unterscheiden. Die Sorge für uns selbst ist ebenso wichtig wie die Sorge für alle fühlenden Wesen und für die gesamte Schöpfung. „Lehre uns zu sorgen, ohne uns zu sorgen“ – dieses poetische Gebet ist eine Mahnung für unseren Herz-Geist.

Wenn wir die Dimensionen von Literalismus und Materialismus transzendiert haben, erweitert sich unsere Sicht um die Ebenen der Symbolik und des Sakralen. Alles wird dann heilig, die ganze Welt wird zum Sakrament. Dann sind wir in der Lage, Religionen oder transzendente Realitäten wie Gott, Christus, Buddha, Buddha-Natur, Himmel oder Hölle nicht mehr wortwörtlich auszudeuten, sondern wir erkennen die Tiefendimension religiöser Symbole und Sakramente. Diese Symbole und Sakramente sind keineswegs „unwirklich“, sie verkörpern und vergegenwärtigen eine letzte Wirklichkeit, die begrifflich nicht ausdrückbar ist, die wir niemals direkt erfahren oder erfassen können. Ihre Vergegenwärtigung durch Symbole und Sakramente erlaubt uns jedoch, in andere Wirklichkeiten hinüberzugehen – und gleichzeitig auf dem eigenen Boden zu bleiben.

Unbedingt vermeiden sollten wir jedoch jede Form von Ideologie oder Vergötterung, jede Verabsolutierung der eigenen Religion oder Gemeinschaft, jede polarisierte Sicht von „Wir“ gegen „die anderen". Haltet euch an den Zen-Satz: „Wenn du den Buddha triffst, töte ihn!" oder auch an den römischen Dichter Terenz: „Ich bin ein Mensch, nichts Menschliches ist mir fremd." Leere Verallgemeinerungen jedoch wie „Alles ist in Ordnung", „Letzten Endes sind alle Religionen gleich" oder „Wir sind alle eins" sind nicht in Ordnung. Jeder Mensch ist einzigartig und individuell und sollte das auch zum Ausdruck bringen. Verschiedene Ideen und Konzepte, unterschiedliche Erfahrungen und Beurteilungsmuster sind wichtige Teile unseres Lebens. Es ist klärend und befreiend, wenn man weiß, wo man selbst steht, wenn man herausfindet, was andere Menschen motiviert oder abstößt, wenn man prüft, inwieweit die eigenen Bedürfnisse sich mit denen anderer treffen oder auch von anderen unterscheiden. Wir alle sind einzigartig und individuell, daher sollten wir das Individuum ebenso wie menschliche Unterschiede und Besonderheiten respektieren. Die/der Einzelne *ist* das Ganze, und je intensiver wir uns dem Besonderen zuwenden, umso ganzheitlicher und umfassender wird unsere Liebe. Unser menschliches Herz enthält alle Freuden und Leiden dieser Welt, gleichzeitig macht diese Tatsache uns zu einzigartigen, unvergleichlichen Wesen. In seiner Ode an die Unsterblichkeit schreibt Wordsworth:

> Dank dem menschlichen Herzen, durch das wir leben,
> dank seiner Zärtlichkeit, seinen Freuden und Ängsten
> kann mir die geringste Blume, die blüht,
> Gedanken geben, die oft zu tief liegen für Tränen.

Der Herz-Geist eines Menschen in der vierten Dimensionalität hat sich verwandelt, er ist offen für Freiheit, Frieden, Geduld, Mut und Freude ebenso wie für tiefe Sorge und Mitfühlen. *Bodhicitta*, der erwachte Herz-Geist, umschließt alles Existierende auf der persönlichen wie der kosmischen Ebene und nimmt es an.

Abschließend möchte ich Karl Rahner das Wort überlassen, den ich schon in meinem Buch „*The Zen Way*" zitiert habe: „Solange der Mensch ein Herz hat, wird er vom Herzen reden müssen mit eben diesem Wort Herz. Also immer. Immer wird er, wenn er einfältig und weise zugleich sich aus der Vielfalt in den einen Ursprung zurückruft, vom Herzen reden. Immer, wenn er die bleibende Essenz seiner Zeit in die Ewigkeit seines Daseins einsammelt, wird er sagen, dass er sie in die Wabe seines Herzens geborgen hat. Immer, wenn er sich selber vom Grund her wegjagt, wird er sagen: Ich schenke Dir mein Herz. Immer, wenn er in die finsteren Abgründe seines Daseins stürzt, wird ihm sein, als sei er gefangen in den Verließen seines toten und leeren Herzens. Immer wird er schlicht singen: ‚Geh aus mein Herz und suche Freud!‘ (…) Immer wird er seine Begnadigung rühmen als Ausgießung des Heiligen Geistes in seinem Herzen. Immer wird der Geschmähte sich dessen trösten, dass Gott sein Herz sieht. Immer wird man hoffen, dass ‚der Morgenstern endlich im Herzen aufgehen‘ wird, immer die selig preisen, die reinen Herzens sind, immer das Entsetzliche erfahren, dass das Böse aus der Grube des Herzens quillt, und selig sein, dass man das Gute im Herzen bewahren kann, immer die lieben, die von Herzen verzeihen können, immer danach allein gerichtet werden, ob man aus ganzem Herzen geliebt hat, weil die Waage Gottes nur die Herzen wiegt.“[157]

13. Probleme im Zen und im Buddhismus

Buddhismus und Zen sind großartige menschliche Schöpfungen. Zen entspringt dem Buddhismus und überschreitet ihn zugleich in gewisser Weise. Zen ist tief und umfassend, zutiefst menschlich und gleichzeitig transzendent, voller Schönheit und Dynamik. Und dennoch stoßen wir im Buddhismus wie im Zen auf etliche heikle Punkte, vor allem in Fragen von Lehre und Praxis. Auf einige Probleme möchte ich hier eingehen, insbesondere auf gewisse Tendenzen in spirituellen New-Age-Bewegungen, die sich auf den Buddhismus, die indische Advaita-Philosophie oder auf Zen und Vipassana berufen.

Das Problem mit dem Selbst

Bei fast allen Richtungen steht das Selbst im Zentrum. Zwar ist oft von einem „sogenannten Selbst" die Rede, doch primär geht es eigentlich immer um *einen* selbst, um *mein* Selbst. Wenn ununterbrochen vom „Reinen Bewusstsein", vom spirituellen Selbst oder Nicht-Selbst, vom universalen oder leuchtenden Geist, vom Selbst als Atman oder Brahman und so weiter gesprochen wird, drückt sich darin eine Selbstzentriertheit aus, die fast narzisstisch anmutet. Wie im postmodernen Psychojargon läuft es letztlich hinaus auf „Ich bin o.k., du bist o.k.". Tatsächlich aber reicht es meist nur bis zum „*Ich* bin o.k." und geht gar nicht erst weiter zum „*Du* bist o.k.“. Häufig hören wir auch vom „Eins-Sein mit der Welt“, vom „Mitgefühl mit allen Lebewesen“ usw., doch meist sind das nur sentimentale Phrasen über phantasierte Ersatzgottheiten einer körperlosen Sphäre. Spirituelle Lehrer und Lehrerinnen verkünden: „Du bist Nicht-Selbst“, „Du bist DAS“ (Tat Tvam Asi) oder „Du bist nicht dein Körper“ und behaupten, man müsse einfach umschalten oder die Perspektive wechseln, um diese Offenbarung zu realisieren. Andere dagegen predigen Entbehrungen und harte Kämpfe, um eine Selbst-Realisierung zu erreichen, vermutlich weil sie glauben, dass sie selbst durch unglaubliche Strapazen hindurchgegangen seien. Bei diesen Formen der Spiritualität handelt es sich meist um gnostische und esoterische Trends, die ausgehend vom Buddhismus und Hinduismus in den Westen gelangt und oft durch Zen, Advaita, Vipassana und ähnliche spirituelle Wege inspiriert worden sind. Selbstverständlich kann man für diese Entwicklung weder den Buddhismus noch den Hinduismus verantwortlich machen, beides große, umfangreiche und vielseitige Traditionen und Religionen. Vorrangig sind es Lehrende in Ost und West, die diese Art der Selbstbedienungs-Spiritualität verkaufen und die spirituelle Autorität des Selbst predigen, womit sie meist ihr eigenes Selbst meinen, das unschuldig, rein und fleckenlos ist und keine Verantwortung gegenüber anderen und der Welt zu tragen hat.

Das Problem mit der Ethik

Was Buddhismus oder Zen angeht: das Kardinalproblem in Zen, Vipassana und Advaita steckt in der Frage der *Ethik* oder der *Moral*. Zu einer Religion gehört immer auch eine Ethik, besonders die Verpflichtung gegenüber anderen Menschen darf niemals vernachlässigt werden. Sami Pihlström schreibt: „Ethik lässt sich nicht von einem *nicht*-ethischen (vermeintlich grundlegenderem) Gesichtspunkt aus begründen und rechtfertigen. Ein solcher Versuch wäre ein gänzliches Missverständnis des Problems. Wer erst fragen muss, warum er dem anderen (im Sinne von Levinas) verpflichtet ist, der

ist, wie Putnam es formuliert, ‚noch nicht ganz menschlich', und Mensch-Sein oder Mensch-Werden ist ja gerade das Thema der Ethik. Die ethische Beziehung zum andern – darauf haben Levinas, Putnam wie auch die Anhänger/innen Wittgensteins bestanden – ist immer vorbehaltlos und asymmetrisch (ich bin es, die/der gegenüber dem sterblichen, verwundbaren anderen verantwortlich ist, nicht *vice versa*). Das hat Vorrang gegenüber jeder anderen Situation, in der menschliche Wesen sich befinden mögen. *Diese* Beziehung ist es, die uns überhaupt erst menschlich macht."[158]

Der Weg des Buddhismus beinhaltet die Elemente von *sila* (buddhistischen Tugendregeln), *dhyana* (Meditation, Versenkung) und *prajna* (Weisheit, Erkenntnis). Seine Grundlage jedoch bildet Sila, die Ethik. Den erwähnten spirituellen Richtungen fehlt indessen eine ethische Grundlage und leider hat der Buddhismus dazu beigetragen, dass es überhaupt so weit kommen konnte. Der Buddhismus konzentriert sich auf den Geist und das bedeutet im Wesentlichen eine Innenschau, weniger eine Beschäftigung mit der äußeren Welt. Winston King merkt an: „Für den Buddhismus, im Pali-Kanon oder in den verschiedenen Richtungen des Mahayana, ist weder die Welt noch das Selbst dasjenige, was es zu sein scheint. (…) Die Bedeutung der Welt, so wie sie sich dem menschlichen Wesen darstellt, muss entweder entleert werden (im Pali-Kanon) oder im transformierten Bewusstsein eines Höheren Selbst erkennbar sein (im Mahayana). (…) Was Ethik angeht, so besteht die wichtigste Schlussfolgerung darin, dass der Buddhismus es ablehnt, sich mit der Welt mittels ihrer eigenen weltlichen Begrifflichkeit zu befassen. Der Buddhismus fühlt sich also nicht verpflichtet, die Welt zu retten, sondern kümmert sich primär darum, das Selbst vor sich selbst zu retten."[159] Aus diesem Grund haben auch die Neo-Konfuzianer/innen den Buddhismus des mittelalterlichen China äußerst kritisch beurteilt: „Aus Sicht des Neo-Konfuzianismus hat der Buddhismus die menschlichen Werte untergraben, indem er immer ihre Relativität, Vergänglichkeit und Substanzlosigkeit betont hat. (…) Seine wesentliche Indifferenz gegenüber menschlichen Beziehungen oder einer sozialer Ethik (...) hat metaphysische Begründungen einer positiven, letztgültigen Behauptung rationaler, moralischer oder sozialer Imperative zerstört."[160]

Doch es gibt einen Ausweg im Buddhismus. Er steckt im Mitgefühl, *karuna*. Das Mitgefühl bringt den Buddhismus zurück in die Welt und lenkt die Aufmerksamkeit auf die Sorge für alle fühlenden Wesen. Es rettet den Buddhismus davor, sich übertrieben, losgelöst und ätherisch nur mit Selbst und Geist zu beschäftigen. Doch Mitgefühl steht auch in einem Spannungsverhältnis mit den übrigen buddhistischen Elementen wie der Leere, der Wechselseitigen und Bedingten Entstehung und des Karma. Vielleicht ist es auch gerade diese Spannung, die dem Mitgefühl seine Tiefe und Dynamik verleiht. Dazu meint Jan van Bragt: „Der Buddhismus tendiert dazu, das Paradox des Begehrens zu verorten zwischen einer *Theorie* der Leere, für die das Begehren ein absolutes Tabu ist, und einer menschlichen *Praxis*, in der Begehren eine absolute Notwendigkeit darstellt. (...) Die buddhistische Theorie des Begehrens kann ihre eigene religiöse Realität nicht erklären. (...) Die Logik der Leere verschafft uns einen Gipfelblick, ohne dass sie die Leiter erwähnt, die uns dorthin bringt (d.h. den Weg), und auch nicht den Boden, auf dem diese Leiter steht (d.h. die ursprüngliche säkulare Situation). (...) Die wichtigste Konsequenz der dominanten Rolle, die die Kognition im Buddhismus spielt, und zwar im Buddhismus selbst wie auch im Hinblick auf den buddhistisch-christlichen Dialog, besteht darin, dass die buddhistische Theorie ein Problem hat, Liebe und Erbarmen einen angemessen Platz einzuräumen. (...) Zwar erkennen wir in der Figur des Bodhisattva eine Gestalt, die diese beiden gegensätzlichen Elemente in sich zu vereinen weiß: Weisheit, die anderen keine reale Existenz beimisst, und Barmherzigkeit, die andere Menschen als real anerkennt und sich in tätiger Sorge für sie äußert. Die Logik der Leere hat nichtsdestotrotz eine Tendenz, Barmherzigkeit auf Weisheit, also auf die Erkenntnis der Nicht-Dualität von Selbst und anderen zu reduzieren."[161]

Jenseits von Gut und Böse?

An dieser Stelle aber möchte ich mich auf Zen konzentrieren, weil es meine Profession ist. Zen ist ein wunderbarer Weg und eine Praxis, die zum Erwachen und Mitfühlen anleitet. Doch auch die Zen-Tradition ist etwas einseitig und leider mangelt es vielen Zen-Lehrenden an Weisheit und Mitgefühl. Dale S. Wright hat erkannt: „Zen ist die hochspezialisierte Form eines Trainings, das in seiner komplexen Geschichte ganz spezifische Merkmale hervorgebracht hat: eine Unterordnung unter die Führung erfahrener Lehrender, eine rigorose körperliche Disziplin, beruhigende Meditationsarten, die den Geist von Denkprozessen befreien können (*samatha*), die fokussierte Meditation über logisch nicht erklärbare Sachverhalte wie Koans und andere paradoxe Redewendungen, verschiedene Praxen zur Kultivierung von Stille und direkter Wahrnehmung ohne sprachliche und konzeptuelle Vermittlung sowie ein Streben nach intuitivem Verstehen. Ob und wann eine Erleuchtungserfahrung stattfindet, hängt vom spezifischen Charakter und der Struktur dieser Trainingselemente ab und kann – in Verbindung mit diesen bedingenden Faktoren – als eine menschliche Spitzenleistung gelten. Folglich wird der/die erleuchtete Zen-Meister/in durch Merkmale charakterisiert wie Achtsamkeit, Selbstdisziplin, Durchhaltevermögen, Stabilität, Selbstkontrolle, Mut, Zuversicht, Loyalität, geistige Konzentration, Selbstlosigkeit, Freiheit, Unmittelbarkeit, geistige Präsenz und Fokussierung inklusive der Fähigkeit, sich auf das Wesentliche zu konzentrieren und Nebensächliches auszuklammern. Eine solche Orientierung macht aber auch deutlich, dass bei diesem Training den übrigen Dimensionen des menschlichen Lebens einschließlich derer, die moralische Fragen betreffen, keine oder nur wenig Aufmerksamkeit gewidmet wird.“[162]

Zen erhebt für sich den Anspruch, Gut und Böse zu transzendieren. Von der Leere „an sich“ kann man natürlich behaupten, dass sie jenseits eines Dualismus von Gut und Böse ist, doch im phänomenalen Bereich, in der Realisierung als Form, geht es sehr wohl um Dualität wie auch um Gut und Böse. In diesem Bereich lassen sich Ethik und Moral, lässt sich die Verantwortung gegenüber uns selbst sowie gegenüber anderen und der Welt nicht ausklammern. Dazu noch einmal Dale S. Wright: „Es gibt ein breites Repertoire verschiedener Zen-Praxen, doch keine scheint zumindest intentional oder auch direkt auf Fähigkeiten der moralischen Reflexion abzuzielen. Keine Praxis scheint explizit der Kultivierung klassischer Tugenden wie Großherzigkeit, Freundlichkeit, Versöhnlichkeit, Empathie, Rücksicht auf fremdes Leid, Gerechtigkeit oder Mitgefühl gewidmet zu sein. Andere wichtige Tugenden werden sehr wohl gepflegt, nicht aber solche, die wir als moralische Qualitäten definieren. Und wenn wir nach den sozialen und ethischen Resultaten fragen würden, zum Beispiel danach, ob die Bemeisterung der Zen-Praxis zu einer expliziten Moralität in Form von sozialem Engagement geführt hat oder ob Satori zu einer verstärkten konstruktiven Beteiligung an der Gesellschaft, zu mehr Mitgefühl für das Leid der gewöhnlichen Menschen oder zu mehr Interesse für das soziopolitische Ganze beigetragen hat, lautete die Antwort vermutlich: „In aller Regel nicht.“ Zu keinem Zeitpunkt in der ostasiatischen Geschichte des Zen hielt man das kundige Engagement in sozialen/moralischen Fragen für ein wichtiges Ergebnis von Zen-Erleuchtung. *[Mit dem Begriff ‚Moralität‘ möchte ich differenzieren zwischen einer Form von Moral, die in der Befolgung sozialer Regeln und Normen besteht, und einer alternativen Konzeption, die eine soziale Ethik und eine Idee von Gerechtigkeit beinhaltet, die oberhalb und außerhalb sozialer Gebräuche gilt, ebenso auch die Fähigkeit, vorherrschende Normen kritisch zu bewerten – Dale Wright].*

Das Problem mit der Erfahrung

Viele Zen-Meister/innen missachten die Vernunft und das rationale Denken, wenn sie lediglich auf „Nicht-Geist", „Nicht-Denken" oder nicht-gegenständliche Meditation abheben. Was James Whitehill einmal als „Transzendenz-Falle einer romantisierten Version von zen-buddhistischer Ethik" kritisierte, lässt sich ebenso auf das Nicht-Denken im Zen anwenden: „Diese Falle führt [die Zen-Interpretatoren; Anm. d. Übers.] und uns auf einen Holzweg, wenn sie das vollkommene moralische Leben darstellen, als bestünde es nur aus nicht-rationaler Expressivität, Natürlichkeit, Spontaneität, Nicht-Sprachlichkeit und Nicht-Planung."[163] Der japanische Zen-Meister Yasutani hat mit Behauptungen wie „Der Buddhismus hat klar gezeigt, dass die Wurzel aller Täuschung das unterscheidende Denken ist" oder „Denken ist eine Krankheit des menschlichen Geistes" nicht nur sich selbst getäuscht, sondern auch andere auf einen Irrweg geführt, denn schließlich gibt es ganz unterschiedliche Ebenen des Denken und der Schlussfolgerung. Von der Mystik sagt man zum Beispiel, dass sie über noetische[164] Qualitäten verfügt, die durch Weisheit und ein tieferes Verständnis gekennzeichnet sind. Ohne Vernunft und Verstand landen wir in Gedankenlosigkeit, sozialer Verblendung und Amoralität. Durch die extreme Reduzierung auf „Nicht-Geist" oder „Nicht-Gedanken" und die ausschließliche Konzentration auf den Willen oder die Gefühle, die anscheinend keiner rationalen Erforschung und keines rationalen Verständnisses mehr bedürfen, hat Zen im Verlauf seiner Geschichte viel von seiner Tiefe, seinem Reichtum und seiner Dynamik verloren.

Dazu kommt, dass sich vor allem moderne Zen-Richtungen zu sehr auf „Erfahrungen" oder auf veränderte Bewusstseinszustände fokussieren, als ob es sich bei Erleuchtung lediglich um eine Erfahrung handeln würde. Ich habe andernorts geschrieben: „Das Erwachen ist eine Verwirklichung, keine besondere Erfahrung. Zwar erreicht es uns auf dem Weg der Erfahrung, doch es ist selbst keine Erfahrung. Manche Zen-Geschichten und auch Zen-

Lehrenden führen uns auf einen Irrweg, wenn sie behaupten, das Erwachen sei eine Durchbruchserfahrung. Im Wesentlichen gibt es zwei Arten solcher Vorstellungen: Entweder es wird behauptet, das Erwachen bestünde darin, die buddhistischen Ideen von Interdependenz, Unbeständigkeit und Nicht-Selbst nachzuvollziehen. Oder man sagt, das Erwachen sei eine – plötzlich oder allmählich entstandene – nicht-konzeptuelle Erfahrung. Doch Erwachen ist ein Erwachen zur Leere. Leere ist unendliche Offenheit, ein *un*konditioniertes und *un*endliches Mysterium, und keine besondere oder bedingte Erfahrung kann das Unbedingte und Grenzenlose erfassen. Erwachen ist die Realisierung der Leere als dem eigenen Selbst, das sich in seiner Soheit als bedingungslos angenommen und bestätigt erfährt, und ebenso die bedingungslose Anerkennung und Bestätigung anderer Menschen und der Welt in ihrer Soheit. Das Herz-Sutra verkündet: „Leere ist Form, Form ist Leere." Die Übertragung im Zen ist eine Bestätigung dieser Realisierung, nicht die Anerkennung einer bestimmten Erfahrung."[165]

Robert Sharf bemerkt dazu: „In der zeitgenössischen Forschung wird die Rolle der Erfahrung in der Geschichte des Buddhismus stark überzeichnet. Historische wie ethnographische Anhaltspunkte verweisen jedoch darauf, dass die Privilegierung der Erfahrung auf asiatische Reformbewegungen des 20. Jahrhunderts zurückzuführen ist, besonders auf solche, die auf eine „Rückkehr" zu Zazen oder Vipassana-Meditation gedrängt haben. Dabei handelt es sich meist um Reformen, die tiefgreifend beeinflusst wurden von religiösen Entwicklungen im Westen." Laut Sharf erweist sich dieser Erfahrungs-Diskurs „in den meisten Fällen ideologisch wie performativ als Diener der institutionellen Autorität und der Legitimierungsinteressen." Und weiter: „Tatsächlich war die traditionelle Chan- oder Zen-Praxis nicht darauf gerichtet, ‚Erleuchtungserfahrungen' zu erzeugen, sondern es ging vielmehr um die Vervollkommnung der rituellen Performance von Buddhaschaft. (...) Die moderne Idee, Chan- bzw. Zen-Mönche müssten *satori* erfahren haben, bevor sie ‚den Dharma erben können', ist schlicht unzutreffend."[166] Über die Sanbokyodan-Tradition im Zen (inzwischen in Sanbo-Zen umbenannt) schreibt Sharf: „Der Zen-Stil, den Sanbokyodan-Lehrende propagieren, fällt durch seine zielstrebige Betonung der kensho-Erfahrung auf. (…) In Anbetracht der modernistischen und internationalistischen Orientierung von Sanbokyodan überrascht es nicht, dass das Ziel der Sanbokyodan-Praxis – *kensho* oder *satori* – mehr oder weniger aus dem klassischen buddhistisch-soteriologischen Kontext herausgefallen ist. Nur noch selten propagiert man die Erleuchtung als Ende von *samsara* mit seinen endlosen Zyklen der Wiedergeburt, und ebenso wenig diskutiert man die meditative Praxis im Hinblick auf die traditionelle Konzeption des Bodhisattva-Wegs, d.h. als Bestreben, immer wieder im *samsara* wiedergeboren zu werden, um alle fühlenden Wesen zu befreien. Eher präsentiert sich die Zen-Praxis als ein Mittel zur ‚persönlichen Transformation' oder zur ‚Auslöschung des Ego' als ein Weg zur ‚Klarheit' oder zum Erreichen eines ‚psychologischen und spirituellen Wohlergehens im Hier und Jetzt.'"[167]

Zen als Umgehung?

Viele Anhänger/innen des Buddhismus und auch viele Zen-Lehrende reduzieren Zen-Meditation auf eine Art Psychotherapie, doch das ist ein falscher Anwendungsbezug. Zur Behandlung physischer oder neurologischer Probleme stehen uns Medikamente und andere medizinische Behandlungsformen zur Verfügung, doch für psychologische oder mentale Probleme, so sagte Wittgenstein einmal, brauchen wir die Erziehung bzw. die Disziplin der Vernunft und der Gefühle. Dazu Pihlström: „Die Schlüsselidee dabei ist die Vernunftkritik: Die menschliche Vernunft wendet sich nach innen und orientiert sich auf eine philosophische Untersuchung ihrer eigenen Fähigkeiten und Begrenzungen. Das lässt sich nicht einfach ‚theoretisch' herstellen, sondern es muss therapeutisch geleistet werden. Das Ziel dabei ist, die Vernunft von Illusionen zu befreien, die ihren mündigen Gebrauch beeinträchtigen." Wie es in der Kognitiven oder der Akzeptanz- und Commitment-Therapie (ACT) von Hayes und Co geschieht, müssen wir das eigene Denken und Fühlen klären und artikulieren und Werte-Entscheidungen treffen. Dazu bedarf es keiner wissenschaftlichen Untersuchung, wohl aber „einer therapeutischen Re-Interpretation der problematischen Situation mit dem Ziel, sich an neue Bedingungen und Umständen anzupassen." Auch bei der Psychotherapie geht es weniger um die Effizienz von Techniken und Methoden, sondern vielmehr um eine verständnisvolle Akzeptanz und eine gute, warme Beziehung zwischen Therapeut/in und Klient/in. Die Meister/in-Schüler/in-Beziehung im Zen ist ähnlich und doch anders. Bei Zen geht es um Erwachen und Befreiung, und beides verlangt nach einer Überschreitung des individualistischen Selbstkonzepts. Die Zen-Perspektive und Zen-Meditation können heilsam und befreiend sein, doch Zen ist weniger eine Methode oder Technik, sondern vielmehr eine religiöse Sache, eine Sache von Vertrauen und Transzendenz. Für Vertrauen, Glauben und Hoffnung im Zen ist Selbstakzeptanz ebenso wie kreative Entschlossenheit und tätiges Handeln gefordert.

Das Problem mit den Meistern

Heutzutage haben Achtsamkeitsmeditation, Zen, Vipassana, Tibetischer Buddhismus und andere buddhistische Varianten besonders im Westen eine hohe Popularität erreicht. In mancherlei Hinsicht kann diese Entwicklung hilfreich und heilsam sein, allzu oft aber besteht die Gefahr eines Kreisens um selbstzentrierte Phantasien und Projektionen. Häufig sagt man von diesen Trends, sie seien spirituell und nicht religiös, wobei mit dem Begriff „spirituell" oft nur das verstanden wird, was man selbst gerade gut findet. Die entsprechenden „spirituellen" Meister/innen und Lehrer/innen verschaffen ihren Anhänger/innen ein gewisses Maß an Befriedigung, während sie ihrerseits unbekümmert mit Macht, Sex und Geld hantieren, denn diese Art der Spiritualität ist inzwischen ein einträgliches Geschäft. Ôbakus Kritik an die Adresse seiner Schüler, als er bereits in hohem Alter war, trifft auch heute noch zu:

> Ôbaku wandte sich an die Versammlung und sprach: „Ihr seid alle Tresterfresser. Wenn ihr weiterhin Zen in dieser Weise studiert, werdet ihr niemals damit fertig werden. Wisst ihr denn nicht, dass es im ganzen Land T'ang keinen einzigen Zen-Lehrer gibt?" Da trat ein Mönch nach vorne und sagte: „Aber da gibt es doch welche, die Schüler haben und den Vorsitz in der Versammlung einnehmen. Was ist mit denen?" Ôbaku sagte: „Ich habe nicht gesagt, dass es kein Zen gibt, nur, dass es keine Zen-Lehrer gibt."
>
> *(Hekiganroku, Fall 11)*[168]

14. Ein Kopf ist genug – Überlegungen zur Jukai-Zeremonie

Aus dem Kreis meiner Schüler/innen kam einmal der Vorschlag, die buddhistische Jukai-Zeremonie in unserer Bodhi-Sangha einzuführen. Ich habe abgelehnt und möchte an dieser Stelle gerne ausführlicher erläutern, warum ich dagegen bin.

Sinn der Jukai-Zeremonie im Zen-Buddhismus ist es, dass die Laienanhänger/innen die Gebote des Mahayana-Buddhismus verbindlich für sich annehmen. Dabei handelt es sich im Wesentlichen um die „Dreifache Zuflucht“ (*ti-sarana*), die „Reinen Gebote“ und die „Zehn Gebote“. *Jukai* heißt wörtlich: „die Gebote empfangen, sich auf die Gebote verpflichten“. Üblicherweise hält man diese Zeremonie ab, wenn Menschen sich dem Buddhismus bzw. der buddhistischen Praxis anvertrauen wollen. Das erste grundlegende Gelöbnis lautet daher sinngemäß: „Wir verpflichten uns, dem Weg des Buddha, besonders den ethischen Grundsätzen des buddhistischen Wegs zu folgen.“ Wer ein Jukai-Gelöbnis ablegen will, muss sich vorher ein Rakusu nähen. Das ist ein kleines viereckiges Stück Stoff aus Flicken, auf das man seinen neuen Buddha-Namen einstickt. Das Rakusu wird bei der Meditation und bei besonderen Zeremonien um den Hals getragen. Manchmal bekommt man bei der Jukai-Zeremonie auch eine Ahnentafel der jeweiligen Traditionslinie überreicht.

Die Jukai-Zeremonie ist eine spezielle Verpflichtung für Laien. Für ordinierte Priester, Nonnen oder Mönche gelten andere Zeremonien. Bereits in der Frühzeit des Zen in China stellten Chan- (Zen-) und andere buddhistische Meister aufwändige und höchst ausgefeilte Gelöbniszeremonien zusammen. Zu der äußerst populären Zeremonie wurden alle ihre Laienanhänger/innen eingeladen und konnten sich öffentlich zu den buddhistischen Geboten bekennen. Wer das Jukai-Gelöbnis abgelegt hatte, erhielt eine Urkunde. Für die Urkunde und die Ehre mussten die Teilnehmenden eine größere Geldsumme entrichten. Die Ironie des Schicksals war, dass das gesammelte Geld unverzüglich in die kaiserliche Schatztruhe floss, um für Kriegszwecke oder Bauprojekte eingesetzt zu werden. Auch heute noch hält man in Japan solche Zeremonien ab, und immer noch kosten sie eine beträchtliche Stange Geld.

Bei der Sanbokyodan-Tradition sprach mein Meister Yamada Kôun Roshi sich ausdrücklich dagegen aus, dass Christen, vor allem Priester und Nonnen, eine Jukai-Zeremonie ablegen. Er war der Meinung, dass vor allem Letztere ja bereits christliche, den buddhistischen ähnliche Gelübde und Verpflichtungen auf sich genommen hätten und keine zusätzlichen mehr bräuchten. Außerdem wollte er die Christen nicht zwingen, sich einem buddhistischen Ritual zu unterwerfen. Doch auch allgemein riet er Menschen aus dem Westen von buddhistischen Ritualen ab, denn für ihn war das Erwachen im Zen grundsätzlich jenseits aller Konfessionszugehörigkeit. Nach Yamada Kôuns Tod nahm sein Sohn und Nachfolger Ryo-un (*Masamichi*) jedoch die Praxis seines Vaters wieder zurück und fordert inzwischen seine Zen-Studentinnen und -Studenten wieder auf, ein Jukai-Gelöbnis abzulegen.

In unserer Bodhi-Sangha legen neue Schüler/innen bei ihrer Aufnahme ein grundlegendes Versprechen, eine Art Selbstverpflichtung ab. Darin erklären sie, dass sie sich dem Lehrer/der Lehrerin sowie der Gemeinschaft der Sangha anvertrauen. Der genaue Wortlaut enthält (sinngemäß) das Bekenntnis zu den Vier Großen Gelübden und die Willenserklärung, dem „Großen und

Wahren Weg zu folgen". Die Selbstverpflichtung schließt in Kurzform einige Gelöbnisse ein, die auch in der Jukai-Zeremonie enthalten sind, darunter die „Zufluchtnahme zu Buddha, Dharma und Sangha" (*ti-sarana*). Wenn wir zu diesem bereits abgeleisteten Gelöbnis noch das Jukai-Ritual hinzunähmen, würde das unsere Praxis und Verpflichtung weder verbessern noch vertiefen. In unserer Zazen-Praxis sowie bei Sesshins rezitieren wir täglich das Ti-Sarana, die Vier Großen Gelübde sowie andere Gelöbnisse, damit wir uns im Alltag immer wieder daran erinnern. Würden wir aus diesen Gelübden eine besondere Zeremonie für ausgewählte Menschen machen, könnte leicht der Eindruck entstehen, man sei durch etwas Besonderes ausgezeichnet. Wenn die „Jukai-Leute" stolz mit ihrem Rakusu durch die Gegend laufen, würde das eher eine elitäre Mentalität begünstigen und unterschwelligen Stolz und Überlegenheitsgefühle gegenüber anderen fördern, die kein Rakusu haben. Besonders für westliche Buddhisten kann das problematisch sein, weil sie oft eine gewisse Neigung zu Titeln, Ehrungen und Etiketten zeigen, während sie gleichzeitig herablassend auf „unwissende Christen" schauen oder auf andere, die „noch" an Gott glauben.

Unsere Bodhi-Sangha ist überkonfessionell, interreligiös und an keine bestimmte Religion oder Ideologie gebunden. Der bekannte christliche Theologe Karl Barth äußerte sich einmal dahingehend, dass alle Religionen im Grunde genommen egoistisch sind und zur Vergötzung neigen, und das Christentum oder der Buddhismus bilden darin keine Ausnahme. Yamada Roshis Gespür war völlig richtig: Zwar entspringt Zen aus dem Mahayana-Buddhismus, doch das Erwachen im Zen führt über alle Religionen, alle Formen eines bestimmten Glaubensbekenntnisses hinaus. Von Gerald May stammt der Satz, dass es darum gehe, sich in einer Tradition oder Religion zu verorten, und nicht darum, sich mit ihr zu identifizieren.[169] Ich glaube, dass es für unsere Sangha-Mitglieder eher vitalisierend und kreativ sein kann, in einem Zwischenraum zwischen zwei (oder mehreren) religiösen Traditionen zu stehen und aus dieser Perspektive in einem Mysterium zu verweilen, das Güte und Gnade (*graciousness*) ist. „Dazwischen-Stehen" (*in-between*) sollte jedoch nicht bedeuten, dass man zur gleichen Zeit und mit gleicher Intensität zwei ganz verschiedenen Institutionen angehört; das könnte zu extremen Widersprüchen und Spannungen führen. Selbst wenn man die Frage nach Gott außer Acht lässt, passt keineswegs einfach alles zusammen. So sind zum Beispiel Karma und Wiedergeburt zentrale Bestandteile im Buddhismus, während das Christentum von Vergebung und Wiederauferstehung spricht, und beides lässt sich beim besten Willen nicht unter einen Hut bringen.

Heutzutage spricht man viel über „doppelte Zugehörigkeit", womit gemeint ist, dass man sich zum Beispiel dem Christentum wie auch dem Buddhismus gleichzeitig nahe fühlen kann. Es kann auch bedeuten, einer Religion anzugehören, ohne zwingend an ihre Doktrin zu glauben, oder an eine Doktrin zu glauben, ohne der entsprechenden Religion anzugehören. Nehmen Christen jedoch die Jukai-Zeremonie auf sich und konvertieren damit formell zum Buddhismus, dann ist nicht damit zu rechnen, dass „geborene" Buddhisten sie auch wirklich anerkennen. Der renommierte Buddhismus-Forscher Richard Gombrich hat in seinen Büchern und in Interviews mehrfach geäußert, dass er den Buddhismus außerordentlich schätze, aber selbst kein Buddhist sei. Er könne einfach nicht an Karma und Wiedergeburt glauben – Elemente, die für den Buddhismus zentral sind. Und zu behaupten, er fühle sich als Buddhist, könne jedoch nicht an wesentliche buddhistische Lehrsätze glauben, sei für ihn Heuchelei. Auch Christen bzw. die christlichen Kirchen würden das als Heuchelei oder Überläufertum betrachten. Für Menschen mit einem christlichen Hintergrund ist die Zen-Praxis und das Zen-Erwachen keine Frage der Zugehörigkeit zu einer buddhistischen Institution, sondern eine Praxis von „Hinübergehen und Zurückkommen". Christen können mit ganzem Herzen in Zen hinübergehen und sich der Zen-Praxis, der Zen-Perspektive und der Zen-Realisierung hingeben, während sie

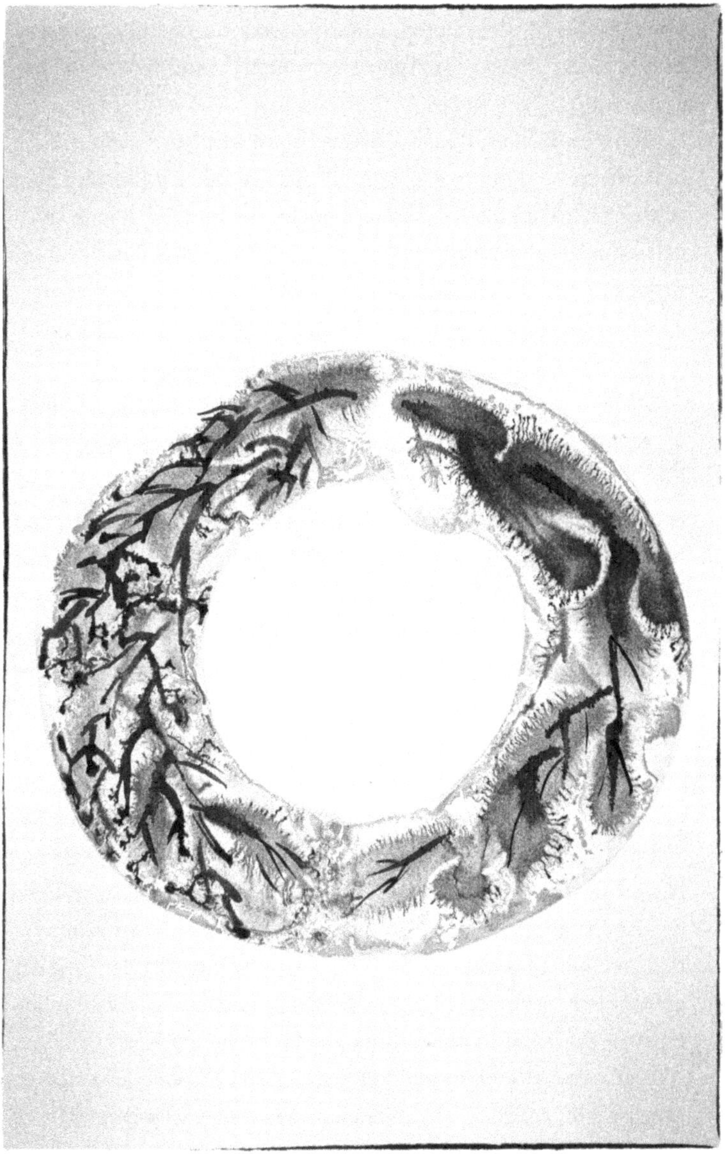

ihrer christlichen Religion oder Gemeinschaft angehören, denn die Praxis des Dazwischen-Stehens ist befreiend.[170] Das gilt auch für Hindus oder Moslems, die ins Bodhi-Zendo kommen, um Zen zu praktizieren, ebenso für Agnostiker/innen[171] und nicht-religiöse Menschen (*nones*[172]).

Ein Zen-Koan ruft uns: „Nirgendwo stehend, lass deinen Geist hervortreten." Dieser Ruf kommt auch in der Einführung zum achten Ochsenbild vor: „Verweile nicht, wo Buddha wohnt, doch geh schnell vorbei an einem Ort, wo Buddha nicht wohnt." Darauf verweist auch die klassische Definition des Zen:

> Nicht auf Buchstaben und Worte vertrauen; eine unabhängige Übertragung außerhalb von Lehren und Schriften; direkt auf den eigenen Herz-Geist zeigen; zur eigenen Selbst-Natur erwachen und so die Buddhaschaft verwirklichen.

Nur wenn eine Person in der Bodhi-Sangha zölibatär leben und Nonne oder Mönch werden möchte, könnte man vielleicht eine Ausnahme machen. In diesem (Einzel-)Fall wäre es denkbar, eine Zeremonie mit Gelübden und Regeln für die Lebensführung zusammenzustellen, ähnlich der für buddhistische oder christliche Nonnen und Mönche. Ich denke aber, ein Orden in der Bodhi-Sangha wäre weder sinnvoll noch praktisch durchführbar, obwohl andererseits die Selbstverpflichtung und Verzichtsleistung eine ideale Grundlage für Zen-Lehrer/innen wären. Statt ein formelles Jukai-Ritual anzubieten, sollten wir besser unser ursprüngliches Nachfolge-Versprechen täglich erneuern, zumindest immer wenn wir Zazen üben. Wir sollten uns immer wieder daran erinnern, den „rechten und wahren Weg" zu gehen, und das ist der Weg des gewöhnlichen Geistes. Unsere Bindung und unser Versprechen entspringen nicht in erster Linie unserer eigenen Kraft, sondern sie sind unsere Antwort auf den Ruf und das Wirken des Erleuchtungsgeistes, *bodhicitta*[173]. In meinem Buch „*The Zen-Way*" schrieb ich einmal:

> Für mich bedeutet Transmission *bodhicitta*, das Erwachen des Erleuchtungsgeistes. Das wirft ein neues Licht auf die üblichen Zen-Begrifflichkeiten von Geist, Nicht-Geist und Leerheit. Übertragung als Erweckung von *bodhicitta* stellt diejenigen Ideen von Transmission infrage, die auf bestimmte Methoden, Techniken, Rituale und Symbole hinauslaufen, darunter auch das „reine" Sitzen oder das Lösen von Koans. Die Transmission in Form von *bodhicitta* ist unergründlich und kosmisch und zugleich eine persönliche Realisierung, Bestätigung und Echtheitsprüfung in der Beziehung von Meister/in-Schüler/in. *Bodhicitta* ist eingebettet in Ti-Sarana und in die Vier Großen Gelübde. Diese Gelübde sind der Ausdruck von *bodhicitta*: Ti-Sarana gibt dem einen Rahmen und eine Kontinuität. (…) Bodhicitta ist der Herz-Geist von *shunyata*, der absoluten Leere, dem Mittelpunkt einer Welt von Zen-Bedeutung, Zen-Werten und Zen-Ethik. Das Herz von *shunyata* wird erweckt und genährt durch das Angesicht und den Ruf des/der anderen.

Ein Zen-Sprichwort besagt: „Setze keinen zweiten Kopf über deinen eigenen – ein Kopf ist genug!"

15. Wer ist dieser Eine?

DER FALL

Meister En von Tôzan sagte: „Sogar Shakyamuni und Maitreya dienen jenem Einen. Sagt mir: Wer ist jener Eine?“

MUMONS KOMMENTAR

Kommst du zur klaren Erkenntnis jenes Einen, ist es wie die Begegnung mit deinem Vater an der Straßenkreuzung. Niemand anderen brauchst du zu fragen, ob er es ist oder nicht.

DER VERS

Des anderen Bogen spanne nicht.
Des anderen Pferd besteige nicht.
Des anderen Fehler betratsche nicht.
Des anderen Sach' interessier dich nicht.

(Mumonkan, Fall 45)[174]

Ruhelos wandern wir in der Welt umher und wenden uns Göttern oder Gurus, Ritualen oder Devotionalien zu in der Hoffnung, darüber Sicherheit, Geborgenheit und Identität zu finden. Doch alle Bilder von Gott oder einer letzten Wirklichkeit sind und bleiben lediglich: Bilder. Und selbst wenn es nicht so wäre: Sobald wir Gott oder die letzte Wirklichkeit als etwas Besonderes bzw. überhaupt Definierbares betrachten, als etwas, das über uns steht, oder als das

„Absolut Andere", wird es uns nicht befreien. Vielleicht vermittelt uns das vorübergehend eine Illusion von Vertrauen und Hoffnung, doch letztlich sind das Träume und Phantasien. Wenn es um die letzten Dinge des Lebens geht, gibt es keine Rettung vor dem Abgrund des Nichts, der Leere und Bedeutungslosigkeit.[175] Und doch, wie in der chassidischen Geschichte vom Fünfzehnten Tor, gibt es eine rettende Gnade, die in der Beziehung zum Rabbi (wie in der Geschichte) oder auch zu einer Zen-Lehrerin oder einem Zen-Lehrer aufscheint. Robert Scharlemann, bekannt als radikaler Theologe, schreibt: „Der Ruf zur Nachfolge geht aus vom ‚Ich' des ‚Ich bin' und hin zum ‚Ich' des ‚Ich bin'. (…) Diese Stimme des ‚Ich bin' (…) kommt allerdings von einer anderen Person. Sie ruft mich ins eigene Sein, in ein Für-mich-Sein, wenn ich ihr folge. (…) Im Akt des Vertrauens ist der, dem man vertraut, zwar ein *anderer* als derjenige, der vertraut. Im Akt des Nachfolgens jedoch ist die, der man folgt, *dieselbe* wie diejenige, die folgt. Wir vertrauen jemand, den wir als ‚Du' ansprechen, doch wir folgen jemand, den wir niemals als ‚Du', sondern als ‚Ich' unseres eigenen Friedens und unserer eigenen Ganzheit ansprechen."[176]

Meister/innen oder Lehrer/innen sollten uns nicht abhängig und unfrei machen, sondern dabei helfen, dass die Schülerin/der Schüler sich in das Mysterium der Leere fallen lassen und zum eigenen Selbst zurückkommen kann:

Komm zum Rand.

Aber wir könnten fallen.

Komm zum Rand.

Aber es geht so tief hinab!

Komm zum Rand!

Und sie kamen, und er gab einen Stoß, und sie flogen!

Letztlich geht es um ein Verständnis, dass die Leere, in die wir fallen, unser eigenes Selbst ist. Das Selbst ist ein unfassbares Mysterium, und nicht allein das Selbst, sondern die ganze Welt. Im

„reinen", gedankenleeren Bewusstsein werden wir uns unserer Selbstheit als Leere, oder besser, als eines Geheimnisses bewusst. Die Leere könnte man auch als „Bewusstsein *über* das Bewusstsein" bezeichnen, als ein *nicht*-intentionales, d.h. ein nicht auf etwas gerichtetes Bewusstsein. Lassen wir einen Moment lang alle Gedanken und Phantasien los und sind uns nur noch dessen bewusst, dass da Bewusstsein ist, tauchen wir ein in den „grundlosen Grund" aller unserer Gedanken, Gefühle und Empfindungen. Das Mysterium der Leerheit ist tiefer als sämtliche Tiefen, so wie es in Meister Keizans Vers heißt: „Der uralte Strom, die kalte Quelle – niemand kann hineinschauen, und wer sie betrachtet, kann ihre Tiefe niemals durchdringen." Lerne zu verweilen, wo es kein Verweilen gibt. Das Mysterium der Leerheit ist unsere Rettung und Befreiung, und doch ist es nicht verschieden von unserem Selbst. Es ist, als ob man Wasser trinkt und selber merkt, ob es warm oder kalt ist. Es ist eine Intimität mit sich selbst. Leerheit bezieht sich nicht nur auf das Selbst, sondern auch auf andere und die Welt insgesamt. Der Vers „Des anderen Bogen spanne nicht, des anderen Pferd besteige nicht" verweist darauf, dass die/der andere für uns zugleich ein/e *nicht*-andere/r ist. Unser Selbst ist immer ein „Selbst-mit-Welt-und-anderen"; außerhalb der Welt und außerhalb von anderen Menschen gibt es kein Selbst. Das andere der Welt ist das eigene Selbst, das eigene Selbst ist das andere der Welt. Daher sind Fürsorge und Mitgefühl Formen, in denen wir unser eigenes Leben realisieren.

Intensive Forschungen über den historischen Buddha führten Richard Gombrich zu der Erkenntnis, dass Buddhas Idee der Erleuchtung bzw. seine Sicht auf das Nirvana in Liebe und Mitgefühl gipfelten. Schauen wir im Bewusstsein von Mitgefühl und Liebe auf diese Welt, können wir erwachte Bodhisattvas sein. Das ist auch die Grundlage unseres Gewissens, denn das Gewissen entsteht durch den Anruf des anderen. Das Gewissen ruft dich auf zu antworten, dich dem anderen zuzuwenden und auf ihn/sie einzulassen (*respond to the other*), nicht aber *für* andere oder *an ihrer*

Stelle verantwortlich zu sein (*not responsible* ***for*** *the other*). Es ist ein transzendentes Verantwortungsbewusstsein in dem Sinne, dass der andere *du selbst* bist, der dich zur Sorge und Liebe herausfordert. Auf phänomenaler Ebene ist der/die andere *anders*. In der Leerheit jedoch erkennen wir das DU als *eigenes* Selbst, denn das Selbst ist leer und damit eine Offenheit, eine „Lichtung" für das DU.[177] Auf der anderen Seite ist es auch das „Ich allein" wie in dem bekannten Koan: „Ich stehe allein, meinen Rücken dir zugewandt."[178] Der japanische Philosoph Keiji Nishitani sagt, dass es beides ist, ein „Meister-wie-auch-Diener" sein: „Alle Dinge sind füreinander sowohl Meister als auch Diener. Man könnte es als eine Beziehung bezeichnen, die nur durch *shunyata*, durch ‚wechselseitige Umschließung oder Bedingtheit' möglich ist."[179] Diese Öffnung, diese Zeitlosigkeit und Unendlichkeit existieren jedoch nur im Hier und Jetzt. In Mumons Vers zum Koan „Tosotsus Drei Schranken" heißt es: „In einem einzigen Bewusstseinsmoment erkennen wir die ganze Ewigkeit: Ewigkeit ist nichts anderes als das Jetzt."[180]

Normalerweise stellen wir uns das Leben wie eine horizontale Linie vor, ausgehend von der Vergangenheit und sich in die Zukunft hinein erstreckend. Selbst ein Leben nach dem Tod stellen wir uns ähnlich vor, wie eine zeitliche Linie, die in die Zukunft hineinreicht, wenn auch in eine unendliche Zukunft. Diese Vorstellung ist ebenso verführerisch wie trügerisch. Ein besseres Bild, falls man eines braucht, wäre das einer vertikalen Linie bzw. einer vierten oder fünften Dimension. Doch kein Bild und keine Vorstellung werden jemals in der Lage sein, Unendlichkeit und Zeitlosigkeit zu repräsentieren. Unendlichkeit leben wir nur hier und jetzt. Nur *diese* Zeit ist unsere wirkliche Realität, und das „Jetzt des Selbst" birgt alle Zeiten und alle Welten in sich. Der Philosoph Wittgenstein schreibt: „Versteht man unter Ewigkeit nicht unendliche Zeitdauer sondern *Unzeitlichkeit*, dann lebt derjenige ewig, der in der Gegenwart lebt." Wir müssen alle unsere Phantasien über ein Leben nach dem Tod loslassen und stattdessen dieses Leben schätzen lernen, in dem wir für uns und für andere da sind. „Die wahre Großzügigkeit gegenüber der Zukunft besteht darin, alles der Gegenwart zu geben", sagte einmal der Philosoph und Schriftsteller Albert Camus, und so klingt es auch im uralten Lied Hakuins: „Dieser Körper ist der wahre Buddha, dieses Leben das wahre Lotusland."

„Wohin gehst du nach deinem Tod?", fragt uns ein Koan. Jetzt können wir diese Frage endlich beantworten. Wohin gehst DU also nach deinem Tod?

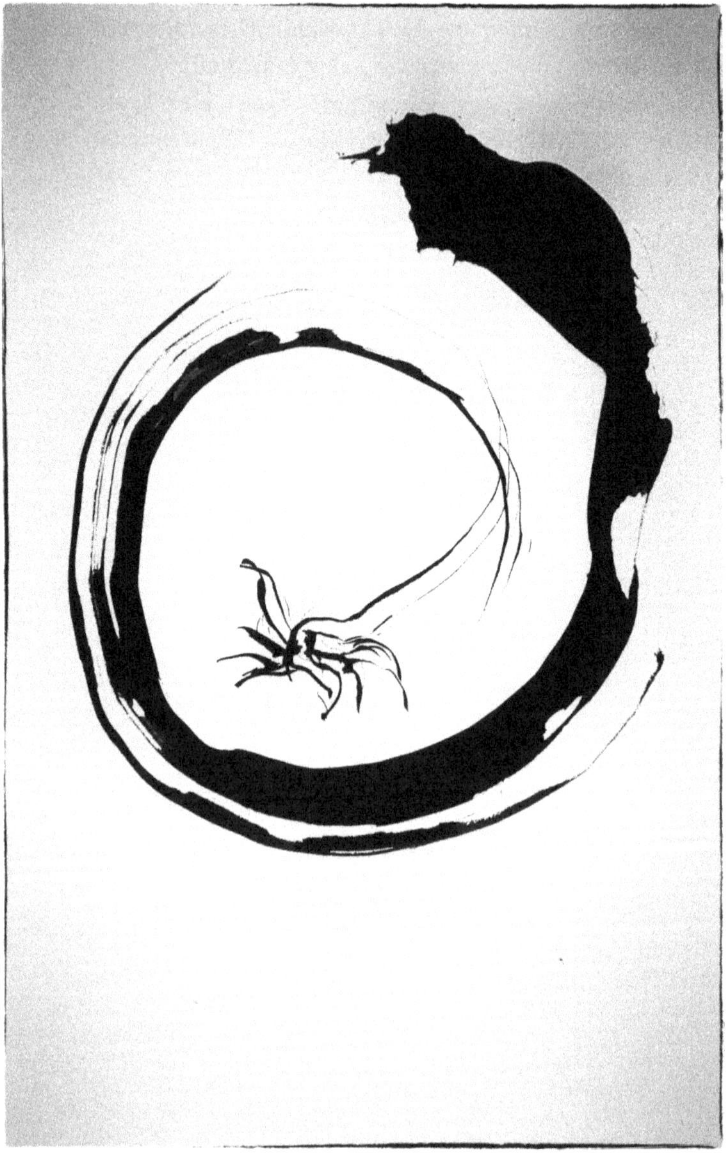

16. Wir sind nicht unser Gehirn!

Noch vor nicht allzu langer Zeit ging man davon aus, dass Gehirnstrukturen in der Regel nicht mehr veränderbar sind, haben sie sich erst einmal herausgebildet. Inzwischen gilt es allerdings als erwiesen, dass das Gehirn veränderlich ist und durch das Subjekt des Bewusstseins re-modelliert werden kann (sogenannte Neuroplastizität). Unsere Gehirnstrukturen können durch ein problematisches Verhalten „falsch verschaltet" sein, zum Beispiel durch Suchtstrukturen und durch ungesunde Lebensgewohnheiten, auch durch genetische Prädisposition. Doch durch Bewusstwerdung, intensive Konzentration und ernsthafte Anstrengung sind die Menschen in vielen Fällen in der Lage, die Schaltkreise ihres Gehirns zu verändern und so ihre Freiheit und Würde zurückzuerobern. Zwei Faktoren können inzwischen als gesichert gelten: Das Gehirn lässt sich durch menschliche Bemühungen verändern, und nicht das Gehirn ist Herr im Haus, sondern das Bewusstseinssubjekt. Im Folgenden beziehe ich mich auf einen Beitrag des Philosophen und Neurowissenschaftlers Eric LaRock über Selbststeuerung und Neuroplastizität.[182]

Nach Aristoteles gibt es vier Arten von Ursachen:[183] *causa efficiens*, die Wirk-Ursache; *causa finalis*, die Zweck-Ursache; *causa formalis*, die Form-Ursache, und causa materialis, die Material-Ursache. Nehmen wir zum Beispiel die David-Statue von Michelangelo: Hier ist ein Marmorblock die *Material*-Ursache, während die *Wirk*-Ursache, also die handelnde Person, die den Marmorblock bearbeitet hat, der Künstler Michelangelo ist. Die *Zweck*-Ursache war Michelangelos Ziel, eine Statue herzustellen, und zur Form-Ursache zählen die gestalterischen Aspekte der Statue. Zur Wirk-Ursache gehören zwar Zweck und Form mit dazu, doch ihrerseits lässt sich die Wirk-Ursache nicht kausal auf die Material-Ursache zurückführen, denn sie ist derjenige Faktor, der alle diese Ursachen im Bewusstsein zusammenbringt.

Wie in diesem Beispiel verfügt auch das Bewusstseinssubjekt über kausale Wirkungskräfte, um sein eigenes Gehirn zu beeinflussen, zum Beispiel durch Formung, Prägung und Organisation des Gehirns. Unter seiner Regie ist auch eine systematische Umstrukturierung des Gehirns möglich. Zwar ist das Gehirn empfänglich für jede Art von Input, doch der Geist/das Subjekt greifen aktiv ein in die Steuerung der Aufmerksamkeit und treffen Auswahlentscheidungen. Die sogenannte Neuroplastizität des Gehirns bedeutet, dass das Gehirn bzw. seine Schaltkreise über die Kapazität verfügen, sich verändern zu lassen und neue Rollen und Funktionen anzunehmen. In der Selbststeuerung der Neuroplastizität steckt „eine Kraft der konzentrierten Aufmerksamkeit, die mit der Fähigkeit einhergeht, aktive Beteiligung, konzentrierte Arbeit und Hingabe einzusetzen, um unsere Entscheidungen und Aktionen zu steuern und auf diese Weise unser Gehirn neu zu verschalten, damit es in unserem Sinne tätig wird." Durch die Möglichkeit der Plastizität ist unser Gehirn offen für den Einfluss bewusster Steuerungsmöglichkeiten, denn nicht alle mentalen Ereignisse sind durch Gehirnphänomene determiniert. Die bewussten Selbststeuerungskräfte können in absteigender Linie Kausalkräfte auslösen, die wiederum in der Lage sind, den strukturellen und funktionalen Charakter des Gehirns unmittelbar zu beeinflussen.

Die Psychiater und Neurowissenschaftler Jeffrey M. Schwartz und Beverly Beyette haben sich auf zwanghafte Verhaltensstörungen konzentriert (*Obsessive-Compulsive Disorder* = OCD) und anhand zahlreicher Beispiele die Wirkungsweise der subjektgesteuerten Neuroplastizität verdeutlicht. Die zwanghafte Verhaltensstörung OCD ist eine neuropsychiatrische Krankheitsform. Gekennzeichnet ist sie durch aufdringliche, geradezu obsessive Gedanken, die die davon betroffenen Menschen zwingen, unablässig bestimmte festgelegte Verhaltensrituale durchzuführen, wie zum Beispiel sich ständig die Hände zu waschen. Um diese Zwänge außer Kraft zu setzen und das Gehirn neu zu verschalten, müssen die Betroffenen erhebliche Anstrengungen und eine hohe Disziplin aufbringen. Die Kernelemente einer solchen Neuverschaltung sind nach Schwartz/Beyette „bewusste Aufmerksamkeit" und „fortgesetzte Anstrengung". Die Veränderung selbst wird als ein Prozess mit den folgenden vier Schritten beschrieben:

1. Neu-Benennung des Problems (*re-label*),
2. Neu-Zuordnung der unerwünschten Gedanken (*re-attribute*),
3. Neu-Einstellung der Aufmerksamkeit (*re-focus*) und
4. Neu-Bewertung der problematischen Gedanken (*re-value*).[184]

Neu-Benennung des Problems (*re-label*): Wenn obsessive Zwänge und Gedanken auftauchen, müssen die Betroffenen erkennen, dass diese Gedanken, die sie als ihre eigenen empfinden, lediglich Gedanken, Bilder und Impulse der Zwangsstörung sind. Sie brauchen eine intensive Aufmerksamkeit und ein genaues Verständnis der konkreten Zusammenhänge, um zu merken, dass diese lästigen Phänomene nur die Symptome einer Störung im Gehirn sind. Dabei hilft es, wenn die Betroffenen sich wie neutrale Beobachter verhalten und die Phänomene benennen und etikettieren, zum Beispiel als „aufdringliche Gedanken und Impulse". Dabei müssen sie sich stets bewusst machen, dass diese Phänomene nicht zu ihrem wahren Selbst gehören: „Das bin nicht *ich*, das ist meine Zwangsstörung!" Es erfordert sehr viel Bewusstheit und Mut, nicht auf die Tricks eines gestörten Gehirns hereinzufallen. Durch diese

Erkenntnis wird die Störung nicht gleich verschwinden, es kann sein, dass sie noch eine Zeit lang andauert. Deshalb müssen die betroffenen Menschen viel Geduld, Widerstandskraft und Achtsamkeit aufbringen und sich immer wieder klarmachen, dass das, was in ihrem Kopf stattfindet, lediglich die Botschaft eines falsch verschalteten Gehirns ist.

Neu-Zuordnung der unerwünschten Gedanken (*re-attribute*): Die Betroffenen müssen verstehen, dass ihre unerwünschten Gedanken auf ein biochemisches Ungleichgewicht im Gehirn zurückzuführen sind und dass es sich um eine anerkannte Krankheit namens Zwangsstörung (OCD) handelt. Dazu müssen sie ihre störenden Gedanken zunächst bewusst wahrnehmen, um sie dann als Krankheitssymptome zu identifizieren. Die bloße Anstrengung, die lästigen Gedanken loszuwerden, gegen sie anzugehen oder sie zu unterdrücken, ist nutzlos und wird scheitern. Auch ein Versuch, statt der „falschen" Gefühle und Gedanken „richtige" zu mobilisieren, ist vergeudete Energie. Was hilft, ist allein die adäquate *Haltung* zur Krankheit selbst sowie die Erkenntnis, dass das Gehirn und seine Nervenbahnen uns grundsätzlich zwar zu Diensten sind, dass sie aber im Moment einfach nicht richtig arbeiten können.

Neu-Einstellung der Aufmerksamkeit (*re-focus*): Statt sich auf die Abwehr der obsessiven Gedanken und Impulse der Zwangsstörung zu konzentrieren, macht es Sinn, seine Aufmerksamkeit auf andere Dinge zu lenken oder etwas anderes zu unternehmen. Zwar muss die Zwangsstörung als eine solche wahrgenommen werden, ihre Gebote sollte man aber möglichst ignorieren und stattdessen Ziele verfolgen, die den eigenen Werten entsprechen. Wir Menschen verfügen über die Freiheit der Wahl und sind in der Lage, unsere Aufmerksamkeit auf andere Dinge und Verhaltensweisen zu richten. Diese Re-Fokussierung, also eine Neu-Justierung der Aufmerksamkeit, ist von zentraler Bedeutung für den Gesundungsprozess. Sie verlangt Mut, Geduld und Beharrlichkeit und es kann ein richtiger

Kampf sein, sich langsam zwanghafte Gedanken, Phantasien und Gefühle abzugewöhnen. Sicher gibt es dabei Rückfälle, doch das braucht kein Grund für Scham oder Verzweiflung zu sein, Rom wurde schließlich nicht an einem Tag gebaut. Es kann hilfreich sein, wenn es der betroffenen Person gelingt, eine spontane Reaktion auf einen obsessiven Gedanken oder Verhaltenszwang zeitlich etwas hinauszögern (mindestens fünfzehn Minuten). Dadurch kann sie ihre eigene Kraft spüren und erleben, dass sie selbst jetzt noch über ihre Aufmerksamkeit und auch über Wahlfreiheit verfügt. Damit wird es etwas leichter, Freiheit und Frieden wiederzufinden.

„Immer mehr Forschungsergebnisse machen deutlich, dass, was immer in den Bereich der selektiv gerichteten Aufmerksamkeit rückt, die Erregung der neuralen Aktivität verstärkt und alles, was außerhalb des Bereichs der selektiv gerichteten Aufmerksamkeit existiert, eine konkurrierende neurale Aktivität schwächt oder sogar unterdrückt. Die selektiv gerichtete Aufmerksamkeit spielt daher eine doppelte Rolle: Sie erhöht die neuronale Aktivität innerhalb ihrer Reichweite und unterdrückt die neuronale Aktivität außerhalb ihrer Reichweite. Mehr noch: Ein Mensch kann die Möglichkeiten seiner selektiv gerichteten Aufmerksamkeit dazu nutzen, den (unterliegenden neuronalen) Wettbewerb in eine bestimmte Richtung zu lenken, und zwar zugunsten der Information, die für die jeweils anstehende Aufgabe relevant ist." (LaRock)

Neu-Bewertung der problematischen Gedanken (*re-value*): Wieder und wieder müssen Betroffene die genannten Schritte durchlaufen, damit die Nervenbahnen des Gehirns sich nach und nach neu verschalten können. In diesem Prozess lernen sie die Symptome der Zwangsstörung genauer einzuschätzen und von normalen Gedanken und Gefühlen zu unterscheiden. Das bringt ihnen zugleich ihre ursprüngliche Fähigkeit zur Selbstakzeptanz und Freiheit ins Bewusstsein zurück, denn nur wer über die Entscheidungsfreiheit verfügt, die eigenen Werte zu verwirklichen, kann authentisch leben und in Frieden mit sich selbst sein. Dieser Vier-Schritte-Prozess wurde zur Therapie von Zwangsstörungen entwickelt, doch seine Erkenntnisse sind auf andere emotionale und Abhängigkeitsprobleme durchaus übertragbar. Allerdings gibt es auch Grenzen, wenn zum Beispiel innere Bilder und Vorstellungen die Wahrnehmung extrem verengen. Umso mehr sind dann Offenheit und Selbsterforschung, Geduld und Beharrlichkeit gefordert.

Bereitschaftspotenzial und Akteurs-Verursachung: Bei dem sogenannten Libet-Experiment[185] hat der Neurophysiologe Benjamin Libet in mehreren Versuchsreihen nachgewiesen, dass vor einer bewussten Entscheidung für eine bestimmte Handlung ein unbewusster neuraler Prozess stattfindet, der erst nach kurzer Verzögerung zu dieser bestimmten Handlung oder Entscheidung führt. Damit glaubten die beteiligten Wissenschaftler/innen den Beweis erbracht zu haben, dass es vorwiegend *unbewusste* Hirnprozesse sind, die unsere Handlungsimpulse auslösen. Viele Wissenschaftler feierten damals das Libet-Experiment und hielten es nun für gesichert, dass die Menschen nicht wirklich über Wahlfreiheit verfügen, wenn ihre Handlungsentscheidungen durch unbewusste Hirnprozesse vorbestimmt sind. Durch spätere Versuche wurde diese Einschätzung zumindest teilweise widerlegt und kann inzwischen nicht mehr als gesichert gelten. Dazu kommt, dass das Unbewusste bereits eine Vorprägung ausweist, was die grundlegende Haltung, Einstellung und Lebensweise eines Menschen angeht. Last not least lassen sich durch unbewusste Hirnprozesse lediglich Bereitschaftspotenziale erkennen. Das heißt, das Subjekt kann zwar eine bestimmte Handlungsentscheidung treffen, sich aber auch dazu entschließen, diese Handlung *nicht* zu tun. Libet schränkte seine Ergebnisse damals selbst ein: „Eine bewusste Entscheidung kann auf das Ergebnis des Willensprozesses Einfluss nehmen, obwohl letzterer durch unbewusste zerebrale Prozesse initiiert wurde." LaRock meint dazu: „Die proximale bewusste Intention des Subjekts ergibt einen (formalen und finalen) kausalen Unterschied zum letztendlichen Ergebnis des Willensprozesses. Das genügt, um deutlich zu machen, dass das bewusste Subjekt frei ist, eine gegebene Handlung in Gang zu setzen, aber auch ebenso frei, von dieser Handlung Abstand zu nehmen."

Mit der Akzeptanz- und Commitment-Therapie (ACT) verfolgen Steven C. Hayes und sein Therapeutenteam einen vergleichbaren, wenn auch etwas älteren Ansatz. Wie der Begriff besagt, lernen die Patienten zunächst, störende Gefühle und Probleme zu erkennen und zu akzeptieren. Gleichzeitig gehen sie eine innere Verpflichtung ein, ihr aktives Handeln an ihren Werten und Zielen auszurichten. Diese Selbstverpflichtung zieht ihre bewusste Aufmerksamkeit von der Störungsbekämpfung ab und lenkt sie um auf eine positive Aktion. Gegenüber der AC-Therapie ist der moderne Vier-Schritte-Prozess von Schwartz und Beyette ausgefeilter und hilfreicher, weil er neuere Erkenntnisse über die Neuroplastizität des Gehirns mit einbezieht. Wenn wir die Möglichkeit erkennen, unsere Gedanken neu zu strukturieren, indem wir zum Beispiel ein Problem anders sehen oder uns in einer anderen Weise verhalten oder Dingen eine andere Bedeutung beimessen, können wir die Welt und das Leben anders, d.h. positiver wahrnehmen und erfahren. Die Freiheit der Wahl und die Möglichkeit, unser Handeln selbst zu bestimmen, sind äußerst wichtig für unseren Frieden und unsere Kreativität, denn durch sie verwirklichen wir uns selbst. Das gilt für das Selbst ebenso wie für die Welt. Viktor Frankl sagte einmal: „Um zu leben, müssen wir wählen. Um zu lieben, müssen wir den anderen begegnen. Und um zu wachsen, müssen wir leiden." Um auf diese Weise zu leben, benötigen wir Selbsterkenntnis, eine bewusste Wahlmöglichkeit, aktives Handeln und ein zielbewusstes Engagement. An dieses „Ich bin, was ich tue" erinnert der Ausschnitt aus dem wunderschönen Gedicht *„As Kingfishers Catch Fire"* (Eisvogel-Sonett) von Gerald Manley Hopkins:

So trägt ein sterblich Ding den Sinn und sein Gewicht,
Spricht aus, was darin selbst gelegt.

Selbst – von dort zu mir es spricht und trägt
Hinaus den Ruf: Ich bin so, anders nicht!

Das heißt: Das Recht, das er verkündet
Spricht Gnade, die andern sich verbindet.
Er tut vor Gott, wie Gottes Auge sieht.[186]

17. Wie gehst du auf dem Zen-Weg geradeaus?

„Wie gehst du auf einem schmalen Bergpfad mit 99 Windungen geradeaus?“[187]

Eines Tages hörte ich im Kreis meiner Schüler/innen, wie jemand sagte: „Es ist weniger Pater AMA Samys Zen-Verständnis, das mich anzieht, sondern seine Persönlichkeit, die ich so mag.“ Ich wurde nachdenklich und begann mich zu fragen, ob meine Schüler/innen meine spezifische Zen-Sicht wirklich nachvollziehen können. Daher möchte ich an dieser Stelle wesentliche Aspekte meines Zen-Ansatzes erläutern und deutlich machen, worin er sich von dem anderer Zen-Lehrender unterscheidet.

Mein Zen-Verständnis ist flexibel, dynamisch und an Freiheit orientiert. Zwar bin ich fest in der Zen-Tradition verwurzelt, doch ich stehe in einem permanenten Dialog mit anderen Religionen und Traditionen. Mein Ansatz ist reines, unverfälschtes Zen, doch in der praktischen Ausprägung gibt es diverse Unterschiede zu dem, was und wie andere Zen-Lehrer/innen und Buddhisten/Buddhistinnen aus verschiedenen Traditionen lehren. Um diese Differenzen klarer herauszuarbeiten, muss ich begrifflich etwas vereinfachen. In erster Linie geht es mir darum, auf Mängel und Unzulänglichkeiten hinzuweisen, die es im Zen wie in jeder Religion und auf jedem spirituellen Weg gibt – obwohl Zen für mich immer noch der beste Weg ist und bleibt.

Niemand kann sicher wissen, was der historische Buddha damals wirklich gelehrt hat. Zu seiner Zeit war Buddha fest in eine hinduistische Lebenswelt eingebettet und er hat den Hinduismus keineswegs abgeschafft, sondern erneuert und transformiert. Damals gab es noch keine Form der Verschriftlichung, daher entstanden alle entsprechenden Aufzeichnungen erst Jahrhunderte später. Seine Schüler trugen alle Lehren zusammen, die ihnen im Gedächtnis geblieben waren, und das so Zusammengetragene wurde später je nach Zeit und Umständen ausgedeutet. Sehr bald kam es in den ersten buddhistischen Gemeinschaften zu Spaltungen und die Anhänger/innen Buddhas gingen auf verschiedenen Wegen weiter. Als die älteste überlebende Tradition gilt der Theravada-Buddhismus. Mit dem späteren Aufkommen des Mahayana-Buddhismus entstanden zahlreiche Sutren, von denen man damals glaubte, sie seien weisen Menschen in Träumen und Visionen erschienen. Doch auch der Mahayana-Buddhismus spaltete sich in unterschiedliche Wege auf. Von allen diesen Richtungen wurden der Reine-Land-Buddhismus und der Zen-Buddhismus besonders für Japan bedeutsam. Als der Buddhismus schließlich von Japan nach China gelangte, vermischte er sich dort mit taoistischen, konfuzianischen und schamanistischen Einflüssen. Die ursprünglichen indisch-buddhistischen Ideen wurden in China nicht wirklich verstanden und aufgenommen, vor allem erschien die indische Philosophie den Chinesen etwas zu nihilistisch. Dagegen entwickelte der neu entstehende Chan-(Zen-) Buddhismus eine viel dynamischere und positivere Form, er war lebensbejahender und als ein Echo der taoistischen Philosophie postulierte er das Selbst als eine geheimnisvolle Leere.

Die damaligen Zen-Meister waren fest verankert in ihren Sutren und im *vinaya*, dem Kanon buddhistischer Ordensregeln. Trotzdem bemühten sie sich sehr um Pragmatismus. Statt Konzepte zu pflegen, legten sie mehr Wert auf konkretes Tun und Verhalten. Ihre Lehre stützte sich nicht auf „tote“, sondern auf „lebendige“ Worte, und sie kümmerten sich weniger um abstrakte Begrifflichkeiten und Philosophien als vielmehr darum, ihren Anhängern und

Anhängerinnen zu helfen, freier und mitfühlender zu werden. Aus dieser Chan-Tradition entwickelten sich später weitere Richtungen mit zum Teil einander widersprechenden Lehren. In der heutigen Zeit müssen wir daher sorgfältig zwischen vielfältigen, teilweise auch gegensätzlichen Strömungen hindurchnavigieren, um den richtigen Weg zu finden.

Eine zentrale Erkenntnis des Buddhismus ist *pratityasamutpada*, das sogenannte bedingte Entstehen oder auch das Entstehen in wechselseitiger Abhängigkeit. In ursprünglicher Form wurde es formuliert in der „Zwölfgliedrigen Kette des bedingten Entstehens", die in zwölf Schritten erläutert, wie es zur leidvollen Verkettung der Wiedergeburten kommt und wie das Leiden aufgehoben werden kann.[188] Das Ziel dieser Erkenntnis war die Befreiung des Menschen, nicht so sehr die Absicht, eine Aussage über die Natur als solche zu machen. Im Mahayana-Buddhismus kam dem bedingten Entstehen eine neue Bedeutung zu: Nun bezog die Aussage sich auf die kosmischen Wechselbeziehungen allen Seins: Keine Form des Seins und damit auch kein Lebewesen ist in sich unabhängig und abgeschlossen, jede Existenzform stützt ihr Dasein auf unzählige andere, jede einzelne Form hängt von anderen ab, um überhaupt zu existieren. So ungefähr lautet die Vorstellung von *pratityasamutpada*, in der für die meisten Buddhistinnen/Buddhisten das Konzept der Leere im Mahayana-Buddhismus besteht. Zweifellos ist das eine richtige und wichtige Vorstellung, die uns die buddhistischen Lehrer/innen und Wissenschaftler/innen der Mahayana-Tradition hier vermitteln wollen. Doch das ist keineswegs ein ungewöhnliches Weltverständnis und entspricht zudem weitgehend den Erkenntnissen der modernen Wissenschaft. Wenn das die zentrale Lehre des Buddhismus sein soll, fragt man sich doch, was daran so besonders ist und vor allem, wieso ein logisch-rationales Verständnis der Welt befreiend und erlösend sein soll. Wenn das alles ist, worum es geht, wozu dann die mühsame spirituelle Suche? Wie können wir in diesem Gedanken Weisheit und Erleuchtung finden?

Der Kern der Erkenntnis der Leere hat jedoch eine Tiefe, die über das gewöhnliche Verständnis des bedingten und wechselseitigen Entstehens hinausreicht. Das ist das zentrale Thema der Hua-Yen-Lehre, wenn von der ungehinderten gegenseitigen Durchdringung aller Erscheinungen mit ihren Elementen *riji muge*, wechselseitiger Durchdringung von Absolutem und Phänomenalem, und *jiji muge*, wechselseitiger Durchdringung der Phänomene untereinander gesprochen wird.[189] In dieser Lehre wird ein wechselseitiges Einander-Inne-Wohnen ausgedrückt, das der *perichoresis* der christlichen Dreifaltigkeit ähnelt: „Wir *sind* einander". Der Begriff der Leere bezieht sich in erster Linie auf das menschliche Herz bzw. auf die Seele (*heart-mind*) und auf den menschlichen Geist (*spirit*). Unser Herz-Geist ist unendliche Offenheit, eine Öffnung hin zu anderen Lebewesen und zur ganzen Welt. Er ist das Fundament und das Zuhause von Sonne und Sternen, Mond und Wolken, Bergen, Flüssen und der weiten Erde. In dieser Offenheit ist die/der andere DU SELBST, und du selbst bist der/die andere. Die Welt ist das Selbst – das Selbst ist die Welt. Unsere Selbstheit ist eine paradoxe Einheit: Wir sind einzigartig, von persönlicher, unverwechselbarer Individualität, und gleichzeitig ist unser Herz-Geist eins mit dem Universum, verwoben in einer nicht-dualen Einheit mit allem Existierenden. Meister Eckhart drückte seine Sicht auf diese nicht-duale Einheit mit den Begriffen von „Selbst" und „Gottheit" aus: „Mein Grund und der Gottheit Grund sind derselbe Grund." In Eckharts Vision wohnen Menschen, geistige Wesen und Gott sich wechselseitig einander inne: „Es besteht ein Unterschied zwischen geistigen und körperlichen Dingen. Ein jedes Ding kann in dem anderen sein; kein körperhaftes Ding vermag in dem anderen zu sein. Wasser ist wohl in einem Fasse, und das Fass umschließt es ringsum: wo aber Holz ist, da ist kein Wasser. So (also) kann kein körperliches Ding in einem anderen sein; ein geistiges Ding aber ist in einem anderen. Jeglicher Engel ist in dem anderen mit seiner ganzen Freude und mit seiner ganzen Wonne und mit seiner Seligkeit so vollkommen wie in sich selbst, und jeglicher Engel ist mit seiner ganzen Freude und seiner ganzen Seligkeit in mir und Gott selbst mit seiner ganzen Seligkeit, und doch erkenn ich das nicht."[190]

Der Herz-Geist des Menschen ist die „Lichtung" der Welt, realisiert nicht durch den physischen Körper oder durch mentale Konstruktionen, sondern durch die *Intentionalität* des Bewusstseins und im spirituellen Raum des ursprünglichen, *primordialen* Bewusstseins. Die meisten Menschen, die Buddhismus oder Zen lehren, machen sich das nicht so recht klar: dass die nicht-duale Einheit des Erwachens im Raum der Intentionalität des Bewusstseins geschieht! Dabei wies bereits Aristoteles auf diesen Zusammenhang hin, als er davon sprach, dass im *Wissen von Etwas* der Wissende *eins wird* mit dem Gewussten. Das ist intentionale Identität und in diesem intentionalen Raum ereignet sich das Erwachen.[191] John Dunne fasst es wunderbar zusammen: „Die Wahrnehmung eines ‚Ich' als strömender Mittelpunkt des Lebens ist der Ort, an dem eine andere Welt durch diese Welt hindurchgeht, wo das Ewige in uns eintritt, wo die menschliche Gestalt in Erscheinung tritt und wieder zum göttlichen Grund zurückkehrt."

Im Zentrum des Buddhismus steht die Frage nach dem Selbst. Beim Versuch, diese Frage zu beantworten, bleiben viele buddhistische Wissenschaftler/innen und Lehrer/innen in einer nihilistischen Sicht des Selbst stecken, die etwas an David Hume erinnert, der einmal gesagt hat, wenn er in sich selbst hineinsähe, fände er dort kein Selbst. Hume muss blind gewesen sein gegenüber sich selbst, denn wer war wohl diese Person, die da in ihn hineinsah? Ähnlich wie damals Hume versuchen auch heute Buddhisten und Buddhistinnen sich selbst bzw. ihre Subjektivität zu negieren. Doch das Subjekt lässt sich nicht in ein Objekt verwandeln. Zen bezeichnet das Selbst-Subjekt als „absolute Subjektivität", womit ausgedrückt wird, dass das Subjekt/die Person durch das Netz der Objektivierung und Konzeptualisierung hindurchschlüpft. Das Subjekt/die Person ist kein *Objekt* unter anderen Objekten. In dieser Hinsicht ist es zwar *in* der Welt, aber nicht *von* der Welt.[192]

Wittgenstein schrieb: „Das Subjekt gehört nicht zur Welt, sondern es ist eine Grenze zur Welt."[193] Genau genommen ist das Subjekt auch keine Grenze, sondern es durchdringt und transzendiert die Welt. Darin liegt die wirkliche Bedeutung des Nicht-Selbst und sie wird verwirklicht in selbstlosem Tun und Handeln. Zen-Koans werden durch Handeln beantwortet, durch ein selbstloses Tun, wenn zum Beispiel die Aufforderung kommt: „Ergreife den Spaten, ohne deine Hände zu benutzen!"

Robert Spaemann hat gezeigt, dass das Subjekt (die Person) etwas ist, das eine Natur *hat*, doch es ist weder identisch mit seiner Natur noch von seiner Natur zu trennen.[194] Von allem, was mit Inhalt und Prozess zu tun hat wie Körper oder Geist, kann man sagen, es handele sich um Natur. Doch das Subjekt transzendiert seine Natur ebenso, wie es ihr gleichzeitig innewohnt. Seine Natur wandelt sich ständig, doch das Subjekt wandelt sich nicht. Das Subjekt dauert fort, nicht als passiver Prozess, sondern als eine Aktion, ein Handeln. Interessant in diesem Kontext ist der Ansatz von Hayes[195], weil er zwischen Selbst-als-*Inhalt*, Selbst-als-*Prozess* und Selbst-als-Kontext *unterscheidet*.[196] Dazu der Psychiater Arthur J. Deikman: „Die Selbstwahrnehmung enthüllt, dass der Kern der Subjektivität – das ‚Ich' – identisch ist mit dem Bewusstsein. Bei diesem ‚Ich' ist zu unterscheiden zwischen verschiedenen Aspekten der physischen Person und mentalen Konstrukten, die das ‚Selbst' formen. Die meisten Debatten über das Bewusstsein verwechseln ‚Ich' mit ‚Selbst'. Tatsächlich ist unsere Erfahrung grundsätzlich dualistisch. Dabei geht es weniger um einen Dualismus zwischen Geist und Materie, sondern vielmehr um den Dualismus zwischen ‚Ich' und dem, was beobachtbar ist. Die Identität von Bewusstsein und ‚Ich' bedeutet, dass wir das Bewusstsein erkennen, indem wir es sind. Damit wird das Problem des unendlichen Regresses von Beobachter und Beobachtetem aufgelöst. Und daraus folgt, dass, was immer auch als Ontologie unseres Bewusstseins formuliert werden mag, immer auch für das ‚Ich' gelten muss."[197]

Erwachen – das ist Einsicht und Verwirklichung, keine vereinzelte Erfahrung. Zwar kommt das Erwachen durch Erfahrung zustande, doch es ist mehr als nur Erfahrung. Zen-Geschichten und ebenso Zen-Lehrende führen die Menschen auf einen Irrweg, wenn sie so tun, als sei das Erwachen eine sogenannte Durchbruchserfahrung. Was dieses Thema angeht, gibt es im Wesentlichen zwei Irrtümer. Eine dieser falschen Vorstellungen geht davon aus, dass man erwacht ist, sobald man die buddhistischen Lehren von Interdependenz, Vergänglichkeit und Nicht-Selbst verstanden hat. Die andere besteht in dem Glauben, das Erwachen sei eine – plötzliche oder allmähliche – Erfahrung der Nicht-Konzeptualität. Doch das Erwachen ist ein Erwachen zur Leerheit, zu einer grenzenlosen Offenheit, einem unbedingten und unendlichen Mysterium. Eine begrenzte und bedingte Erfahrung kann das Unendliche und Unbedingte niemals erfassen. Erwachen ist die Erkenntnis und Verwirklichung der Leerheit als dem eigenen Selbst, einem Selbst, das sich in seiner Soheit bedingungslos annimmt und zugleich die Anderen und die Welt in ihrem So-Sein bestätigt und bejaht. Das Herz-Sutra verkündet: „Form ist Leere, Leere ist Form." Transmission, die Übertragung im Zen, ist die Bestätigung und Realisierung dieser Einsicht, nicht die Anerkennung einer „besonderen Erfahrung". Die Transmission im Zen erfordert einen metaphorischen Prozess der Umwandlung des eigenen Seins und der Welt. Es ist eine Konversion, die sich in tätigem Handeln ausdrücken muss, indem ich mich als andere/r erkenne und zeige. Ich verliere mich – und finde mich wieder als andere/r, als die ganze Welt. Das offenbart sich vor allem in der Begegnung mit dem Meister oder der Meisterin, denn das Erwachen geschieht in der interpersonalen Dimension. Mein Ich ist ein „Ich-mit-Dir". Darum geht es, das müssen wir im Alltagsleben umsetzen und im WIR der menschlichen Gemeinschaft praktisch verwirklichen. Nur in Meditation zu sitzen und sich unaufhörlich mit der Frage „Wer bin ich?" zu befassen, ohne dass das alles im praktischen Tun und in der zwischenmenschlichen Dimension einen Ausdruck findet, macht keinen Sinn. Meister Dogen hat das wunderbar formuliert:

> Den Buddha-Weg zu ergründen heißt, sich selbst ergründen. Sich selbst ergründen heißt, sich selbst vergessen. Sich selbst vergessen heißt, eins mit den zehntausend Dingen sein. Eins mit den zehntausend Dingen sein heißt, Körper und Geist von uns selbst und Körper und Geist der Welt um uns fallen zu lassen. Die Spuren des Erwachens ruhen im Verborgenen, und die im Verborgenen ruhenden Spuren des Erwachens entfalten sich über einen langen Zeitraum.[198]

Dogens Ansatz fehlt jedoch die intersubjektive Perspektive. Sein Zen-Weg ist *shikantaza*, Nur-Sitzen, und das allein muss letztlich unbefriedigend bleiben. Zudem könnte man Dogens Verständnis des Selbst als Nicht-Selbst und seine Auffassung über die Vergänglichkeit aus den bereits genannten Gründen kritisch sehen. Das gilt auch für den Ansatz des Rinzai-Meisters Hakuin. Leider sind gegenwärtig fast alle Rinzai- und Soto-Schulen, selbst die Sanbo-(Kyodan)-Tradition, jede auf ihre Art, belastet mit eher gering fundierten oder unzureichenden Sichtweisen und Praxen.

Der Buddhismus lehrt nicht allein, dass das Selbst ein Nicht-Selbst ist, sondern auch, dass alle Existenz flüchtig und nicht von Dauer ist, „ein Traum, ein Phantom, eine Seifenblase, ein Schatten, ein Blitz“. Doch wenn nichts von Dauer ist, nicht einmal das Selbst, dann sind solche Elemente wie Liebe, Treue, Selbstverpflichtung, Hingabe und Vergebung sinnlos, dann bleibt uns nur das fatalistische Motto: „Lasst uns essen, trinken und uns vergnügen, denn morgen sind wir tot.“ Nur durch Selbstverpflichtung und Hingabe kommen wir zu uns selbst und können unsere Unbeständigkeit und Zeitgebundenheit überwinden. Wenn etwas den Tod überwinden kann, ist es die Liebe, und Liebe ist Unendlichkeit. In seinem Brief an die Korinther besingt Paulus das Hohelied der Liebe: „Die Liebe erträgt alles, sie glaubt alles, sie hofft alles, sie duldet alles. Die Liebe höret niemals auf.“[199]

Wir leben nicht für uns allein, wir leben auch für andere, und die Quellen unserer Freiheit sind Lieben und Sorgen. Lieben heißt, das Selbst zu vergessen und für andere, für alle Lebewesen zu leben. Das ist der Weg einer/eines Bodhisattva. Und was den Tod angeht: Wir werden unseren eigenen Tod nicht erleben, obwohl wir in der Lage sind, ihn uns vorzustellen. Was sollen wir also von Behauptungen über ein Leben nach dem Tod halten? Buddha selbst war weder Nihilist noch Positivist. Als man ihn fragte, ob und wie die Heiligen nach ihrem Tod weiterleben, soll er den bemerkenswerten Satz geäußert haben, man könne nach dem Tod der Heiligen nicht sagen, „*dass* sie weiterhin existieren, noch dass sie *nicht* existieren; noch dass sie *sowohl* existieren als auch *nicht* existieren; noch dass sie *weder* existieren noch *nicht* existieren." Das ist eine wunderbare Sicht, sie kann uns zur Einsicht in das Mysterium der Existenz verhelfen. Doch obwohl wir vielleicht ahnen, dass wir nicht sterben, bleibt das Leben nach dem Tod ein Geheimnis, und mit diesem Nicht-Wissen müssen wir uns zufriedengeben.

Nichtsdestotrotz gab und gibt es zu allen Zeiten und in allen Teilen der Erde die unterschiedlichsten Ansichten zu diesem Thema. Manche glauben zu wissen, dass es *kein* Leben nach dem Tod oder kein dauerhaftes Selbst gibt. Andere glauben fest daran, dass die Seele oder das Selbst unsterblich und ewig sind. Wiederum andere halten daran fest, dass es Karma und Reinkarnation gibt. Doch letztlich sind das alles nur Glaubensvorstellungen und Theorien. In den letzten Jahrzehnten wurde etliches publiziert über sogenannte Nach-Tod-Erfahrungen (NED), die die Unsterblichkeit des Selbst beweisen sollen, doch auch das sind trügerische Vorstellungen oder Hoffnungen. Die Zen-Antwort lautet: „Ich sterbe – und ich sterbe nicht." Der Teil „Ich sterbe nicht" ist und bleibt ein Mysterium und dabei müssen wir es belassen.

Der Buddhismus lehrt nicht nur, dass der Kosmos, dass alle Existenzformen miteinander und ineinander verflochten und voneinander abhängig sind, sondern auch, dass alles unbeständig und vergänglich ist. Das wiederum ist nicht buddhismusspezifisch, auch das Christentum oder andere Religionen vertreten, dass die Welt vergänglich und substanzlos ist, und schon in der griechischen Antike konstatierte Heraklit: „Kein Mensch steigt zwei Mal in den gleichen Fluss, denn es ist niemals der gleiche Fluss und niemals der gleiche Mensch." In einem anderen Fragment hielt er fest: „Nichts ist so beständig wie der Wandel." Auf einem Torbogen in Fatehpur Sikri, der uralten zerstörten Hauptstadt des islamischen Mogulreiches, fand man eine Inschrift: „Jesus, der Sohn von Maria (Friede sei mit ihr) sagte: ‚Die Welt ist eine Brücke. Überquere sie, doch baue keine Häuser auf ihr. Der, der auf einen Tag hofft, mag für die Ewigkeit hoffen; die Welt überdauert nur einen Tag. Verbringe ihn im Gebet, denn der Rest bleibt verborgen.'"[200]

Wir haben eine Neigung, uns zu sehr an uns selbst festzuklammern. Dasselbe gilt für weltliche Dinge wie Besitz, Vergnügungen, Ruhm und Macht, aber auch für sogenannte außergewöhnliche Erfahrungen. Aus dieser Verklammerung sowie von allen übersteigerten Leidenschaften müssen wir uns lösen, damit Gelassenheit und innerer Friede in uns wachsen können. Vertrauen und Hoffnung können uns helfen, diese Verklammerung aufzulösen und unsere Zerbrechlichkeit, Fehlbarkeit und Sterblichkeit zu akzeptieren. Vertrauen und Gemeinschaft bilden den Kern unserer Menschlichkeit.

Wir Menschen haben im Lauf der Geschichte unglaublich viel an Wissen angehäuft, doch letzten Endes wissen wir nichts. Wir kennen weder den Ursprung noch das Ziel der Welt und der menschlichen Existenz. Obwohl die Wissenschaft sich intensiv mit den Fragen von Materie und Energie beschäftigt hat, kann sie bis heute nicht wirklich erklären, was Materie eigentlich ist. Das Wissen über unser Selbst ist wie ein Eisberg und wir kennen höchstens das oberste Drittel, das aus dem Wasser herausragt. Was das menschliche Bewusstsein angeht, bleibt der Zugang zum Allerheiligsten den Wissenschaften verschlossen. Ein Zutritt wäre nur möglich durch das Tor der Weisheit, durch *docta ignorantia*, „belehrtes Nicht-Wissen"[201]. Doch wir sind Wesen, die immerzu nach Erkenntnis suchen, wir werden geradezu getrieben vom Verlangen nach Wissen, obwohl gilt: Je mehr wir wissen, desto weniger werden wir erkennen.

Die höchste Erkenntnis, *paramartha satya*, besteht in dem Wissen, dass wir *nichts* wissen. Mit diesem Nicht-Wissen ruhen wir im Geheimnis der Leere, das ein Mysterium ist. Diese Leere ist unser Selbst, und das Selbst ist ein Mysterium. Die gesamte Wirklichkeit ist ein Mysterium voller Anmut, Schönheit, Gnade und Güte. Natürlich ist die Welt auch eine Ansammlung von Tragödien und Katastrophen, Dunkelheit und Absurdität, Unheil und Verbrechen. Wir Menschen sind unberechenbar und zerstörerisch, und Thomas Hobbes verwies mit seinem *„homo homini lupus est"* („Der Mensch ist des Menschen Wolf") auf diesen dunklen Teil in uns. Doch Glaube und Vertrauen unterstützen uns, auch für die andere Seite offen zu sein, um wie Meister Unmon auszurufen: „Jeder Tag ist ein guter Tag!" Wenn wir uns für diese Ebene öffnen, dann ist die Welt schön und das Herz der Menschen freundlich, dann ergibt das Leben einen Sinn. Der Mystikerin Juliane von Norwich, die im Mittelalter lebte, wurde die Offenbarung zuteil: „Alles wird gut sein, und alle werden gut sein, und aller Art Dinge wird gut sein." In diesem Satz drücken sich Glaube, Vertrauen und Hoffnung aus, und darin ist unser Leben, unsere Liebe gegründet und verwurzelt. Diese religiöse oder spirituelle Dimension fehlt vielen Zen-Lehrenden, auch wenn es nicht zwingend nötig ist, an Gott zu glauben oder einer institutionalisierten Religion anzugehören.

Das moralische Problem des Bösen im Hinblick auf Zen zu thematisieren ist nicht einfach, doch einige zentrale Punkte möchte ich trotzdem skizzieren. Im Buddhismus haben sich unterschiedliche Richtungen und vielfältige Sichtweisen entwickelt, doch in seiner Gesamtheit gründet sich der Buddhismus auf die Feststellung, dass die Welt von Leiden, Unwissenheit und Bösem geprägt ist. Insbesondere die „drei Geistesgifte" – Gier, Hass und Unwissenheit – bezeichnete Buddha als „anfangslos", und im „Gesang der Reinigung" rezitieren wir, dass diese Geistesgifte schon „von alters her" existieren. Dennoch gibt es viel Verwirrung, was das Böse bzw. was Fragen von Schuld und Vergebung angeht. Der Buddhismus beschäftigt sich nur mit der individuellen Dimension des Bösen, und soziale oder strukturelle Dimensionen von Leid und Bösem werden außer Acht gelassen. Buddhistische Ausführungen über Unbeständigkeit und Nicht-Selbst, Karma und Wiedergeburt haben zu eher verwirrenden, gelegentlich auch abwegigen Theorien geführt und bei manchen Traditionen wird das Grundproblem einfach vermieden zugunsten eines Ad-hoc-Moralismus.

Doch hier möchte ich mich weiter auf Zen konzentrieren. Der folgende Fall des Denkoroku handelt von der Befreiung von Übel und Sünde[202]:

> Der Dreißigste Patriarch Sengcan kam zum Neunundzwanzigsten Patriarchen Huike und sagte: „Dein Schüler leidet an einer todbringenden Krankheit. Ich bitte Euer Hochwürden, bitte, erlöse mich von meinen Sünden." Der Patriarch antwortete: „Bring mir deine Sünden und ich werde dich davon befreien." Sengcan saß eine Weile still da und sprach dann: „Trotz aller Anstrengungen kann ich meine Sünden nicht finden." Der Patriarch Huike antwortete: „Ich habe dich bereits von deinen Sünden befreit. Lebe im Vertrauen auf Buddha, Dharma und Sangha."

DER VERS

> Die grundsätzliche Leerheit hat kein Innen noch Außen;
> Sünde und Tugend hinterlassen hier keine Spur.
> Geist und Buddha sind genauso;
> Dharma und Sangha kann man gleichermaßen verstehen.

Zen behauptet, dass es in der Leere weder Falsch noch Richtig, weder Sünde noch Böses gibt. Doch diese Aussagen beziehen sich nur auf die individuelle Person. Darin heißt es, das Selbst sei leer, daher sei auch das Böse leer, es sei nur eine mentale Konstruktion ohne jede Substanz. Das Plattform-Sutra[203] lehrt eine Art formloser Reue des Inhalts, dass es weder ein Vergehen noch ein Verbrechen gibt, das zu bekennen oder zu bereuen wäre, weil letztendlich alle moralischen Vergehen leer sind. Damit aber werden menschliche Verfehlungen und die Tatsache des Bösen einfach weginterpretiert. Die Frage nach der Wahrheit ist somit lediglich subjektiv und relativ, und einzig und allein unsere eigene Perspektive entscheidet darüber, was gut oder böse ist.

In seiner Abhandlung über Moral und das Böse schreibt Andrew Michael Flescher: „In einer perspektivistischen[204] Glorifizierung der Ästhetik, nach der wir Schönheit potenziell in allem finden können, sehen wir es nur auf die richtige Weise, verkümmert unsere Fähigkeit des Gebrauchs von bedeutsamen normativen Konzepten (wie Lob oder Tadel) und der Anwendung grundlegender Formen des moralischen Urteils (wie Zustimmung oder Kritik). Ein angemessenes Konzept des Bösen sollte einen Begriffsapparat bereitstellen, der uns zum Beispiel die Möglichkeit gibt, einen Charakterzug wie zum Beispiel Herzlosigkeit zu verurteilen, ganz zu schweigen von Personen, die herzlos handeln. Böswilliges Verhalten sollte man nicht als ‚Wahl eines persönlichen Lebensstils' wegerklären können. Wie unangemessen ein solcher Perspektivismus ‚jenseits von Gut und Böse' ist, kann man bereits bei einer rudimentären Selbstprüfung feststellen, vor allem in Situationen, in denen uns das Ausmaß unserer Selbstsucht bewusst wird, beispielsweise wenn wir jemand betrügen, den wir lieben, oder jemand vernachlässigen, der in Not ist."[205] In dieser Hinsicht erweist sich selbst Dogen als problematisch. Er schreibt zwar äußerst elaboriert über Karma, Kausalität und das Böse, doch seine Perspektive ist nicht konsistent. Sein Stil ist dunkel, unbestimmt und verrätselt, er spielt mit der Sprache und er weicht aus, wenn es um Klarheit und Differenzierung geht. Dagegen scheint Dogens praktisches Verhalten im Hinblick auf seinen Schüler Gemmyo hart und rigide gewesen zu sein. In einem Kommentar dazu schreibt Steven Heine: „Er (Dogen) drückt wenig oder keine Sorge aus für eine Dynamik von Reue und Vergebung oder auch für einen Prozess, in dem sich eine Verfehlung in ein verdienstvolles oder lobenswertes Verhalten verwandeln kann. Offenbar hat Zen ein Defizit im Hinblick auf eine Auseinandersetzung mit Schuld, Vergebung und Aussöhnung."[206]

Das Erwachen ist jenseits von Gut und Böse. Nach dem üblichen Zen-Verständnis gilt eher die Anhaftung an begriffliche Konzepte, Vorstellungen und Dualismus als falsch oder böse. Demnach wäre Nicht-Dualismus der richtige Weg, um dem Falschen oder Bösen zu entkommen. Man könnte allerdings auch behaupten, dass dieser Weg zu einem *falschen* Nicht-Dualismus führt. Betrachtet man Zen lediglich durch die perspektivistische Brille, dann wird es einseitig, unvollständig und falsch. Menschliche Wesen sind sowohl gut als auch unzulänglich und böse. Dazu noch einmal Flescher: „Wir beeinflussen die Welt, doch die Welt beeinflusst uns gleichermaßen. Als begrenzte, der Endlichkeit unterworfene Wesen verfügen wir einfach nicht über die Mittel, unseren Lebensweg neu zu schreiben oder aus Wegen auszusteigen, die fest mit Unzulänglichkeit verbunden sind. Ob wir das nun als Sünde bezeichnen oder auch nicht: Die Wunde, mit der wir täglich leben und die uns dazu treibt, uns selbst und andere zu verletzen, kommt von allein zum Vorschein. Jeder Versuch des Trostes, der diese Erfahrung nicht anerkennt (die wir nicht unter Kontrolle haben), verfehlt sein Ziel."[207]

Manche Lehrer/innen, die Zen oder Buddhismus vermitteln, gehen davon aus, dass das menschliche Herz im Grunde gut, unschuldig und makellos ist. Leider vergessen sie dabei, dass der menschliche Geist und das menschliche Herz ambivalent sind, was Gut und Böse angeht, und dass die meisten von uns selbstzentriert und egoistisch sind. Zwar sind wir bereits Buddha, paradoxerweise aber müssen wir zuerst Buddha werden, und letztlich sind wir immer mit der Entscheidung konfrontiert, Buddha oder Mara zu sein. Solche Qualitäten wie Güte, Freundlichkeit und moralische Grundhaltungen müssen das ganze Leben hindurch kultiviert werden, und das betrifft nicht allein das Individuum. Auch die Gesellschaft sowie religiöse oder spirituelle Gemeinschaften müssen eine Umgebung anbieten, die diese Kultivierung unterstützt und fördert. Weil eine starke Neigung zu Selbsttäuschung und Selbstrechtfertigung in uns steckt, müssen wir lernen, Selbsterkenntnis, Bescheidenheit und Mut zu kultivieren. Das ist in dieser Welt keine einfache Aufgabe. Die Gesellschaft und die Gruppen der Sangha sollten Selbstkritik fördern und Mittel und Wege anbieten, wie wir mit Fehlern und Schuld umgehen, unser Versagen anerkennen, anderen vergeben und Gerechtigkeit herstellen können. Trotzdem wird es weiterhin in der Welt schreckliches Unheil geben, und unsere menschlichen Bemühungen werden nicht ausreichen, um es zu bekämpfen. Auch gibt es sadistisch oder psychopathisch veranlagte Menschen, bei denen jedes zwischenmenschliche Hilfsangebot versagen wird, obwohl die Gesellschaft auch für solche Menschen einen Platz anbieten und gleichzeitig ihre anderen Mitglieder vor ihnen schützen muss. Doch die Gesellschaft einschließlich ihrer religiösen und spirituellen Gemeinschaften ist selbst mehr als unvollkommen, und letzten Endes sind Missstände, Fehler, Zerrissenheit, Böses und Tragödien niemals ganz zu vermeiden oder zu verhindern. Jenseits aller menschlichen Absichten und Bemühungen sind wir abhängig von einem gütigen Mysterium, einem grundlosen Grund von absoluter Vergebung, Selbstannahme, Heilung und Mitgefühl. Christen und Christinnen beten im Vaterunser: „Vergib uns, wie auch wir vergeben unseren Schuldigern." Nur eine barmherzige Macht, die unser Sein in einem Mysterium voller Güte trägt und bejaht, kann uns die Kraft geben, einander zu vergeben.

Doch nicht Theorie und Philosophie, sondern Praxis und Tun, selbstloses Handeln in Liebe und Mitgefühl machen den eigentlichen Zen-Weg aus. Die Realisierung des erwachten Lebens findet in unserem täglichen Leben statt. Wir müssen jeden „Gestank der Erleuchtung" abstreifen und ein Zuhause finden in unserem gewöhnlichen Menschsein auf dieser Erde. Jôshû fragte einst Nansen: „Was ist der Weg?" Meister Nansen antwortete: „Der alltägliche Geist ist der Weg."[208] Und der schottische Philosoph John Mcmurray sagte sinngemäß: „Das Wissen soll dem Handeln dienen und das Handeln der Gemeinschaft und Freundschaft, denn der Sinn des Lebens ist Liebe."

Zum Abschluss ein Koan aus der Sammlung „Gemischte Koans":

> Im Meer von Ise, zehntausend Fuß tief,
> liegt ein einzelner Stein.
> Diesen Stein möchte ich gerne aufheben,
> ohne meine Hände dabei nass zu machen.
> *Wie willst du das tun?*
>
> Auf dem Stein ist ein Name eingraviert.
> *Wie lautet dieser Name?*
>
> Auf der einen Seite des Steins steht: „Kann nicht nass werden."
> *Warum?*
>
> Auf der anderen Seite steht: „Kann nicht trocken werden."
> *Warum?*

Anmerkungen

1 Kevin Hennelly: *The Psychological Roots of Political and Ideological Violence: A Jungian Perspective*. In: Alternatives, 13/ 2, 1988, S. 219

2 Die Geschichte von O-Nami findet sich in Paul Reps und Nyogen Senzaki: *Zen Flesh, Zen Bones: A Collection of Zen and Pre-Zen Writings* (North Clarendon, VT: Tuttle Publicationst Reprint 1998); siehe auch auf Deutsch: Paul Reps: *Ohne Worte – ohne Schweigen. 101 Zen-Geschichten und andere Zen-Texte aus vier Jahrtausenden* (München: O. W. Barth Verlag 2010), S. 27 f.

3 Das *Yoga-Sutra* („Yoga-Leitfaden") ist ein zentraler Ursprungstext des Yoga, verfasst von Patañjali. Yoga ist eine der sechs indischen orthodoxen Philosophien (*Shaddarshana*). Das Yoga-Sutra besteht aus 195 Sanskrit-Versen in vier Kapiteln und ist eine der ältesten Überlieferungen der Yoga-Tradition.

4 Übersetzt aus: Jess Byron Hollenback: *Mysticism: Experience, Response, and Empowerment*, Kapitel 5; (University Park, Pennsylvania: The Pennsylvania State University Press 1996 (Wenn nicht anders angegeben, stammt die Übersetzung hier und im Folgenden von Helga Braun.)

5 Anonymous: *Meditations on the Tarot. A Journey into Christian Hermeticism*, Letter 1 (Amity, New York: Amity House 1985)

6 Jacobus de Voragine: *Legenda Aurea*; transl. von G. Ryan und H. Rippberger: *The Golden Legend*; New York 1948, S. 620–21, zitiert in und übersetzt aus dem Englischen aus: *Meditations on the Tarot. A Journey into Christian Hermeticism*, 1985 posthum und anonym veröffentlicht

7 Ebd.

8 Übersetzt aus: *Meditations on the Tarot*, a. a. O., S. 9

9 *The Essential Chuang Tzu*, auf Englisch übersetzt und herausgegeben von Sam Hamill und J. P. Seaton (Boston, MA: Shambhala Publications 1998), S. 22–26

10 Fall 50: „Unmons Staubkorn-Samadhi", in: *Hekiganroku – Die Niederschrift vom blauen Fels. Die klassische Koan-Sammlung mit neuen Teishos* (Bde. 1 und 2) von Yamada Kôun Roshi, hrsg. von Peter Lengsfeld (München: Kösel Verlag 2002), Bd. 1, S. 527

11 Fall 9: „Daitsû Chishô", in: *Mumonkan – Die torlose Schranke. Zen-Meister Mumons Koan-Sammlung*, neu übertragen von Kôun Yamada, übersetzt von Ludwigis Fabian und Peter Lengsfeld (München: Kösel Verlag 1989), S. 70 ff.

12 Übersetzt aus: Katsuki Sekida: *Two Zen Classics – Mumonkan and Hegikanroku* (o. O.: Weatherhill 1977)

13 Übersetzt aus: Kirchner, Thomas Yuho (Hrsg.): *The Record of Linji*, in der engl. Übersetzung von Ruth Fuller Sasaki (Honolulu: University of Hawai'i Press 2008), S. 29 f.

14 Hora, Thomas, M.D.: *Beyond the Dream – Awakening to Reality*, 2nd Edition (New York, NY: Crossroad Publishing 1996), S. 37 ff.

15 Brief des Paulus an die Epheser 2: 8–9

16 Siehe dazu Fall 1: „Bodhidharmas ‚Weit und leer'", in: *Hekiganroku*, a. a. O., S. 21

17 Vgl. dazu Robert Spaemann: *Persons – The Difference between „Someone" and „Something"* (Oxford, UK: Oxford University Press 1996)

18 Eric LaRock: *Aristotle and Agent-Directed Neuroplasticity*, International Philosophical Quarterly, Vol. 53, No 4. Dec. 2013

19 James Hillman: *Healing Fiction* (Barrytown, NY: Stanton Hill Press 1983)

20 *Imago Mundi* (wörtlich „Weltbild") bezeichnet eine mentale Vorstellung des Menschen über das Aussehen der Erde, z. B. eine kosmographische Idee, eine Weltkarte oder eine Weltanschauung.

21 Übersetzt aus: James Hillman, a. a. O., S. 74 f.

22 Übersetzt aus: Robert Spaemann, a. a. O., S. 218 f.

23 Der *Finalismus* geht davon aus, dass alles Geschehen in der Natur zweckbestimmt und zielgerichtet ist.

24 Übersetzt aus: James Hillman, a. a. O, S. 104 f.

25 Übersetzt aus: Ebd. S. 108 f.

26 Richard Gombrich: *What the Buddha Thought* , Oxford Centre for Buddhist Studies Monographs (Sheffield, UK: Equinox Press 2009)

27 Übersetzt aus: Katsuki Sekida: *Two Zen Classics – Mumonkan and Hekiganroku*, a. a. O., S. 9

28 Übersetzt aus: Kôun Yamada: *Gateless Gate* (Los Angeles, CA: Los Angeles Center Publications 1979)

29 Fall 18: „Das Grabmal des Nationallehrers", in: *Hekiganroku*, a. a. O., Bd. 1, S. 199 f.

30 Fall 99: „Bodhidharmas ‚Weit und leer'", in: *Hekiganroku*, a. a. O., Bd. 2, S. 425 f.

31 Fall 32: „Ein Nicht-Buddhist fragt Buddha", in: *Mumonkan*, a. a. O., S. 179 ff.

32 Fall 1: „Bodhidharmas ‚Weit und leer'", in: *Hekiganroku*, a. a. O., Bd. 1, S. 21 ff.

33 Übersetzt aus: Steven Collins: *Nirvana and other Buddhist Felicities*, Cambridge Studies in Religious Traditions, Bd. 12. (Cambridge, UK: Cambridge University Press 2006) S. 168

34 Übersetzt aus: Raimon Panikkar (Autor), Robert R. Barr (Übersetzer): *The Silence of God – The Answer of the Buddha*. Faith Meets Faith Series (Maryknoll, NY: Orbis Books 1989)

35 Toshihiko Izutsu: *Towards a Philosophy of Zen Buddhism* (Boston, MA: Shambhala Publications 2001); deutsch: *Philosophie des Zen-Buddhismus* (Reinbek: Rowohlt 1986); s. auch Fall 26 in: *Mumonkan*, a. a. O., S. 150 ff.

36 Fall 35: „Manjushris ‚Drei-drei'", in: *Hekiganroku*, a. a. O., Bd. 1, S. 371 f.

37 Übersetzt aus: Katsuki Sekida: *Two Zen Classics: The Gateless Gate and The Blue Cliff Records* (Mumonkan and Hegikanroku) Fall 42 (Boston, MA: Shambhala Publications 2005); deutsch: Fall 42: „Pangs ‚Wunderschöne Schneeflocken'", in: *Hekiganroku*, a. a. O., S. 448 f.

38 Fall 21: „Chimons Lotusblume", in: *Hekiganroku*, a. a .O., Bd. 1, S. 229 ff.

39 Fall 17: „Kyôrins ‚Müde vom langen Sitzen'", in: *Hekiganroku*, a. a. O., Bd. 1, S. 190 ff.

40 Fall 90: „Chimons Weisheitskörper", in: *Hekiganroku*, a. a. O., Bd. 2, S. 351 ff.

41 Das *Lalitavistara-Sutra* behandelt die Lebensgeschichte Buddhas. Es wurde im zweiten bzw. dritten Jahrhundert n. Chr. von unterschiedlichen Autoren verfasst.

42 Übersetzt aus dem *Anguttara Nikaya* 4.36 (in der engl. Übersetzung von Thanissaro Bhikkhu). Das Anguttara Nikaya, die „Sammlung der Angliederungen", ist die umfangreichste der drei Hauptsammlungen Buddhas.

43 Siehe Fall 21 in *Mumonkan* bzw. *Vermischte Koans* Nr. 9

44 Fall 79 „Tôsus Stimmen Buddhas", in: *Hekiganroku*, a .a. O., Bd. 2, S. 254

45 *Vermischte Koans* Nr. 24b

46 Vgl. *Mumonkan* Fall 19 oder auch Rinzai Roku (*Lin-chi Lu*): *Das Zen von Meister Rinzai* von Meister Rinzai, Irmgard Schlögl, Sotetsu Yuzen (Heidelberg: Kristkeitz-Verlag 1990)

47 T. S. Eliot: *Gesammelte Gedichte 1909–1962* (Werke 4) (Frankfurt a. M.: Suhrkamp Verlag 1988), S. 278–289

48 Siehe Erster Brief des Paulus an die Korinther, Kap. 13

49 Fall 82: „Dairyûs Dharmaleib", in: *Hekiganroku*, a. a. O., Bd. 2, S. 278

50 Fall 6: „Unmons ‚Guter Tag'", in: *Hekiganroku*, a. a .O, Bd. 1, S. 78 ff.

51 Elie Wiesel: *Die Nacht zu begraben, Elischa* (München: Verlag Langen-Müller 2005), S. 79 f. In seiner Autobiografie beschreibt Wiesel seine Erlebnisse als Kind in verschiedenen Konzentrationslagern, darunter auch in Auschwitz.

52 Harold Bloom (Hrsg.): *Elie Wiesel's Night* (New York, NY: Infobase Publishing 2009), S. 66

53 Richard Gombrich: *What the Buddha Thought*, a. a. O., S. 11

54 Richard Gombrich, a. a. O., S. 28

55 Eine Kurzformel für das stoische Weltbild hat Kaiser Mark Aurel geprägt (Selbstbetrachtungen VII, 9): „Alles ist wie durch ein heiliges Band miteinander verflochten. Nahezu nichts ist sich fremd. Alles Geschaffene ist einander beigeordnet und zielt auf die Harmonie derselben Welt. Aus allem zusammengesetzt ist eine Welt vorhanden, ein Gott, alles durchdringend, ein Körperstoff, ein Gesetz, eine Vernunft, allen vernünftigen Wesen gemein, und eine Wahrheit, so wie es auch eine Vollkommenheit für all diese verwandten,

derselben Vernunft teilhaftigen Wesen gibt" (Quelle: Wikipedia, http://de.wikipedia.org/wiki/Stoa, Stand: 31.08.2017).

56 Übersetzt aus: *Japanese Death Poems: Written by Zen Monks and Haiku Poets on the Verge of Death*, herausgegeben von Yoel Hoffmann (North Clarendon, VT: Tuttle Publishing 1986) S. 73

57 In der indischen Philosophie steht *Advaita* für eine nicht-dualistische Sichtweise. Es wird nur ein absolutes Prinzip anerkannt, an dem die gesamte Schöpfung und damit jedes Wesen Anteil hat. In der Nicht-Dualität gibt es keinen grundsätzlichen Unterschied zwischen Gott und Mensch, sondern vielmehr deren Wesensidentität.

58 Udana 8.3, zit. in: Ama Samy: *Zen – Erwachen zum ursprünglichen Gesicht* (Berlin: Theseus Verlag 2002) S. 43

59 Übersetzt aus: Steven Collins: *Nirvana and Other Buddhist Felicities*, a. a. O., S. 168

60 Rādhā oder auch Radhika ist in der hinduistischen Mythologie die ewige Gefährtin, Shakti und Geliebte Krishnas.

61 Radha Samyutta Sutta, zit. in und übersetzt aus: Raimundo Panikkar: *Myth, Faith, and Hermeneutics* (New York, Ramsay, Toronto: Paulist Press 1979) S. 269

62 Übersetzt aus: David Brooks: *What Suffering Does*, in New York Times Online, 7. April 2014 (Quelle: www.nytimes.com/2014/04/08/opinion/brooks-what-suffering-does.html?_r=0, Stand: 31.08.2007)

63 Hillesum, Etty: *An Interrupted Life: The Diaries of Etty Hillesum 1941–43* (New York, NY: Washington Square Press. Published by Pocket Books 2001); deutsch: *Das denkende Herz – Die Tagebücher von Etty Hillesum 1941–1943*; herausgegeben von J. G. Gaarlandt (Reinbek: Rowohlt 2001)

64 Fall 35: „Seijo und ihre getrennte Seele", in: *Mumonkan*, a. a. O., S. 191 ff.

65 Fall 1: „Bodhidharmas ‚Weit und leer'", in: *Hekiganroku*, a. a. O., S. 21

66 Fall 14: „Nansen tötet die Katze", in: *Mumonkan*, a. a . O., S. 91 ff.

67 Übersetzt aus: Adolf Guggenbühl-Craig: *Marriage Dead or Alive* (Dallas, TX: Spring Publications 1986)

68 Adolf Guggenbühl-Craig a. a. O.; ebenso AMA Samy: *Zen – Erwachen zum ursprünglichen Gesicht*; Kapitel: Der Zen-Weg (Berlin: Theseus Verlag 2002)

69 Fall 50: „Unmons Staubkorn-Samadhi", in: *Hekiganroku*, a. a. O., S. 527 ff.

70 Fall 3: „Guteis Finger", in: *Mumonkan*, a. a. O., S. 41

71 *Zenkei Shibayama* (1894–1974), Abt des Klosters Nanzen-ji von Ky to und Zen-Meister der Rinzai-Schule, wurde bekannt u. a. durch seine Kommentare zum Mumonkan.

72 Übersetzt aus: Zenkai Shibayama: *The Gateless Barrier – Zen Comments on the Mumonkan* (Boston, MA: Shambhala 2000) S. 288

73 Übersetzt aus: James Hillman: *Loose Ends – Primary Papers in Archetypal Psychology* (New York, NY: Spring Publications 1975)

74 Übersetzt aus: Robert Spaemann: *Happiness and Benevolence* (Edinburgh, UK: T&T Clark 2005) S. 193 f.

75 Sung Bae Park: *Buddhist Faith and Sudden Enlightenment* (Albany: NY: State University of New York Press 1983) S. 123 ff.

76 Fall 68: „Kyôzans ‚Wie ist dein Name?'", in: *Hekiganroku*, a. a. O., Bd. 2, S. 165

77 Fall 13: „Rinzai und der blinde Esel", in: *Shoyoroku* (Das Buch des Gleichmuts) u.a. zu finden unter: www.wolkenverlag.de/downloads/shoyo-roku-n.pdf (Stand: 31.08.2017) S. 29

78 Thich Nhat Hanh: *Nenne mich bei meinen wahren Namen* (München: Droemer Knaur 2010)

79 Zitiert aus dem „Genjôkôan" (Das verwirklichte Universum) von Dogen Zenji in: *Shobogenzo – Die Schatzkammer des wahren Dharma-Auges*, Bd. 1 (Heidelberg: Kristkeitz Verlag 2008) S. 60

80 Siehe dazu Eric Berne: *Spiele der Erwachsenen – Psychologie der menschlichen Beziehungen* (Reinbek: Rowohlt 2002)

81 *Viktor E. Frankl*, österreichischer Neurologe und Psychiater, ist der Begründer der Logotherapie und Existenzanalyse („Dritte Wiener Schule der Psychotherapie"). Wegen seiner jüdischen Herkunft wurde er 1943 von den Nazis ins KZ verschleppt, wo seine Frau und seine Familie ermordet wurden. Er schrieb u.a.: *Trotzdem Ja zum Leben sagen – Ein Psychologe erlebt das Konzentrationslager* (München: Kösel 2012)

82 Julia De Beausobre: *The Woman Who Could Not Die* (New York, NY: Viking Press 1938); deutsch: *Das Licht leuchtet in der Finsternis* (Stuttgart: Deutsche Verlagsanstalt 1939); siehe auch: *Creative Suffering* (Oxford, UK: Fairacres Publications 1988)

83 Übersetzt aus: *Creative Suffering*, a. a. O. (Quelle: An Open Orthodoxy. Exploring Ancient Paths in New Ways, https://anopenorthodoxy.wordpress.com/2013/08/06/julia-de-beausobre/, Stand: 31.08.2017)

84 Übersetzt aus: Katsuki Sekida: Two Zen Classics – The Gateless Gate and The Blue Cliff Records, a. a. O.; deutsch: Fall 1: „Bodhidharmas ‚Weit und leer'", in: *Hekiganroku*, a. a. O., Bd. 1, S. 21 f.

85 Wolfgang Fasching: *Consciousness, self-consciousness, and meditation*, Phenom. Cognitive Sciences 7/2008, S. 463 ff. (Quelle: http://link.springer.com/article/10.1007/s11097-008-9090-6, Stand: 31.08.2017)

86 Fall 1: „Bodhidharmas ‚Weit und leer'", in: *Hekiganroku*, a. a. O., Bd. 1, S. 21 f.

87 Übersetzt aus: Francis Dojun Cook (Übers.): *The Record of Transmitting the Light: Zen Master Keizan's Denkoroku* (Somerville, MA: Wisdom Publications 1991); deutsch: *Denkôroku – Die Weitergabe des Lichtes*, von Keizan Jokin (Frankfurt a. M.: Angkor Verlag 2008)

88 *Wumen Huikai* (Jap. *Mumon Ekai*), 1183–1260, chinesischer Zen-Meister der Song-Zeit. Er wurde berühmt durch seine Zusammenstellung von Koans und Kommentaren im Mumonkan.

89 Übersetzt aus: Keizan Zenji: *The Denkoroku or The Record of the Transmission of the Light*, übers. ins Englische von Rev. Hubert Nearman (Mount Shasta, CA: Shasta Abbey Press 2001)

90 Sören Kierkegaard: *Die Krankheit zum Tode*, hrsg. und übers. von Gisela Perlet, Reclam Universal-Bibliothek Nr. 9634 (Stuttgart: Reclam 1997)

91 *Tozan Ryokai* (Chin. *Dong-shan Liangjie*, 807–869) war einer der Begründer des Soto-Zen.

92 *Koinhärenz* meint: Gottvater, Sohn und Heiliger Geist sind nicht nur miteinander verbunden, sie sind eins (Joh 17). Jeder ist zugleich im anderen: Der Vater ist im Sohn, der Sohn im Vater und der Geist in Vater und Sohn.

93 Übersetzt aus: Fall 17 im *Denkoroku*, in: Francis Dojun Cook (Übers.): *The Record of Transmitting the Light*, a. a. O.

94 Ama Samy: *The Zen Way – Tradition, Transformation and Challenges* (Dindigul, India: Vaigarai Publications 2007) S. 151; siehe auch: Robert H. Hopcke: *Men's Dreams, Men's Healing* (Boston, MA: Shambhala 1990) S. 188

95 Siehe dazu: Was ist das Ich des Erwachens?, in: Ama Samy: *Zen – Der große Weg ist ohne Tor* (Bielefeld: Theseus Verlag 2014)

96 Übersetzt aus: Gabriel Moran, zit. in: Ama Samy: *The Zen Way – Tradition, Transformation and Challenges*, a. a. O., S. 146 ff.; siehe auch Gabriel Moran: *Uniqueness – Problem or Paradox in Jewish and Christian Tradition* (Maryknoll, NY: Orbis Books 1992) S. 103

97 Fall 87: „Unmons Medizin und Krankheit", in: *Hekiganroku*, a. a. O., Bd. 2, S. 321

98 Übersetzt aus: Adolf Guggenbühl-Craig: *From the Wrong Side – A Paradoxical Approach to Psychotherapy* (Woodstock, CT: Spring Publications 1995) S. 30 f. und S. 54

99 Guggenbühl-Craig, a. a. O., S. 82 und S. 84; Unter dem Begriff „Eros" versteht der Jungianer hauptsächlich das Prinzip der Lebendigkeit und Bezogenheit, den „Lebenstrieb", im Gegensatz zu „Thanatos", dem Todestrieb. „Gewalt in Verbindung mit Eros" wäre zum Beispiel, ein Kind mit Gewalt vor einem heranrasenden Auto zurückzureißen oder einen Gewalttäter gewaltsam daran zu hindern, eine Straftat zu verüben.

100 Guggenbühl-Craig, a. a. O., S. 125

101 Guggenbühl-Craig, a. a. O., S. 116 und S. 123 ff.

102 *Pierre Teilhard de Chardin* war ein französischer Jesuit, Theologe und Naturwissenschaftler. Er wurde vor allem durch seine spirituelle Evolutionstheorie und seine Synthese von Religion und Wissenschaft bekannt.

103 Siehe dazu: Avery M. Fouts: *Satori – Toward a Conceptual Analysis*. In: Buddhist-Christian Studies (Honolulu: University of Hawai'i Press 2004)

104 *Shankara* (ca. 788–820) war ein religiöser Lehrer und Philosoph des Hinduismus, der die Philosophie des Advaita-Vedanta (Lehre von der Nicht-Zweiheit) begründete. Advaita geht von der Wesensidentität von Atman, der individuellen Seele, und Brahman, der Weltseele, aus. Der Erkenntnisprozess des Menschen und sein Weg zur Erlösung bestehen darin, diese Einheit zu erkennen.

105 Siehe dazu: Ama Samy: *Zen – Ancient and Modern. The Way to the Heart-Mind* (Dindigul, India, Vaigarai Publications 2010) S. 127ff.

106 Fall 47: „Tosotsus drei Schranken", in: *Mumonkan*, a. a. O., S. 245

107 Fall 20: „Suibis Kinnstütze", in: *Hekiganroku*, a. a. O., S. Bd. 1, 218

108 Fall 80: „Ryûge bringt die Kinnstütze", in: Wanshi Shogaku, Keizan Jokin, Wolfgang Walter: *Die große Koan-Sammlung: Shoyo-roku, Denko-roku, Echo der Leerheit*, Bd. 2 (Frankfurt a. M.: Angkor Verlag 2001)

109 Aus dem *Radha Samyutta Sutta* des buddhistischen Samyutta Nikaya (wörtlich „Zusammengestellte Sammlung"), das ein Teil des Sutta Pitaka („Korb der Drei Lehrsätze") im Theravada-Buddhismus ist

110 Karl Rahner: *Experience of a Catholic Theologian*. In: Theological Studies, 61/2000; deutsch: *Erfahrungen eines katholischen Theologen*, in: Raffelt, Albert (Hrsg.): Karl Rahner in Erinnerung (Düsseldorf: Patmos 1994) S. 135 ff.

111 Agetsu Wydler Haduch: *Als Zen noch nicht Zen war – Worte und Taten der alten Meditationsmeister*, (Zürich: Zentrum für Zen-Buddhismus 2000) S. 23 f.

112 Fall 46: „Vorwärtsgehen von der Spitze einer Stange", in: *Mumonkan*, a. a. O., S. 241

113 Der bekannte US-amerikanische Autor *Ken Wilber* entwickelte u.a. eine „Integrale Theorie", d. h. ein systematisches Modell für eine „über"-holistische Welterklärung.

114 Übersetzt aus: Adolf Guggenbühl-Craig: *From the Wrong Side – A Paradoxical Approach to Psychotherapy*, a. a. O., S. 30 f. und S. 54

115 Fall 100: „Haryôs schärfstes Schwert", in: *Hekiganroku*, a. a. O., Bd. 2, S. 432

116 Übersetzt aus: John C. H. Wu (Autor), Jingxiong Wu (Autor), Kenneth Kraft (Künstler): *The Golden Age of Zen – Zen Masters of the T'Ang Dynasty* (Bloomington, IN: World Wisdom Books 2004)

117 Siehe dazu: Zenkai Shibayama: *ri* = Stille, Eintreten, Negation, Einheit, fundamentale Gleichheit, *mi* = Sprechen, Hervorkommen, Bestätigung, Differenzierung, Phänomene, in: Zenkai Shibayama: *The Gateless Barrier – Zen Comments on the Mumonkan*, a. a. O.; siehe auch Sôjô im Kapitel über die „Wesenhafte Einheit von ri und mi": „Hineingehen ist ri, herauskommen ist mi. Wenn wir in ri eintreten, hat der Staub der Außenwelt keine Fläche zum Anhaften. Wenn wir herauskommen ins mi, hat der innere Geist damit nichts zu tun." Zitiert nach Yamada Kôun: *Mumonkan*, a. a. O., S. 140

118 Fall 24: „Reden und Schweigen hinter sich lassen", in: *Mumonkan*, a. a. O., S. 139 ff.

119 Fall 50: „Unmons Staubkorn-Samadhi", in: *Hekiganroku*, a. a. O., S. 527

120 Dharmakāya bezeichnet die ursprüngliche erleuchtete Natur des Geistes selbst. Der Dharmakāya steht für die allumfassende Einheit und Leerheit des Geistes. Seine Natur ist ungeboren und todlos, offen und weit, ohne Zentrum und ohne Begrenzung. (Quelle: Wikipedia zu Trikāya: https://de.wikipedia.org/wiki/Trikaya#Dharmak.C4.81ya; Stand: 31.08.2017)

121 Fall 30: „Geist ist Buddha", in: *Mumonkan*, a. a. O., S. 170 ff.

122 Fall 47: „Tosotsus drei Schranken", in: *Mumonkan*, a. a. O., S. 245 ff.

123 Fall 5: „Seppôs Reiskorn", in: *Hekiganroku*, a. a. O., S. 66 ff.

124 Fall 27: „Nicht Geist, nicht Buddha", in: *Mumonkan*, a. a. O., S. 155 ff.

125 Fall 19: „Alltag ist der Weg", in: *Mumonkan*, a. a. O., S. 114

126 Fall 99: „Kaiser Shukuso und die zehn Körper der Buddha", in: *Hekiganroku*, a. a. O., Bd. 2, S. 425 f.

127 *Myo*, wunderbar; *ho*, Gipfel; *cho*, Spitze, Anm. d. Ü.

128 Fall 23: „Hofuku und Chôkei auf einem Ausflug", in: *Hekiganroku*, a. a. O., Bd. 1, S. 249 ff.

129 Thomas Yuho Kirchner, Ruth Fuller Sasaki: *The Record of Linji*, Nanzan Library of Asian Religion and Culture (Honolulu: University of Hawai'i Press 2009)

130 Ausgearbeitetes Manuskript nach einem Vortrag von P. Ama Samy in Sydney, November 2015

131 Vgl. Ist Gott tot? in: Ama Samy: *Zen – Der Große Weg ist ohne Tor* (Bielefeld: Theseus Verlag 2014)

132 Übersetzt aus: David Brooks: *Finding Peace Within the Holy Texts*. In: The New York Times, Nov. 17 2015

133 Vgl. dazu meinen Beitrag über Zen und Christentum in: Ama Samy: *Zen – Ancient and Modern. The Way to the Heart-Mind*, a. a. O.

134 *Synkretismus* ist eine Synthese religiöser Ideen zu einem neuen Weltbild, in dem die Aspekte unterschiedlicher Religionen aufgenommen und zu etwas Neuem geformt werden.

135 Paul F. Knitter: *Ohne Buddha wäre ich kein Christ* (Freiburg: Herder Verlag 2012)

136 Rose Drew: *Buddhist and Christian? An Exploration of Dual Belonging*. Routledge Critical Studies in Buddhism, Kindle Edition 2013; siehe auch www.oikoumene.org/en/programmes/interreligiousdialogue/current-dialogue/magazine.html (Stand 31.08.2017)

137 Masao Abe (1915–2006), Professor für Religionswissenschaften, ist bekannt für seine Arbeiten zum buddhistisch-christlichen Dialog, einschließlich des Zen.

138 *Yajnadatta*, ein Zeitgenosse des Buddha, verliebte sich in sein eigenes Spiegelbild, weil er glaubte, der Kopf im Spiegel gehöre jemand anderem. So rannte er umher und schrie: „Wo ist mein Kopf? Wo ist mein Kopf?"

139 Übersetzt aus: Frederick Franck (Hrsg.), Joan Stambaugh (Vorwort): God, Emptiness and the True Self. In: *The Buddha Eye – An Anthology of the Kyoto School and Its Contemporaries* (Bloomington, IN: World Wisdom Books 2004)

140 Fall 65: „Ein Nicht-Buddhist fragt Buddha", in: *Hekiganroku*, a. a. O. Bd. 2, S. 135

141 Die *Große Anti-Buddhistische Verfolgung* (841–846) wurde betrieben vom Tang-Kaiser Wuzong, der China von ausländischen Einflüssen säubern und seine Kriegskasse auffüllen wollte. Die Verfolgung richtete sich auch gegen andere „ausländische" Religionen wie den Zarathustrismus, das Nestorische Christentum und den Manichäismus. Nur als originär geltende Glaubenssysteme wie der Konfuzianismus und der Taoismus überlebten die Verfolgung relativ ungestört.

142 *Huangbo Xiyun* (jap. *baku Kiun*, † 850) war einer der größten chinesischen Chan-Meister. Er gilt als Wegbereiter des chinesischen Linji-Chan und des japanischen Rinzai-Zen.

143 Siehe dazu: Ama Samy: *Zen – Erwachen zu deinem ursprünglichen Gesicht* (Bielefeld: Theseus Verlag 2002)

144 *„Argumentative Discourse, Boundary Discourse and the Discourse of Disclosure“* in meinem Beitrag über Zen und Christentum in: Ama Samy: *Zen – Ancient and Modern. The Way to the Heart-Mind*, a. a. O., S. 123 ff.

145 Robert A. Johnson: *Transformation – Understanding the Three Levels of Masculine Consciousness* (San Francisco, CA: Harper 1991)

146 Ein *metaphorischer Prozess* ist eine Bedeutungszuweisung auf der sprachlichen und/oder bildlichen Symbolebene. Hier ist ein radikaler Bruch oder Bedeutungswandel auf der Symbolebene gemeint. Vgl. dazu Ama Samy: *Zen – Awakening to Your Original Face*, CreateSpace, Nachdruck 2012.

147 Unter *Literalismus* versteht man ein starres Kleben am Buchstäblichen und eine Vernachlässigung von Geist und tieferem Sinn. Literalismus bezeichnet eine theologische Haltung, die Symbole wörtlich nimmt und sie dadurch ins Abergläubische und Absurde verkehrt. (Quelle: Tillich-Lexikon, Grundbegriffe der Systematischen Theologie von Paul Tillich; https://tillichlexikon.wordpress.com/alle-begriffe/literalismus; Stand: 31.08.2017)

148 Übersetzt aus: Robert A. Johnson: *Transformation – Understanding the Three Levels of Masculine Consciousness*, a. a. O.

149 Übersetzt aus: Robert A. Johnson: *HE, SHE* (San Francsico, CA, HarperCollins 1989)

150 Robert A. Johnson: *Inner Gold – Understanding Psychological Projection* (Asheville, NC: Koa Books 2008); deutsch: *Das Gold im Schatten – Impulse für die seelische Ganzwerdung* (Wuppertal: Peter Hammer Verlag 2013)

151 *Inflation*, nach C. G. Jung „Aufgeblasenheit“ bzw. Überschwemmung der Persönlichkeit durch unbewusste Inhalte, die zu einer akuten Psychose führen kann.

152 „Die Hölle, das sind die anderen“, schrieb Jean-Paul Sartre, Vordenker und Hauptvertreter des Existentialismus, in seinem Buch *Geschlossene Gesellschaft*, übersetzt von Traugott König (Reinbek: Rowohlt Verlag 1991) S. 59.

153 Die Überlieferung der Höllenfahrt Christi findet sich in dem apokryphen Nikodemus-Evangelium; das Zitat stammt aus dem *Inferno* in Dante Alighieris „Göttlicher Komödie“.

154 Fall 2: „Jôshûs ‚Höchster Weg‘“, in: *Hekiganroku*, a. a. O., Bd. 1, S. 31 f.

155 Siehe „Burnt Norton“ aus den *Four Quartets* von T. S. Eliot

156 Ebd.

157 Karl Rahner: *„Behold the Heart“ – Theological Investigations*, Vol. 3, 1982 and Vol. 7 (New York, NY: Seabury Press); deutsch: *„Siehe dieses Herz!“, Prolegomena zu einer Theologie der Herz-Jesu-Verehrung* In: Geist und Leben, 28. Jahrgang 1955 (Sämtliche Werke Bd. 13, hrsg. von Karl Lehmann, S. 379–390)

158 Übersetzt aus: Sami Pihlström: *Pragmatic Moral Realism – A Transcendental Defense* (Amsterdam und New York, N.Y.: Editions Rodopi 2005) S. 65

159 Übersetzt aus: Winston King: *Buddhist Self-World Theory and Buddhist Ethics*, in: The Eastern Buddhist 22 (1989) S. 14–26

160 Übersetzt aus: Jan van Bragt: *Reflections on Zen and Ethics*, in: Studies in Interreligious Dialogue 12, 2 (2002)

161 Übersetzt aus: James W. Heisig: *The Pontifical Thought of Jan Van Bragt*, in: Studies in Interreligious Dialogue 17/2 (2007)

162 Übersetzt aus: Dale S. Wright: *Satori and the Moral Dimension of Enlightenment*, in: Journal of Buddhist Ethics. Vol.13 (2006)

163 Übersetzt aus: James Whitehill: *Buddhism and the Virtues*. In: Contemporary Buddhist Ethics, hrsg. von Damien Keown (Oxford, UK: Routledge 2002); siehe auch James Whitehill: *Is there a Zen Ethic?* In: The Eastern Buddhist 20/1 (1987). David Little kritisiert die zen-inspirierte Philosophie von Nishitani Keiji in gleicher Weise in: *The Religious Philosophy of Nishitani Keiji*, hrsg. von Taitetsu Unno (1989) S. 181–87.

164 *Noetik* fragt nach Wesen, Ursprung und Inhalt der menschlichen Erkenntnis und versucht, eine Brücke zwischen Denken und Wissen zu bauen.

165 Übersetzt aus: Ama Samy: How to Go Straight, in: *Zen – Soundless Sound of One Hand* (Dindigul, India: Vaigarai Publications 2015); siehe auch: Ama Samy : Meditation and Therapy, in: *Zen – Ancient and Modern. The Way to the Heart-Mind*, a. a. O.

166 Übersetzt aus: Robert H. Sharf: *Buddhist Modernism and the Rhetoric of Meditative Experience*, in: Numen, Vol. 42, No. 3, Oct. (1995); siehe dazu auch: Robert H. Sharf: Whose Zen? Zen Nationalism Revisited, in Donald S. Lopez, Jr. (Hrsg.): *Curators of the Buddha: The Study of Buddhism under Colonialism* (Chicago, IL: University of Chicago Press 1995)

167 Übersetzt aus: Robert H. Sharf: *Sanbõkyõdan – Zen and the Way of the New Religions*, in: Japanese Journal of Religious Studies 22/3–4 (1995)

168 Übersetzt aus: Sami Pihlström, a. a. O., S. 101

169 Fall 11: : „Ôbakus ‚Tresterfresser'", in: *Hekiganroku*, a. a. O., Bd. 1. S. 131

170 Gerald G. May: *Will and Spirit – A Contemplative Psychology*, Reprint Edition, Kap. 11 (San Francsico, CA: HarperOne 1987)

171 Siehe dazu: Ist Gott tot? in: Ama Samy: *Zen – Der Große Weg ist ohne Tor*, a. a. O.

172 *Agnostiker* (altgriechisch: nicht wissen) gehen davon aus, dass sich die Existenz oder auch die Nichtexistenz eines Gottes bzw. mehrerer Götter sowie übersinnlicher Wesen wie Engel oder Geister nicht beweisen lässt. Auf die Frage „Gibt es einen Gott?" antworten sie: „Ich weiß es nicht." Dies unterscheidet sie von Atheisten, die von einer gottlosen Welt klar überzeugt sind, sowie von Gläubigen, die sich alles durch und mit Gott erklären.

173 *Nones* ist eine Abkürzung für *„No Religion Population"*, Menschen, die keiner Religion angehören und die einen immer größer werdenden Teil der Bevölkerung ausmachen.

174 *Bodhicitta* (Erleuchtungsgeist) ist die selbstlose Entschlossenheit, das Ziel der Erleuchtung nicht aus Eigennutz, sondern zum Wohle aller Wesen zu erlangen.

175 Fall 45: „Wer ist jener Eine?", in: *Mumonkan*, a. a. O., S. 278 ff.

176 In meinem Buch „*Zen – The Wayless Way*" habe ich bereits einen längeren Kommentar zu diesem Koan verfasst, den ich hier kurz zusammenfassen möchte, um einen Eindruck davon zu vermitteln.

177 Übersetzt aus: Robert P. Scharlemann: *The Reason of Following – Christology and the Ecstatic I* (Religion and Postmodernism) (Chicago, IL: University of Chicago Press 1992)

178 Fall 68: „Kyôzans ‚Wie ist dein Name?'", in *Hekiganroku*, a. a. O., S. 165

179 Fall 17: „Die drei Rufe des Nationallehrers", in: *Mumonkan*, a. a. O., S. 105

180 Im Original *circuminsessional*; siehe Keiji Nishitani u.a.: *Religion and Nothingness*. Nanzan Studies in Religion and Culture (Berkeley, CA: University of California Press 1983) S. 148

181 Fall 47: „Tosotsus Drei Schranken", in: *Mumonkan*, a. a. O., S. 245

182 Eric LaRock: *Aristotle and Agent-Directed Neuroplasticity*. International Philosophical Quarterly, Vol. 53, No 4., Dez. 2013

183 Aristoteles führt vier verschiedene Arten von Ursachen an, die vier Weisen entsprechen, in denen Warum-Fragen beantwortet werden können: causa formalis: die Form-Ursache (z. B: Warum zerkleinert eine Säge Holz? Wegen der Form des Sägeblatts – die funktionsgerechte Form macht das Wesen der Säge aus); causa finalis: die Zweck-Ursache (Warum wird gesägt? Um Brennholz zu gewinnen); causa materialis: die Material-Ursache (Warum besteht die Säge aus Metall? Sie muss hart genug sein, um Holz zu zerkleinern); causa efficiens: die Wirk-Ursache (Warum bewegt sich die Säge? Weil sie jemand bewegt). (Quelle: Wikipedia; https://de.wikipedia.org/wiki/Kausalit%C3%A4t; Stand: 31.08.2017)

184 Vgl. Jeffrey M. Schwartz und Rebecca Gladding: *You Are Not Your Brain – The 4-Step Solution for Changing Bad Habits, Ending Unhealthy Thinking, and Taking Control of Your Life* (New York, NY: Avery 2012); deutsch: *Du bist mehr als dein Gehirn – Die Vier-Schritt-Lösung, um Gewohnheitsmuster zu durchbrechen, ungesunde Denkweisen abzulegen und Kontrolle über das Leben zu gewinnen* (Freiburg: Arbor Verlag 2012); siehe auch: Jeffrey M. Schwartz und Sharon Begley: *The Mind and the Brain – Neuroplasticity and the Power of Mental Force* (New York, NY: Harper Perennial; Reprint 2003) sowie Jeffrey M. Schwartz: *Brain Lock – Free Yourself from Obsessive-Compulsive Behavior* (New York, NY: HarperCollins 1997); deutsch: *Zwangshandlungen und wie man sich davon befreit* (Frankfurt a. M.: S. Fischer Verlag 1999)

185 Die Experimente von *Benjamin Libet* zu „bewussten Willensakten" (1983–85) zählen zu den in der Philosophie am häufigsten diskutierten empirischen Untersuchungen. Libet untersuchte die zeitliche Abfolge zwischen einer einfachen Handlung, dem dazugehörigen bewussten Willensakt und der Einleitung der Handlung auf der neuronalen Ebene. Libet zufolge zeigt das Ergebnis, dass das Gehirn entscheidet, eine Bewegung oder zumindest die Vorbereitung einer Bewegung einzuleiten, bevor es irgendein subjektives Bewusstsein davon gibt, dass eine solche Entscheidung stattgefunden hat.

186 Aus: Gerard Manley Hopkins: *Poems and Prose* (London, UK: Penguin Classics 1985); ins Deutsche übersetzt von Christoph Fleischer

187 Aus: *Vermischte Koans* – Interne Koan-Sammlung der Bodhi-Sangha

188 Das *Bedingte Entstehen* oder Entstehen in Abhängigkeit (Sanskrit *prat tya-samutp da*) erklärt, wie es zur leidhaften Kette der Wiedergeburten kommt und wie sie aufzuheben ist. Da das „bedingte Zusammen-Entstehen" durch zwölf Glieder beschrieben ist, wird es auch die „Zwölfgliedrige Kette des Bedingten Entstehens" genannt. (Quelle: Wikipedia; https://de.wikipedia.org/wiki/Bedingtes_Entstehen; Stand: 31.08.2017)

189 Siehe dazu Anmerkung Nr. 116

190 Übersetzt aus: Maurice Walshe: *Meister Eckhart – Sermons and Treatises*, Pf 5, Q65 (London, UK: Watkins 1979); als E-Book auf https://de.scribd.com/doc/237041237/Mystical-Works-of-Meister-Eckhart

191 Vgl. Wolfgang Fasching: *Consciousness, self-consciousness, and meditation*, Phenom. Cognitive Sciences 7/2008 (Quelle: http://link.springer.com/article/10.1007/s11097-008-9090-6, Stand: 31.08.2017); Avery M. Fouts: *Satori – Toward a Conceptual Analysis*. In: Buddhist-Christian Studies, a. a. O.; siehe auch: Michael Baur: *Lonergan and Hegel on Some Aspects of Knowing*. American Catholic Philosophical Quarterly 2014

192 Vgl. E. J. Bond: *Does the subject of experience exist in the world?* in: Philosophy and Phenomenological Research, 71 (1), 2005, S.124–13 und Benedikt Paul Göcke: *Am I divine?* in: New Blackfriars 2009, S. 386–400

193 Ludwig Wittgenstein: *Tractatus logico-philosophicus* 5.632

194 Robert Spaemann: *Persons – The Difference between „Someone" and „Something"*, a. a. O.

195 *Steven C. Hayes*, Professor für Psychologie an der University von Nevada in Reno, ist bekannt für seine Studien über Sprache und Wahrnehmung (Relational Frame Theory) und gilt als Begründer der Acceptance and Commitment Therapy (ACT).

196 Übersetzt aus: Hayes, S. C., Dermot Barnes-Holmes und Bryan Roche (Hrsg.): *Relational Frame Therapy – A Post-Skinnerian Account of Human Language and Cognition* (New York, NY:: Kluwer Academy/Plenum Publishers 2001)

197 Übersetzt aus: Arthur J. Deikman. *I=Awareness*, in: Journal of Consciousness Studies, 3 (4), S. 350 ff.; siehe dazu auch Wolfgang Fasching: *Consciousness, self-consciousness, and meditation*. Phenom. Cognitive Sciences 7/2008

198 Zitiert aus dem „Genjôkôan" (Das verwirklichte Universum) von Dogen Zenji in: *Shobogenzo – Die Schatzkammer des wahren Dharma-Auges*, Bd. 1, a. a. O., S. 60

199 Siehe Erster Brief des Paulus an die Korinther, Kap. 13

200 Fatehpur Sikri ist eine Stadt im Bundesstaat Uttar Pradesh in Indien und die ehemalige Hauptstadt (1571–1585) des Mogulreichs. Die muslimischen Herrscher hatten die ursprünglich christliche Verehrung von Jesus und Mutter Maria übernommen. Die Inschrift findet sich auf dem *Buland Darwaza*, dem „bogenförmigen Tor".

201 *De docta ignorantia* („Über die belehrte Unwissenheit") ist der Titel einer lateinischen Schrift des Philosophen und Theologen Nikolaus von Kues (Cusanus). Darin entwickelte er die Grundlagen seiner Theologie und einer damit eng verbundenen spekulativen Kosmologie. (Quelle: Wikipedia; https://de.wikipedia.org/wiki/De_docta_ignorantia; Stand: 31.08.2017)

202 Fall 30: „Der Dreißigste Patriarch Kanchi Daishi", in Francis Dojun Cook: *The Record of Transmitting the Light*, a. a. O.

203 Das *Plattform-Sutra* ist ein grundlegender Zen-Text des Sechsten Patriarchen Eno aus dem 7. Jahrhundert. Er besagt, dass das Erwachen das plötzliche Verstehen der vollkommenen Leerheit unserer Natur ist.

204 *Perspektivismus* und *Perspektivität* bezeichnen philosophische Lehren, die besagen, dass die Wirklichkeit von Standpunkt und Eigenschaften des betrachtenden Individuums abhängig ist. (Quelle: Wikipedia; https://de.wikipedia.org/wiki/Perspektivismus; Stand: 31.08.2017)

205 Übersetzt aus: Andrew Michael Flescher: *Moral Evil* (Washington DC: Georgetown University Press 2013) S. 153

206 Übersetzt aus: Steven Heine: *Opening a Mountain – Koans of the Zen Masters* (Oxford, UK: Oxford University Press 2002); siehe auch Steven Heine: *Zen Skin, Zen Marrow – Will the Real Zen Buddhism Please Stand Up?* (Oxford, UK: Oxford University Press 2007)

207 Übersetzt aus: Andrew Michael Flescher: *Moral Evil*, a. a. O., S. 153 f.

208 Fall 19: „Alltag ist der Weg", in: *Mumonkan*, a. a. O., S. 114

Wir danken für die Abdruckrechte aus:

T.S. Eliot, *Werke in vier Bänden, Band 4: Gesammelte Gedichte 1909-1962.* Herausgegeben und mit einem Nachwort von Eva Hesse © 1972/1988, Suhrkamp Verlag, Frankfurt am Main

Yamada Kôun Roshi, *Die Niederschrift vom blauen Fels – Hekiganroku* ©2002, Kösel Verlag, in der Verlagsgruppe Random House GmbH, München

Yamada Kôun Roshi, Die torlose Schranke – *Mumonkan.* © 2004, Kösel Verlag, in der Verlagsgruppe Random House GmbH, München

Thich Nhat Hanh, *Nenne mich bei meinem wahren Namen* © 2010, Knaur MensSana Verlag, ein Imprint der Verlagsgruppe Droemer Knaur GmbH & Co. KG, München

Literatur

Anonymous: *Meditations on the Tarot (Letter 1)*. Amity House, Amity, NY, 1985.

Baur, Michae: *Lonergan and Hegel on Some Aspects of Knowing*. American Catholic Philosophical Quarterly 2014.

Beausobre, Julia de: *Creative Suffering. An Open Orthodoxy. Exploring Ancient Paths in New Ways*. Fairacres Publication, Oxford, UK, 1988.

Beausobre, Julia de: *The Woman Who Could Not Die*. Viking Press, New York, NY, 1938 (auf Deutsch: *Das Licht leuchtet in der Finsternis*. Deutsche Verlagsanstalt, Stuttgart 1939).

Berne, Eric: *Spiele der Erwachsenen – Psychologie der menschlichen Beziehungen*. Rowohlt Verlag, Reinbek 2002.

Bloom, Harold (Hrsg.): *Elie Wiesel's Night*. Infobase Publishing New York, NY, 2009 (auf Deutsch: *Die Nacht – Erinnerung und Zeugnis*. Herder Verlag, Freiburg 1996).

Bond, E. J.: *Does the subject of experience exist in the world?* In: Philosophy and Phenomenological Research 2005.

Bragt, Jan van: *Reflections on Zen and Ethics*. In: Studies in Interreligious Dialogue 12, 2, 2002.

Collins, Steven: *Nirvana and Other Buddhist Felicities*. Cambridge Studies in Religious Traditions, Band 12, Cambridge University Press, Cambridge, UK, 1998.

Cook, Francis Dojun (Übers.): *The Record of Transmitting the Light: Zen Master Keizan's Denkoroku*. Wisdom Publications, Somerville, MA, 1991
(auf Deutsch: *Denkôroku – Die Weitergabe des Lichtes*, von Keizan Jokin. Angkor Verlag, Frankfurt a. M. 2008).

Deikman, Arthur J.: *I=Awareness*, in: Journal of Consciousness Studies, 3 (4) 1996.

Drew, Rose: *Buddhist and Christian? An Exploration of Dual Belonging*. Routledge Critical Studies in Buddhism, Kindle Edition 2013.

Dunne, John: *The Reasons of the Heart*. Macmillan, New York, NY, 1978.

Eliot, T. S.: *Gesammelte Gedichte 1909–1962* (Werke 4). Suhrkamp Verlag, Frankfurt a. M. 1988.

Fasching, Wolfgang: *Consciousness, self-consciousness, and meditation*, in: Phenom. Cognitive Sciences 7/2008 (Quelle: http://link.springer.com/article/10.1007/s11097-008-9090-6, Stand: 31.08.2017)
(auf Deutsch: *Phänomenologische Reduktion und Mushin – Edmund Husserls Bewusstseinstheorie und der Zen-Buddhismus*. Verlag Karl Alber, Freiburg 2003).

Flescher, Andrew Michael: *Moral Evil.* Georgetown University Press, Washington DC 2013.

Fouts, Avery M.: *Satori – Toward a Conceptual Analysis,* Buddhist-Christian Studies 24. University of Hawai'i Press, Honolulu 2004.

Franck, Frederick u. a.: *God, Emptiness and the True Self.* In: The Buddha Eye – An Anthology of the Kyoto School and Its Contemporaries. World Wisdom Books, Bloomington, IN, 2004.

Frankl, Viktor: *Trotzdem Ja zum Leben sagen – Ein Psychologe erlebt das Konzentrationslager.* Kösel Verlag, München 2012.

Göcke, Benedikt Paul: *Am I divine?* In: New Blackfriars 2009.

Gombrich, Richard Francis: *What the Buddha Thought*, Oxford Centre for Buddhist Studies Monographs. Equinox Press, Sheffield, UK, 2009.

Gombrich, Richard Francis: *How Buddhism Began – The Conditioned Genesis of the Early Teachings* (Reprint of 1997 edition). Munshiram Manoharlal Publishers, New Delhi 2002.

Guggenbühl-Craig, Adolf: *From the Wrong Side – A Paradoxical Approach to Psychotherapy*. Spring Publications, Woodstock, CT, 1995
(auf Deutsch: *Vom Guten des Bösen – Über das Paradoxe in der Psychologie*. IKM Guggenbühl, Zürich 1992).

Guggenbühl-Craig, Adolf: *Marriage Dead or Alive*. Spring Publications, Woodstock, CT, 1986
(auf Deutsch: *Die Ehe ist tot – lang lebe die Ehe!* Kösel Verlag, München 1990).

Hayes, Steven C. / Barnes-Holmes, Dermot / Roche, Bryan (Hrsg.): *Relational Frame Therapy – A Post-Skinnerian Account of Human Language and Cognition.* Kluwer Academy/Plenum Publishers, New York, NY, 2001.

Hamill, Sam / Seaton, J. P.: *The Essential Chuang Tzu.* Shambhala Publications, Boston, MA, 1998.

Hanh, Thich Nhat: *Nenne mich bei meinen wahren Namen*. Droemer Knaur, München 2010.

Heine, Steven: *Opening a Mountain – Koans of the Zen Masters.* Oxford University Press, Oxford, UK, 2002.

Heine, Steven: *Zen Skin, Zen Marrow – Will the Real Zen Buddhism Please Stand Up?* Oxford University Press, Oxford, UK, 2007.

Heisig, James W.: *The Pontifical Thought of Jan Van Bragt.* In: Studies in Interreligious Dialogue 17/2, 2007.

Hennelly, Kevin S.: *The Psychological Roots of Political and Ideological Violence: A Jungian Perspective.* In: Alternatives, XIII/2, 1988.

Heyman, Gene: *Addiction – A Disorder of Choice.* Harvard University Press, Cambridge, MA, 2009.

Hillesum, Etty: *An Interrupted Life: The Diaries of Etty Hillesum 1941–43*. Washington Square Press, New York, NY; published by Pocket Books 2001
(auf Deutsch: *Das denkende Herz – Die Tagebücher von Etty Hillesum 1941–1943*; herausgegeben von J. G. Gaarlandt. Rowohlt Verlag, Reinbek 2001).

Hillman, James: *Healing Fiction.* Stanton Hill Press, Barrytown, NY, 1983.

Hillman, James: *Loose Ends – Primary Papers in Archetypal Psychology*. Spring Publications, New York, NY, 1975.

Hoffmann, Yoel (Hrsg.): *Japanese Death Poems: Written by Zen Monks and Haiku Poets on the Verge of Death*. Tuttle Publishing, North Clarendon, VT, 1986 (auf Deutsch: *Die Kunst des letzten Augenblicks – Todesgedichte japanischer Zen-Meister*. Herder Verlag, Freiburg 2013).

Hollenback, Jess Byron: *Mysticism: experience, response, and empowerment*. The Pennsylvania State University Press, University Park, PA, 1996.

Hopcke, Robert H.: *Men's Dreams, Men's Healing*. Shambhala Publications, Boston, MA, 1990.

Hopkins, Gerard Manley: *Poems and Prose*. Penguin Classics, London, UK, 1985.

Hora, Thomas, M.D.: *Beyond the Dream – Awakening to Reality*, 2nd Edition. Crossroad Publishing, New York, NY, 1996.

Hughes, Edward J.: *Wilfred Cantwell Smith – A Theology of the World*. SCM Press, London, UK, 2012.

Izutsu, Toshihiko: *Towards a Philosophy of Zen Buddhism*. Shambhala Publications, Boston, MA, 1986
(auf Deutsch: *Philosophie des Zen-Buddhismus*. Rowohlt Verlag, Reinbek 2001.

Johnson, Robert A.: *HE, SHE*. HarperCollins, San Francsico, CA, 1989.

Johnson, Robert A.: *Inner Gold – Understanding Psychological Projection*. Koa Books, Asheville, NC, 2008
(auf Deutsch: *Das Gold im Schatten – Impulse für die seelische Ganzwerdung*. Peter Hammer Verlag, Wuppertal 2013).

Johnson, Robert A.: *Transformation – Understanding the Three Levels of Masculine Consciousness*. Harper, San Francisco, CA, 1991.

Kierkegaard, Sören: *Die Krankheit zum Tode*, hrsg. und übers. von Gisela Perlet, Reclam Universal-Bibliothek Nr. 9634. Reclam Verlag, Stuttgart 1997.

King, Winston: *Buddhist Self-World Theory and Buddhist Ethics*. In: The Eastern Buddhist 22, 1989.

Kirchner, Thomas Yuho / Fuller Sasaki, Ruth: *The Record of Linji*, Nanzan Library of Asian Religion and Culture. University of Hawai'i Press, Honolulu 2008.

Paul F. Knitter: *Ohne Buddha wäre ich kein Christ*. Herder Verlag, Freiburg 2012.

Kôun Yamada: *Hekiganroku. Die Niederschrift vom blauen Fels*. Die klassische Koansammlung mit neuen Teishos (Bde. 1 und 2), herausgegeben von Peter Lengsfeld. Kösel-Verlag, München 2002.

Kôun Yamada: *Mumonkan. Die torlose Schranke. Zen-Meister Mumons Koan-Sammlung*, neu übertragen und übersetzt von Ludwigis Fabian und Peter Lengsfeld. Kösel Verlag, München 1989.

Kôun Yamada: *The Gateless Gate*. Center Publications, Los Angeles, CA, 1979.

LaRock, Eric: *Aristotle and Agent-Directed Neuroplasticity*. In: International Property Quarterly, Vol. 53, No 4, 2013.

Lawrence, T. E.: *Seven Pillars of Wisdom*. Penguin and Jonathan Cape, Harmondsworth, UK, 1971.

Levine, Stephen and Ondrea: *Living the Life You Wish to Live.* In: Tricycle Magazine, Spring 2009.

May, Gerald G.: *Addiction and Grace. Love and Spirituality in the Healing of Addictions.* Leader's Guide, HarperCollins, San Francisco, CA, 1991 (auf Deutsch: *Sehnsucht, Sucht und Gnade – Aus der Abhängigkeit zur Freiheit.* Claudius Verlag, München 1993).

May, Gerald G.: *Will and Spirit: A Contemplative Psychology,* Reprint edition. HarperOne, San Francisco, CA, 1987.

Moran, Gabriel: *Uniqueness: Problem or Paradox in Jewish and Christian Tradition.* Orbis Books, Maryknoll, NY, 1992.

Nishitani, Keiji u.a.: *Religion and Nothingness.* Nanzan Studies in Religion and Culture, University of California Press, Berkeley, CA, 1983.

Novello, Henry: *Faith as the Basic Human Quality.* Compass Magazine, Sydney 2016 (Quelle: https://www.yumpu.com/en/document/view/50921363/faith-as-the-basic-human-quality-compass-a-review-of-topical-/3, Stand 04.10.2017).

Panikkar, Raimundo: *Myth, Faith, and Hermeneutics.* Paulist Press, New York, Ramsay, Toronto 1979.

Panikkar, Raimon: *The Silence of God – The Answer of the Buddha,* übersetzt von Robert R. Barr. Faith Meets Faith Series, Orbis Books, Maryknoll, NY, 1989.

Park, Jin Y.: *Wisdom, Compassion, and Zen Social Ethics: the Case of Chinul, So ngch'o l, and Minjung Buddhism in Korea.* In: Journal of Buddhist Ethics Vol. 13, 2006.

Park, Sung Bae: *Buddhist Faith and Sudden Enlightenment.* State University of New York Press, Albany, NY, 1983.

Pausch, Randy / Zaslow, Jeffrey: *Last Lecture – Die Lehren meines Lebens.* C. Bertelsmann Verlag, München 2008.

Pihlström, Sami: *Pragmatic Moral Realism: A Transcendental Defense.* Rodopi, Amsterdam, New York, NY, 2005.

Rahula, Walpola: *What the Buddha Taught.* Grove Press, New York, NY, 2007 (auf Deutsch: *Was der Buddha lehrt.* Origo Verlag, Bern 2017).

Rahner, Karl: *„Behold the Heart" –Theological Investigations,* Vol. 3 und Vol. 7 Seabury Press, New York, NY, 1982 (auf Deutsch: *„Siehe dieses Herz!", Prolegomena zu einer Theologie der Herz-Jesu-Verehrung.* In: Geist und Leben, 28. Jahrgang, Innsbruck 1955).

Rahner, Karl: *Experience of a Catholic Theologian.* In: Theological Studies, 61/2000 (auf Deutsch: *Erfahrungen eines katholischen Theologen.* In: Raffelt, Albert (Hrsg.): Karl Rahner in Erinnerung. Patmos, Düsseldorf 1994).

Reps, Paul / Senzaki, Nyogen: *Zen Flesh, Zen Bones: A Collection of Zen and Pre-Zen Writings,* Reprint. Tuttle Publications, North Clarendon, VT, 1998 (auf Deutsch: *Ohne Worte – ohne Schweigen: 101 Zen-Geschichten und andere Zen-Texte aus vier Jahrtausenden.* O. W. Barth-Verlag, München 1999).

Rinzai / Schlögl, Irmgard / Yuzen, Sotetsu: *Rinzai Roku (Lin-chi Lu). Das Zen von Meister Rinzai.* Kristkeitz-Verlag, Heidelberg 1990.

Samy, AMA [A.M. Arokiasamy]: *Leere und Fülle. Zen aus Indien in christlicher Praxis* Kösel Verlag, München 1991.

Samy, AMA: *Zen. Ancient and Modern.* Vaigarai Publications, Dindigul, India, 2010.

Samy, AMA: *Zen. Awakening to Your Original Face.* Cre-A Publishers, Chennai, India, 2005.

Samy, AMA: *Zen – Der große Weg ist ohne Tor.* Theseus Verlag, Bielefeld 2014.

Samy, AMA: *Zen – Erwachen zum ursprünglichen Gesicht.* Theseus Verlag, Bielefeld 2013 (auf Englisch: *Zen Heart, Zen Mind*, herausgegeben von Sridevi Rao. Cre-A Publishers, Chennai, India, 2002).

Samy, AMA: *Zen – Praxis und Dialog.* Kristkeitz Verlag, Heidelberg 2007.

Samy, AMA: *Zen: Soundless Sound of One Hand.* Vaigarai Publications, Dindigul, India, 2015.

Samy, AMA: *Zen und Erleuchtung. Zehn Meditationen eines Zen-Meisters.* Theseus Verlag, Bielefeld 2013.

Samy, AMA: *The Zen Way. Tradition, Transmission and Challenges.* Vaigarai Publications, Dindigul, India, 2007.

Sartre, Jean-Paul: *Geschlossene Gesellschaft.* Deutsch von Traugott König. Rowohlt Verlag, Reinbek 1991.

Scharlemann, Robert P.: *The Reason of Following: Christology and the Ecstatic I* (Religion and Postmodernism), University Of Chicago Press, Chicago, IL, 1991.

Schwartz, Jeffrey M. / Gladding, Rebecca: *You Are Not Your Brain – The 4-Step Solution for Changing Bad Habits, Ending Unhealthy Thinking, and Taking Control of Your Life.* Avery, New York, NY, 2012
(auf Deutsch: *Du bist mehr als dein Gehirn – Die Vier-Schritt-Lösung, um Gewohnheitsmuster zu durchbrechen, ungesunde Denkweisen abzulegen und Kontrolle über das Leben zu gewinnen.* Arbor Verlag, Freiburg 2012).

Schwartz, Jeffrey M. / Begley, Sharon: *The Mind and the Brain – Neuroplasticity and the Power of Mental Force*, Reprint. Harper Perennial, New York, NY, 2003.

Schwartz, Jeffrey M.: *Brain Lock – Free Yourself from Obsessive-Compulsive Behavior.* HarperCollins, New York, NY, 1997
(auf Deutsch: *Zwangshandlungen und wie man sich davon befreit.* S. Fischer Verlag, Frankfurt a. M. 1999).

Sekida, Katsuki: *Two Zen Classics: Mumonkan and Hegikanroku.* Weatherhill, New York, NY, 1977.

Sharf, Robert H.: *Buddhist Modernism and the Rhetoric of Meditative Experience.* In: Numen, Vol. 42, No. 3, Oct. 1995.

Sharf, Robert H.: *Sanbõkyõdan. Zen and the Way of the New Religions.* In: Japanese Journal of Religious Studies 22/3–4 1995.

Sharf, Robert H.: *Whose Zen? Zen Nationalism Revisited.* In: Donald S. Lopez, Jr., ed.: Curators of the Buddha: The Study of Buddhism under Colonialism. University of Chicago Press, Chicago, IL, 1995.

Shibayama, Zenkai (2000): *The Gateless Barrier. Zen Comments on the Mumonkan*, übersetzt von Sumiko Kudo. Shambhala Publications, Boston, MA, 2000.

Shogaku, Wanshi / Jokin, Keizan / Walter, Wolfgang: *Die große Koan-Sammlung, Bd.2: Shoyo-roku, Denko-roku, Echo der Leerheit.* Angkor Verlag, Frankfurt a. M. 2001.

Spaemann, Robert: *Happiness and Benevolence.* T&T Clark, Edinburgh, UK, 2005.

Spaemann, Robert: *Persons – The Difference between „Someone" and „Something".* Oxford University Press, Oxford, UK, 2006.

Tillich-Lexikon; Grundbegriffe der Systematischen Theologie von Paul Tillich (Quelle: https://tillichlexikon.wordpress.com, Stand 10.10.2017).

Unno, Taitetsu (Hrsg.): *The Religious Philosophy of Nishitani Keiji.* Asian Humanities Press, Fremont, CA, 1989.

de Voralgine, Jacobus: *The Golden Legend of Jacobus de Voralgine.* übersetzt von Granger Ryan und Helmut Rippberger. Longmans, Green & Co., London und New York, NY, 1948.

Walshe, Maurice: *Meister Eckhart – Sermons and Treatises,* Pf 5, Q65. Watkins, London, UK, 1979.

Whitehill, James: *Buddhism and the Virtues.* In: Contemporary Buddhist Ethics, hrsg. von Damien Keown. Routledge, Oxford, UK, 2002.

Whitehill, James: *Is there a Zen Ethic?* In: The Eastern Buddhist 20/1, 1987.

Wiesel, Elie: *Die Nacht zu begraben, Elischa.* Verlag Langen-Müller, München 2005.

Wright, Dale S.: *Satori and the Moral Dimension of Enlightenment.* In: Journal of Buddhist Ethics. Vol.13, 2006.

Wydler Haduch, Agetsu: *Als Zen noch nicht Zen war – Worte und Taten der alten Meditationsmeister.* Zentrum für Zen-Buddhismus, Zürich 2000.

Wu, John C. H. / Jingxiong, Wu / Kraft, Kenneth: *The Golden Age of Zen – Zen Masters of the T'Ang Dynasty.* World Wisdom Books, Bloomington, IN, 2004.

Zenji, Dogen: *Shobogenzo – Die Schatzkammer des wahren Dharma-Auges,* Band 1. Kristkeitz Verlag, Heidelberg 2008.

Zenji, Keizan: *The Denkoroku or The Record of the Transmission of the Light.* Shasta Abbey Press, Mount Shasta, CA, 2001
(auf Deutsch: *Denkô-roku – Die Weitergabe des Lichtes,* vollständige Fassung. Angkor Verlag, Frankfurt a. M. 2008).

Über den Autor

Pater AMA Samy (Abkürzung für Arul Maria Arokiasamy) wurde am 21. Mai 1936 in Burma als Sohn einer armen indischen Familie geboren. Als die Familie nach dem Krieg nach Indien vertrieben wurde, übernahm sein Großvater, Anhänger eines muslimischen Heiligen, einige Jahre lang die Erziehung. Als dieser Großvater verstarb, war der Junge zunächst auf sich allein gestellt, ohne Unterstützung und Führung. Er konnte aber eine von Jesuiten geführte Schule in Madurai besuchen und trat dann selbst in den Jesuitenorden ein.

Aber auch nachdem er schon Priester geworden war, blieb er im Herzen doch ein Suchender. Die christliche Spiritualität allein konnte ihn nicht erfüllen. Er begann, Hindu-Ashrams und buddhistische Meditationszentren aufzusuchen. Swami Abhishiktananda machte ihn mit der Philosophie von Ramana Maharshi bekannt, dessen Vision ihn sehr bewegte. Seine Suche führte ihn schließlich dazu, einige Zeit als Bettelmönch durch die Gegend zu ziehen und sich dann als Einsiedler neben einem heiligen Schrein niederzulassen. Die Bewohner eines nahe gelegenen Dorfes versorgten ihn mit Nahrung. Doch schließlich wurde es der Weg des Zen, der ihn am meisten anzog. Mit der Hilfe von Pater Enomiya Lassalle ging er nach Japan und konnte bei Yamada Koun Roshi von der Sanbo-Kyodan-Zen-Vereinigung die Zen-Schulung durchlaufen. Dieser autorisierte ihn 1982, Zen zu lehren.

Pater AMA Samy hat das Bodhi-Zendo in Südindien begründet, das er als einziger autorisierter Zen-Meister Indiens leitet. Jedes Jahr verbringt er auch einige Monate im Ausland, wo er viele Schüler/innen hat. Die von ihm gegründete Gemeinschaft von Zen-Schüler/innen heißt Bodhi-Sangha.

Adressen

Pater AMA Samy ist erreichbar unter der folgenden Adresse (bitte auf Englisch schreiben):

Bodhi Zendo
Perumalmalai / Kodaikanal
INDIA 624101
Fon: 0091 - 90 - 475 46 879
E-Mail: mail@bodhizendo.org
Website: www.bodhisangha.net

Adressen und Treffpunkte regionaler Bodhi-Sangha-Gruppen finden Sie auf der Bodhi-Sangha-Website www.bodhisangha.net unter der Rubrik „Bodhi Sangha".

Zen-Seminare und -Termine
(in Deutschland, der Schweiz und Österreich sowie weltweit) finden Sie ebenfalls auf der Bodhi-Sangha-Website im Kalender.

Übersetzung

Helga Braun
Hamburg, Deutschland
Fon: +49 - 40 - 430 99 655
E-Mail: helga.braun@bodhizendo.org